Nueva Internacional

UNA REVISTA DE POLITICA Y TEORIA MARXISTAS

NÚMERO 6   2005

CONSEJO EDITORIAL

DIRECTORA
Mary-Alice Waters

SUBDIRECTOR
Steve Clark

EDITOR CONTRIBUYENTE
Jack Barnes

———

CONSULTORES INTERNACIONALES
*Anita Östling
Ron Poulsen
Michel Prairie
Ólöf Andra Proppé
Samad Sharif
Jonathan Silberman
Mike Tucker*

EDICIÓN EN ESPAÑOL
Martín Koppel

REDACCIÓN
*Luis Madrid
Róger Calero*

Contenido

En este número
por Jack Barnes   3

Su transformación y la nuestra
Proyecto de resolución del Partido Socialista de los Trabajadores
Febrero de 2005   19

Ha comenzado el invierno largo y caliente del capitalismo
por Jack Barnes   111

Apéndice
Crisis, auge y revolución
Informes de 1921
por V.I. Lenin y León Trotsky

La crisis económica mundial y las tareas de los comunistas
por León Trotsky   241

Un equilibrio muy inestable
por V.I. Lenin   297

Índice   [3]3

Copyright © 2005 por New International

All rights reserved. Todos los derechos reservados conforme la ley.
Primera impresión, 2005
Decimotercera impresión, 2023

ISSN 1056-8921
ISBN 978-0-87348-970-6

Impreso y hecho en Canadá
Manufactured in Canada

Nueva Internacional es distribuida a nivel internacional por Pathfinder Press: www.pathfinderpress.com

Diseño de la portada: Eva Braiman

Foto de la portada: Comandos sauditas aterrizan en el techo de un complejo donde se hospedaban empleados de empresas petroleras extranjeras, Jobar, Arabia Saudita, mayo de 2004. Cuatro yihadistas islámicos habían tomado cientos de rehenes, matando a 22. Imagen tomada de la cadena de televisión Al Arabiya.

EN ESTE NÚMERO

por Jack Barnes

ESTE NÚMERO DE *Nueva Internacional* comienza con "Su transformación y la nuestra", una resolución preparada en los últimos meses por una comisión del Comité Nacional del Partido Socialista de los Trabajadores. Se basa en informes políticos y resúmenes que presenté en noviembre de 2004 y que fueron debatidos y aprobados por una reunión ampliada del Comité Nacional del PST, en la que participaron dirigentes de las Ligas Comunistas de varios países, entre ellos Australia, Canadá, Islandia, Nueva Zelanda, Suecia y el Reino Unido.

La resolución ha sido sometida a los miembros del partido para su discusión, seguida por un voto en un congreso programado para junio de 2005. Enfocada en varios aspectos decisivos de la política mundial, se ha redactado para leerse y discutirse junto con "Ha comenzado el invierno largo y caliente del imperialismo" y como componente integral de ese documento, informe político aprobado por el congreso del partido en 2002 y artículo principal de este número de *Nueva Internacional*.

"Su transformación y la nuestra" analiza los conflictos

interimperialistas cada vez más agudos que se ven impulsados tanto por las primeras etapas de una depresión mundial como por el cambio de mayor envergadura en la política y organización militar de Washington desde finales de los años 30, cuando éste se preparaba para transformar la guerra en Asia, que había durado casi una década, y la guerra europea de 1939-41 en una guerra mundial. Los trabajadores y agricultores predispuestos a la lucha de clases debemos encarar —a fondo— esta histórica coyuntura para el imperialismo (y la crisis cataclísmica para "el Occidente" y la "cristiandad"). Y derivar satisfacción y gozo al ponernos "en su cara" conforme trazamos un curso revolucionario para afrontarla.

La resolución evalúa la importancia del inicio de la transformación política de los trabajadores combativos que, impelidos por estos cambios trascendentales, están tomando la delantera para procurar alcanzar la *fuerza sindical* y para organizar y utilizarla. Al crecer las consecuencias sociales de la crisis capitalista, al agudizarse los inevitables conflictos políticos entre y dentro de las clases, y al aumentar las sondas destinadas a restringir los derechos políticos y democráticos empleados por el pueblo trabajador, estos militantes de vanguardia se sumarán a otros trabajadores para resistir los acelerados ataques patronales en las plantas y en la esfera política, dentro y fuera del país.

Como apéndice de "Ha comenzado el invierno largo y caliente del capitalismo", publicamos dos informes que fueron debatidos y aprobados por el Tercer Congreso de la Internacional Comunista, celebrado en Moscú en 1921, a los que me referí varias veces en el informe al congreso de 2002. Aquí se incluyen "Un equilibrio muy inestable: informe sobre la táctica del Partido Comunista de Rusia" por V.I. Lenin, y "La crisis económica mundial y las tareas de los comunistas" por León Trotsky. Estos merecen unos comentarios introductorios.

Al preparar el congreso de 2002 del partido, el Comité Nacional del PST reconoció que abordábamos un reto especial: no solo cómo orientar al partido para actuar frente al "invierno largo y caliente" al que ahora ha entrado el capitalismo mundial, sino cómo dirigirlo para que actúe con confianza y de manera responsable. Cuando se acumulan suficientes indicios de que ha cambiado el rumbo del desarrollo capitalista y, por tanto, de la lucha de clases, los trabajadores comunistas debemos actuar a partir de ese conocimiento, y actuar ya. Lo hacemos aun cuando las manifestaciones concretas de la lógica política que se va desenvolviendo —aceleradas crisis económicas y financieras, una mayor militarización, guerras que se propagan, intensificados conflictos interimperialistas y presiones sociales y económicas que afectan a una creciente mayoría de la clase trabajadora— todavía son visibles únicamente de forma incompleta, dispersa y parcialmente disfrazada.

Una vez que entendemos el álgebra, necesitamos actuar antes de que sea posible hacer toda la aritmética. Si antes de tomar acción esperamos hasta que podamos sustituir la mayoría de las variables políticas con constantes, ya será demasiado tarde. En medio de estas condiciones cambiantes, habremos desperdiciado oportunidades de actuar como parte de una resistencia obrera emergente que es pequeña pero perceptible, de sumarnos a otros para afectar el desenlace de esta resistencia y politizar a sus militantes, de aprender de las experiencias y de transformar así el movimiento obrero revolucionario.

¿Con qué herramientas contamos los trabajadores-bolcheviques para comprender y actuar mejor en base a las cambiantes tendencias a largo plazo de hoy y a las consecuencias para la estrategia comunista y la construcción del partido? Fue con esa pregunta en mente que en el congreso de 2002 llamamos la atención de los delegados a los informes presentados por Lenin y Trotsky al congreso de 1921 de la Comintern. Esos informes terminaron provocando considerable interés durante y después del congreso del PST, y los directores decidieron que sería valioso incluirlos aquí.

Los dirigentes bolcheviques desarrollaron su análisis al calor de la actividad revolucionaria, aplicando lo que habían interiorizado al estudiar anteriores esfuerzos similares de Carlos Marx y Federico Engels, los dirigentes fundadores del movimiento comunista moderno, para aplicar la dialéctica materialista a los puntos críticos de la historia. Es necesario el dominio de este método materialista histórico si hemos de orientarnos políticamente hacia esos cambios.

UN PARTIDO REVOLUCIONARIO no solo organiza a sus propios miembros y partidarios para actuar a partir de la evidencia de tales cambios y de su lógica; también asume la responsabilidad de instar a otros trabajadores y agricultores de disposición de lucha de clases a que hagan lo mismo. A veces los militantes que se convencen de esta perspectiva pueden intentar más de lo que permite la correlación de fuerzas. Tales errores sí se van a cometer. Pero seguimos convencidos por 150 años de historia obrera revolucionaria de que el precio de la indecisión y la demora políticas es mucho más peligroso y más difícil de corregir.

Extraer las lecciones del análisis que hacen Lenin y Trotsky en los informes aquí publicados resulta más complejo porque la coyuntura decisiva a la que responden hoy los trabajadores de vanguardia se parece muy poco al período histórico concreto, hace más de 80 años, durante el cual los bolcheviques inspiraban, educaban y dirigían a millones de personas en el combate de clases. La Internacional Comunista, organizada en 1919, fue producto del acontecimiento más estimulante del siglo XX: la victoriosa conquista del poder por los trabajadores y campesinos de Rusia en octubre de 1917 bajo la dirección de los bolcheviques, y la extensión de este poder a grandes zonas del imperio zarista en Europa y Asia para convertirse en la primera unión de repúblicas socialistas soviéticas.

Trabajadores y campesinos por todo el mundo se vieron atraídos a la posibilidad de aprender de esa revolución proletaria viva y de su liderazgo y de emularlos. Esta dirección había demostrado —por primera vez en la historia— cómo educar y organizar a los trabajadores, campesinos, soldados y marineros para conquistar —y defender— el poder obrero.

En marzo de 1918, apenas cuatro meses después de la conquista del poder, los bolcheviques adoptaron con orgullo el nombre de *comunista*. Así señalaban su ruptura inequívoca con todos los elementos del movimiento socialista mundial que, con los cañonazos de agosto, o se habían pasado políticamente al lado del imperialismo, o habían vacilado ante el entreguismo de la Segunda Internacional. Estaban redoblando su oposición intransigente a estos "socialistas" que habían dejado de subordinar su vida y su trabajo al avance de la lucha proletaria. Estaban subrayando el hecho que los trabajadores y campesinos de la unión cada vez más amplia de repúblicas socialistas soviéticas estaban volviendo a tejer la continuidad con el movimiento proletario revolucionario mundial que Marx, Engels y sus compañeros —no solo de Alemania, sino de Francia, Bélgica, Suiza y el Reino Unido— habían comenzado a forjar en el congreso de Londres que en 1847 votó a favor de emitir el Manifiesto del Partido Comunista.

Los bolcheviques estaban tomando un nombre que era sinónimo de estar en las primeras filas del proletariado —entre "el sector más avanzado y resuelto", según las palabras del Manifiesto— en su marcha hacia el poder, hacia la dictadura del proletariado. Estaban proclamando un nuevo tipo de movimiento que "no se [basa] en modo alguno en ideas y principios inventados o descubiertos por tal o cual reformador universal", sino en "su clara visión de las condiciones, de la marcha y de los resultados generales del movimiento proletario". El comunismo sencillamente expresa "el conjunto de las condiciones reales de una lucha de clases existente, de un movimiento histórico que se está desarrollando ante nuestros ojos".

"En tanto teoría", había explicado Engels un año antes, el comunismo "es la expresión teórica de la posición del proletariado en esta lucha [de clases] y el resumen teórico de las condiciones para la liberación del proletariado".

Entre 1918 y 1920 estallaron situaciones revolucionarias o prerrevolucionarias en Alemania, Hungría e Italia, y los trabajadores y agricultores libraron poderosas batallas en Gran Bretaña, Francia, Japón, Estados Unidos y otros países. Al iniciarse el Tercer Congreso de la Comintern en junio de 1921, los trabajadores y campesinos en Rusia soviética todavía estaban celebrando el hecho reciente que el Ejército Rojo había aplastado a los ejércitos latifundistas-capitalistas contrarrevolucionarios que habían librado una guerra civil brutal por tres años para echar atrás la revolución. También habían sido repelidas las fuerzas invasoras de 14 países, entre ellos Francia, el Reino Unido, Estados Unidos y otras potencias imperialistas.

Tras la Primera Guerra Mundial, el capitalismo había entrado en un período de "depresión prolongada y profunda", dijo Trotsky al congreso de la Internacional Comunista en 1921. Las raíces de esas conmociones, agregó, podían haberse observado "ya en 1913", la víspera de la matanza interimperialista en la que murieron 8.5 millones de soldados, otros 21.2 millones resultaron heridos, y fábricas, ganado y ferrocarriles quedaron diezmados por toda Europa.

Resultó que, no obstante los flujos y reflujos, ni esa crisis social y económica ni la ola de oportunidades revolucionarias impelida por la victoria bolchevique se habría de agotar por unos 20 años más: un período marcado por el triunfo del fascismo en Italia, la Gran Depresión de los años 30, una contrarrevolución política asesina en la Unión Soviética, la victoria y sangrienta consolidación del nacionalsocialismo en Alemania y, más importante aun, renovadas oportunidades de llevar a cabo la revolución socialista —es decir, situaciones prerrevolucionarias y revolucionarias en Europa y Asia— que se agotaron únicamente con la derrota de la revolución española en 1939, haciendo inevitable la guerra imperialista mundial que ya estaba hirviendo a fuego lento.

El carácter concreto de la actual coyuntura histórica, analizado en "Ha comenzado el invierno largo y caliente del capitalismo", es muy distinto del de 1921. Como lo es la correlación mundial de fuerzas de clases. Una de las diferencias es el prestigio político internacional del comunismo entre los trabajadores, agricultores, jóvenes y demás. En los años posteriores a la Revolución de Octubre, el respeto político que se había granjeado la dirección bolchevique, y la confianza que millones de trabajadores a nivel mundial tenían en ellos, llegó a ser un potente factor objetivo en la lucha de clases internacional.

Hoy, más de tres cuartos de siglo después, se ha agotado —por el momento— el amplio atractivo político de masas que tenía el comunismo entre los trabajadores y jóvenes combativos. En el mejor de los casos, el comunismo se considera un movimiento tal vez heroico, e históricamente interesante, pero rezagado. A veces los "marxistas" académicos lo presentan de forma destripada, arrancándole el corazón proletario revolucionario, o sea, la marcha inevitable hacia el poder estatal. En el peor de los casos, se lo identifica con la falsificación estalinista del marxismo y con todos los crímenes políticos contrarrevolucionarios y traiciones a la clase trabajadora y al campesinado —y a los comunistas— cometidos en nombre del comunismo por todas partes del mundo.

Sin embargo, la trayectoria política y la continuidad comunista que forjó la Comintern en la época de Lenin son revolucionarias y proletarias hasta la médula. Los informes de Lenin y Trotsky que aquí se publican son de los ejemplos más destacados de la dialéctica materialista utilizada por dirigentes proletarios como guía para la acción revolucionaria. Nuestra tarea consiste en aprender y aplicar el ejemplo vivo y práctico de Lenin y Trotsky de cómo los marxistas abordan la relación entre las profundas tendencias económicas y financieras del capitalismo internacional, los cambios en las pautas a largo plazo de la política imperialista y en la lucha de clases mundial, y los cambios marinos en la resistencia obrera. Nuestra responsabilidad —y oportunidad— consiste en actuar de manera consecuente, en respuesta a las tendencias actuales, y construir partidos proletarios revolucionarios como parte de un movimiento comunista mundial. El empleo de estas herramientas nos permite dar forma a "Su transformación y la nuestra" como complemento de "Ha comenzado el invierno largo y caliente del capitalismo", para afirmar la conclusión política fundamental que comparten y responder a sus implicaciones para la organización y la actividad de los revolucionarios proletarios hoy:

> Estamos en las primerísimas etapas de lo que serán décadas de convulsiones económicas, financieras y sociales y de batallas de clases… Al igual que la mayoría de los trabajadores, los comunistas que participamos en este congreso debemos interiorizar el hecho que este mundo —algo que ninguno de nosotros ha conocido antes en nuestra vida política— no solo es el que hoy día debemos encarar, sino que es el mundo en el que vamos a vivir y luchar por bastante tiempo. Al *actuar* hoy a partir de esta realidad, no se nos pescará políticamente desprevenidos cuando irrumpan guerras, estallen crisis sociales más profundas, se organicen e intenten pogromos, y los conflictos sindicales se conviertan en batallas de vida o muerte. El partido proletario que exista mañana solo puede crecer del partido proletario que preparemos *hoy*.

Durante los últimos preparativos de este número, la directora de *Nueva Internacional*, Mary-Alice Waters, ha estado en Cuba —en La Habana, Matanzas y Cienfuegos— haciendo reportajes sobre la feria internacional del libro que se celebra allí cada año, preparando futuras publicaciones y participando en presentaciones de libros en cada una de estas ciudades.

En La Habana Waters habló en un evento para celebrar la reciente edición del título de Pathfinder Press *Somos herederos de las revoluciones del mundo* —antes editado en inglés y francés— por Thomas Sankara, el principal dirigente de la revolución en el país africano occidental de Burkina Faso entre 1983 y 1987. En esa actividad también se presentó *Nueva Internacional* no. 7, donde aparece el informe "Nuestra política empieza con el mundo".

LOS ENCUENTROS EN MATANZAS y Cienfuegos fueron auspiciados por la Asociación de Combatientes de la Revolución Cubana, una organización que abarca múltiples generaciones de cubanos que han combatido, donde sea y como sea que se necesite, para hacer y defender la primera revolución socialista en América. En las reuniones se presentaron casi una docena de títulos de Pathfinder, todos completados con la colaboración de dirigentes de los Combatientes. Estos títulos abarcan desde *Episodes of the Cuban Revolutionary War* (Pasajes de la guerra revolucionaria cubana) por Ernesto Che Guevara hasta *Pombo: A Man of Che's 'guerrilla'* (Pombo: un hombre de la guerrilla del Che) por Harry Villegas, desde *Playa Girón/Bahía de Cochinos: primera derrota militar de Washington en América* por Fidel Castro y José Ramón Fernández hasta *De la sierra del Escambray al Congo* por Víctor Dreke, *Aldabonazo* por Armando Hart y muchos más.

Steve Clark, el subdirector, además de supervisar gran parte del trabajo final para completar la revista, ha viajado a Tampa, Atlanta, Newark y San Francisco. En estas ciudades trabajó con la dirección del equipo voluntario mundial de revolucionarios integrado por casi 200 personas que organizan las tareas de composición, corrección y numerosos pasos más que son necesarios para producir e imprimir no solo *New International, Nueva Internacional* y *Nouvelle Internationale*, sino libros y folletos que Pathfinder edita, así como las labores de enviar y procesar los pedidos y los esfuerzos para colocar estos títulos en los estantes de librerías y bibliotecas por todo el mundo. En Newark y Tampa, Clark habló en conferencias socialistas regionales para preparar una reunión internacional en Nueva York a finales de marzo para lanzar políticamente la campaña destinada a poner estas dos nuevas ediciones, en inglés y en español, en manos de trabajadores, agricultores y jóvenes a nivel mundial.

Por lo tanto, yo asumí la responsabilidad de redactar "En este número", que es el último elemento, el broche final, de cada número de la revista. Al repasar y corregir en los dos últimos meses varios artículos con el texto compuesto, me había convencido más y más de que las páginas eran irritantemente difíciles de leer. La letra era demasiado pequeña. Había demasiado poco espacio entre los renglones. Te atraían demasiado poco y te forzaban demasiado la vista. Me habían asegurado que las páginas quedarían mejor, que la letra sería más legible en la revista impresa. Pero no fue así. Entonces, aprovechando las facultades editoriales fortuitas y temporales que tenía, instituí un aumento en el tamaño de la letra —en la legibilidad— de cada uno de los dos nuevos números de la revista en ambos idiomas. La directora ya había insistido en que se rehicieran los anuncios de manera que complementaran mejor —no que compitieran con— el texto, las fotos y el contenido político.

Me parece que éstas son cuestiones políticas, cuestiones de clase, y no solo de estilo o apariencia, ni hablar de gusto. Cada edición de *Nueva Internacional* contiene artículos políticos y teóricos que son un desafío para leer y asimilar, independientemente de la edad o la vista de uno. La mayoría de nosotros no estamos acostumbrados a hacer este tipo de lectura. No es fácil. Requiere mucho esfuerzo concentrado. No estamos entrenados para hacerlo. Durante la mayoría de las horas que estamos despiertos, no se nos pide ni se espera que lo hagamos. La verdad es que, en el capitalismo, no estamos supuestos a hacerlo.

Estamos supuestos a ir al trabajo, hacer nuestras tareas, producir ganancias para un patrón y no perturbar la tranquilidad del suelo nativo. De eso se trata en resumidas cuentas. La educación es una institución de clase dirigida a inculcar obediencia —en el trabajo y fuera de él— y no a "educar" por toda una vida, no a enseñarnos a leer y escribir, ni a pensar como los hacedores de la historia que podemos ser. Aun si en algún momento de nuestra vida sí aprendimos a leer así, con el paso del tiempo perdemos esa capacidad si no seguimos usándola. El simple agotamiento, o una enfermedad temporal, aumenta las dificultades. Pero la necesidad de que cada uno de nosotros lo haga no disminuye bajo estas circunstancias.

La facilidad de lectura está relacionada con una eficaz selección y presentación política de fotos. Durante los últimos 10 ó 15 años el movimiento comunista ha progresado bastante en la preparación de secciones de fotos que guían visualmente al lector a través de los libros que producimos: "Hemos mejorado nuestro uso del 'lenguaje universal'", según se plantea en "Ha comenzado el invierno largo y caliente del capitalismo". La legibilidad va a la par del esmero con el que preparamos los anuncios. Es la razón por la cual nunca excusamos una mala impresión (la primera impresión digital limitada de *Nueva Internacional* no. 7 fue malísima). Si lo aceptáramos, decaería también el rigor de nuestras correcciones de texto, correcciones de pruebas y otras artes de las cuales estamos orgullosos. Todo lo que cada uno de nosotros se empeña en hacer *bien*, tanto de forma individual como colectiva, tiene el mismo fin: eliminar obstáculos para que los trabajadores y agricultores combativos, y jóvenes atraídos a sus luchas, lean y consideren *la política*, y que juntos usemos esos libros para ayudar a cambiarnos a medida que cambiamos el mundo.

JAMES P. CANNON, antiguo dirigente central del movimiento comunista en Estados Unidos desde su fundación en 1919, me enseñó algo acerca de la legibilidad como cuestión de clase hace casi 40 años cuando yo era un recién graduado joven socialista y un miembro recién electo de la dirección del PST. Yo estaba en Los Ángeles, realizando una gira de conferencias y de organización, y Jim me invitó a visitarlo y a conversar de política. No hacía mucho, el director de una de nuestras publicaciones había reducido el tamaño de la letra para meterle un poco más de texto a las páginas y, entre otras cosas, Jim opinó que la letra ahora era demasiado pequeña, pero demasiado pequeña. Y por lo tanto el periódico tampoco era atractivo.

Al igual que todos los trabajadores-bolcheviques pioneros autodidactas que fundaron el movimiento comunista en Norteamérica, Jim fue un lector voraz toda su vida. Me preguntó si yo tenía idea de cuántas personas, solo en Estados Unidos, tenían problemas con la vista que les dificultaban aún más la lectura. Es decir, por encima de la gran mayoría que necesita anteojos cuando llega a la edad mediana. Yo no sabía, y me sorprendió cuando Jim recitó las cifras que su personal secretarial había recogido y revisado. Aun hace cuatro décadas, el número ascendía a muchos, muchos millones.

Ese hecho por sí solo decidiría el asunto para todo trabajador con conciencia de clase. Es más, sin embargo, el inglés no es el primer idioma de muchas personas entre las filas de nuestra clase: no solo en las décadas recientes, sino en la época en que Jim Cannon se incorporó al movimiento socialista a principios del siglo XX. Leer y estudiar materiales teóricos en tu segundo o tercer idioma siempre es un desafío aún mayor.

Por todas estas razones, a partir de los números 12 y 13 de *New International* y los números 6 y 7 de *Nueva Internacional*, todos los cuales se lanzan a principios de 2005, la letra es bastante más grande. A medida que toque reimprimir los números anteriores, cada uno se compondrá usando esta letra más grande. Estoy seguro también que los directores de la Pathfinder comenzarán a revisar los libros y folletos que ésta publica y, de aquí en adelante, se encargarán de que las mismas normas se cumplan para cada libro y folleto que se imprima, tanto los nuevos como las reimpresiones. Y hay buenas probabilidades de que si los lectores consideran que estos criterios son válidos y se los señalan a los trabajadores-bolcheviques que son responsables de editar otras publicaciones revolucionarias, también se podrán hacer y se harán avances similares sobre esos frentes.

25 de febrero de 2005

SU TRANSFORMACIÓN
Y LA NUESTRA

SU TRANSFORMACIÓN Y LA NUESTRA

Proyecto de resolución del

Partido Socialista de los Trabajadores

Febrero de 2005

"Las contradicciones subyacentes del capitalismo mundial que están empujando hacia la depresión y la guerra no empezaron el 11 de septiembre de 2001. Algunas se vieron aceleradas por estos sucesos, pero todas tienen sus raíces en el viraje descendente de la curva del desarrollo capitalista hace un cuarto de siglo, seguido por el fenómeno interrelacionado del debilitamiento y posterior colapso de los aparatos estalinistas en la Unión Soviética y a través de Europa oriental y central a principios de los años 90...
Ha comenzado uno de los infrecuentes inviernos largos del capitalismo. Acompañado de la marcha acelerada del imperialismo hacia la guerra, va a ser un invierno largo y caliente".

—Ha comenzado el invierno
largo y caliente del capitalismo
Jack Barnes, julio de 2002

PREFACIO SUMARIO

AL INICIARSE EL AÑO 2005, la ofensiva patronal, que comenzó a principios de los años 80, continúa y se intensifica. Al presionar fábrica por fábrica, industria por industria, han deprimido los salarios de los trabajadores, han aumentado la diferenciación entre los asalariados y han diluido la antigüedad. Los patrones han intensificado la aceleración del ritmo de producción, han prolongado las horas de trabajo y han hecho más costosa, menos segura y más limitada la protección brindada por las pensiones y la atención médica. Al hacerlo, siguen debilitando al movimiento sindical.

Al mismo tiempo, estas "conquistas" no han sido suficientes para que la clase patronal pueda

• desplazar a la clase trabajadora y a los sindicatos del centro de la escena política en Estados Unidos;

• doblegar el ánimo de los trabajadores de vanguardia en empacadoras de carne, talleres de costura, minas y otros centros laborales donde los capitalistas han impulsado su ofensiva a un mayor extremo y por más tiempo; o

• dar marcha atrás al cambio marino en la política obrera, caracterizado por la renovada resistencia de las filas ante los ataques antiobreros.

Los avances que se limitan a compañías y a centros de trabajo, sin embargo, no han bastado, y no van a bastar, para que los patrones puedan establecer una nueva correlación de fuerzas a nivel económico, social y político entre la clase capitalista y la clase trabajadora. Los dueños del capital deben lograr un cambio mucho mayor en las relaciones de clases si han de dominar exitosamente a las potencias imperialistas rivales, organizarse para enfrentar y resistir crisis financieras y condiciones de depresión, pagar por un presupuesto bélico creciente y estabilizar las finanzas estatales. Los gobernantes de Estados Unidos no han logrado reducir lo suficiente ni el nivel de vida con el que los trabajadores y agricultores esperan contar ni las prestaciones del Seguro Social que consideran un *derecho*. Estas expectativas de clase siguen siendo un terreno de batalla social y político que no se ha puesto a prueba. Son un obstáculo que los patrones no pueden soslayar, un obstáculo que, a menos que se supere, garantiza un fracaso continuo en sus intentos de abrir un nuevo período de expansión capitalista sostenida a nivel mundial.

Para intentar lograr tales metas, los capitalistas deben reducir el salario social que el pueblo trabajador les arrebató en el curso de batallas de clases desde mediados de los años 30. Estos logros culminaron con los grandes avances de finales de los 60 y principios de los 70: la extensión de las prestaciones del Seguro Social, la creación de Medicare y Medicaid, y la incorporación de cláusulas de escalamiento para proteger de la inflación las prestaciones de jubilación, seguro médico y discapacidad. Sin embargo, los gobernantes aún reculan ante la necesidad que enfrentan de provocar una lucha en torno a programas que decenas de millones de trabajadores, agricultores y amplias capas de las clases medias no solo consideran su derecho, sino de los cuales se sienten menos capaces de prescindir que en cualquier momento del que tengan memoria. Ellos reconocen que una lucha de esta índole, por su naturaleza, se tendrá que librar no solo en las fábricas, las minas y los talleres, sino simultáneamente en el terreno de una lucha política a nivel nacional.

El cambio marino en la política obrera, que se produce tras décadas de una ofensiva brutal por parte de cientos de miles de patrones individuales, ha estado punteado por focos dispersos de trabajadores que tratan de organizar sindicatos con suficiente eficacia para poder defenderse. Estos militantes entre las filas buscan utilizar la *fuerza sindical*. La transformación de esta resistencia, atomizada pero continua, en una vanguardia combativa más amplia del movimiento obrero no va a comenzar simplemente a medida que los militantes obreros aprendan de sus luchas respectivas, las emulen y procuren extenderse solidaridad mutuamente; ganará terreno cuando los militantes comiencen a reconocer que lo que logran con una huelga o campaña de sindicalización se puede defender y consolidar solo al *extender* activamente la fuerza sindical a otros centros de trabajo en su industria y en su región. Además, al propagarse una experiencia de lucha de clases de tal magnitud, un número creciente de trabajadores —así como jóvenes atraídos a las posibilidades de lo que pueden hacer los sindicatos fortalecidos— también se verán atraídos a la actividad disciplinada y al programa de los comunistas con quienes están luchando hombro a hombro en las filas delanteras de estas batallas.

Ante la creciente vulnerabilidad financiera y económica de los gobernantes, los desafíos políticos y militares que enfrentan a nivel mundial y la agudización inevitable de los conflictos de clases que estas condiciones acarrean, las familias acaudaladas de Estados Unidos y sus representantes políticos en los partidos Demócrata y Republicano han cobrado cada vez más conciencia de la necesidad de *usar* la fuerza tanto económica como militar del imperialismo estadounidense. Se ha desvanecido la ilusión de que el desenlace de la Guerra Fría en sí fue una victoria que traería la estabilidad global bajo la dominación de una Pax Americana, junto con una reserva en las finanzas estatales garantizada por un "dividendo de paz" permanente. Los gobernantes perciben —aun si no ven con claridad o entienden— las fuerzas incontrolables que los llevan hacia un futuro de intensificadas crisis, con sus entrelazados rostros de depresión, guerra y batallas de clases crecientemente violentas, donde hay cada vez más en juego.

La frustración que nace de una conciencia vaga pero creciente de esta vulnerabilidad, sumada a la incapacidad de hallar una vía por la cual estén seguros de superarla definitivamente (*no* la hay), es la mayor causa del creciente faccionalismo, demagogia y degradación del discurso político —lo que acertadamente se puede llamar su "pornograficación"— que caracterizan a toda la política burguesa en Estados Unidos, no solo entre los partidos gobernantes dominantes y sus periferias, sino más y más dentro de éstos.

Para disponerse a defender su orden global cada vez más plagado de crisis, los gobernantes estadounidenses, dirigidos por Bush, Cheney y Rumsfeld con un amplio respaldo bipartidista, están llevando a cabo la transformación más profunda en la política, organización e iniciativas militares de Washington en más de medio siglo. Ahora que no se enfrenta a las concentradas filas de soldados y divisiones de tanques del Pacto de Varsovia por todo el norte de Europa, el imperialismo norteamericano ha comenzado a poner en práctica un cambio fundamental en la estrategia, el despliegue global, la estructura y el mando de sus fuerzas armadas.

Esta "transformación" militar, según la llaman, apenas comenzada por la administración Clinton y el Congreso en los últimos años del siglo pasado, la pueden acelerar y asegurar los gobernantes estadounidenses solo mediante la guerra. La historia del siglo XX demuestra, además, que solo en medio de profundas crisis económicas y guerras que se propagan, con llamados patrióticos a favor de la "unidad nacional", la "movilización" y la "igualdad de sacrificio", pueden los capitalistas convencer a capas importantes del pueblo trabajador y de las clases medias inseguras, al menos por cierto tiempo, de la necesidad de hacer concesiones económicas "mutuas", "temporales" pero de gran alcance. Esto incluye reducciones radicales del salario social, a medida que gran parte del cuidado de los menores, los enfermos y los ancianos se pone nuevamente sobre los hombros de la familia, ayudada por la iglesia e instituciones benéficas.

No obstante, las luchas engendradas por los intentos de imponer estas condiciones son las mismas mediante las cuales una vanguardia creciente de la clase trabajadora se pondrá a prueba, se templará y adquirirá experiencia política en el combate de clases. Este invierno largo y caliente de crisis económicas y sociales y de guerras, a cuyas primeras etapas ya hemos entrado, entrelaza inseparablemente su transformación y la nuestra.

SU TRANSFORMACIÓN

1. Se está produciendo de forma acelerada un cambio histórico en el despliegue global de las fuerzas armadas del imperialismo norteamericano, en su estrategia militar y en su orden de batalla. Propugnada por la Casa Blanca e impulsada por el Departamento de Defensa, esta transformación tiene como objetivo prepararse para el carácter de las guerras que los gobernantes imperialistas saben que tienen que librar, tanto dentro de Estados Unidos como en el exterior. No existe un ala importante del Partido Demócrata o del Republicano que plantee una alternativa estratégica a esta trayectoria. Y ya está demasiado avanzada como para echarla atrás.

"Este es el cambio más significativo de vuestro ejército desde 1939", dijo en febrero de 2005 el general Richard Cody —segundo al mando del general Peter Schoomaker, jefe del estado mayor del ejército— ante el Comité de la Cámara de Representantes para las Fuerzas Armadas.

Entre comienzos de 1939 y diciembre de 1941, cuando la administración Roosevelt le declaró la guerra a Tokio simultáneamente con la declaración de guerra de Alemania contra Estados Unidos, se aumentó el ejército norteamericano de 125 mil soldados a 1 millón 640 mil (y finalmente a 8 millones 300 mil durante la propia guerra); la marina norteamericana (que al finalizar la guerra había aumentado de 300 mil a más de 3 millones de marineros y oficiales) inició una expansión considerable en la construcción de barcos y estableció la primera patrulla atlántica; y el cuerpo aéreo del ejército (posteriormente la fuerza aérea) comenzó su expansión masiva.

Subrayando el carácter cambiante, el alcance geográfico y la creciente frecuencia de los operativos militares del imperialismo norteamericano, Cody señaló: "De 1950 a 1989, el tamaño del ejército en su conjunto osciló entre 64 divisiones durante la Guerra de Corea, 40 divisiones durante la Guerra de Vietnam, 28 (18 del Componente Activo y 10 de la Guardia Nacional) divisiones cuando terminó la Guerra Fría. Durante este período de 39 años, el ejército participó en 10 operaciones distintas, incluidas las de República Dominicana, Vietnam y Granada. En los 14 años desde el final de la Guerra Fría (de 1989 a 2003), el tamaño del ejército total se redujo más: de 28 divisiones a 18 divisiones; sin embargo, el ritmo operativo aumentó de forma notable a medida que el ejército respondió al llamado de la nación en 57 operaciones distintas... incluidas Panamá, Tormenta del Desierto, Somalia, Haití, Macedonia, Bosnia y Kosovo, así como compromisos en Iraq, Afganistán, Filipinas, el Cuerno de África y muchos sitios más".

"La paz será la excepción y la guerra la norma para este ejército", dijo Cody deliberadamente a los representantes de industrias de producción militar unas semanas después.

2. Los gobernantes estadounidenses jamás librarán de nuevo el tipo de guerras que caracterizaron el siglo XX: masivas y extensas guerras terrestres en Europa y Asia, una población contra otra. No van a librar tales guerras porque no las pueden ganar. Washington usará las armas que sean necesarias, ofensiva o defensivamente, para prevenir tales guerras.

3. Al intentar acelerar la transformación, los gobernantes norteamericanos se empeñan agresivamente en romper la tendencia conservadora de la casta de oficiales imperialista que se formó durante la Guerra Fría y que quedó afectada en especial por su experiencia política durante la guerra en Vietnam. Este esfuerzo decidido está provocando el faccionalismo más enconado en el seno del cuerpo de oficiales de las fuerzas armadas —y de los servicios de inteligencia— que se ha visto desde los primeros años de la Guerra Civil estadounidense a mediados del siglo XIX. Muchas personas en las burocracias del ejército, la fuerza aérea, la marina, los marines y la CIA arriesgan perder (o ganar) no solo promociones sino el control de enormes recursos. Nunca antes se han salido con la suya tantos generales y funcionarios de inteligencia al publicar tantos libros políticamente partidistas para "decir las cosas como son" en un período tan corto, a veces pocas semanas después de renunciar o retirarse del servicio activo. Se alinean con uno u otro bando en estas pugnas por terreno, y se suman abiertamente a la lucha faccional y electoral por el control de los poderes ejecutivo y legislativo del gobierno.

4. No puede haber ni habrá una repetición de una guerra conducida a la manera del ataque de 1990–91 contra Iraq, que se libró con una coalición grande organizada

Porcentaje de gastos militares mundiales
TOTAL: $950 MIL MILLONES (2004)

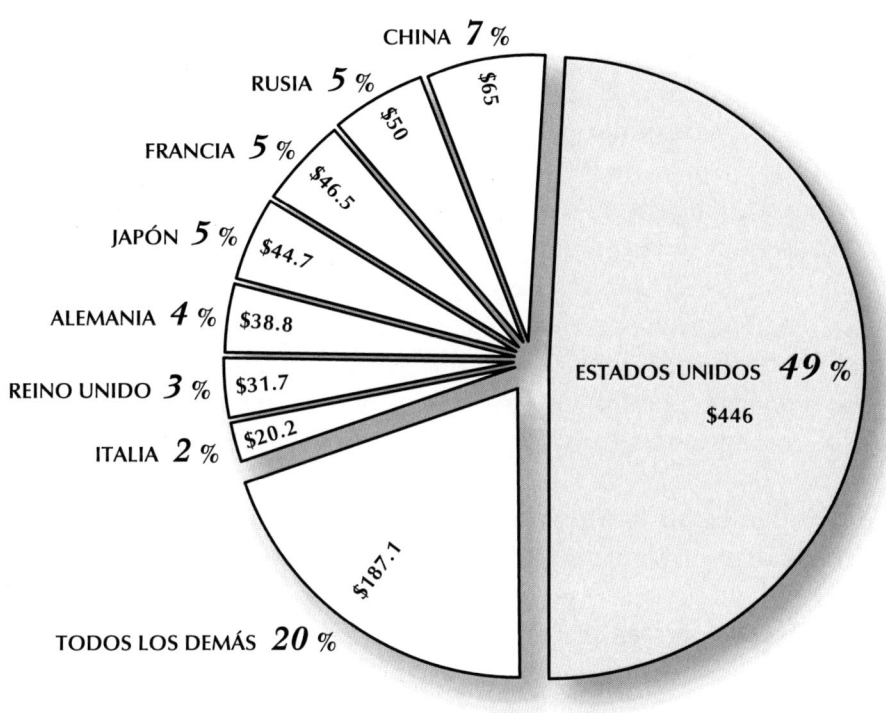

CIFRAS EN MILES DE MILLONES DE DÓLARES   FUENTE: GLOBALSECURITY.ORG

por Washington bajo la bandera de la ONU "pacificadora". Tampoco habrá una reedición de la estrategia utilizada por Washington al librar tibiamente las primeras guerras europeas desde el final de la Segunda Guerra Mundial: en Bosnia en 1994–95 y en Kosova en 1999, con el uso brutal de misiles crucero y bombardeos aéreos desde lejos contra las clases trabajadoras de los Balcanes. Las consecuencias de estas guerras de los Balcanes son aun más explosivas por el hecho que los problemas políticos que están a su raíz siguen sin resolverse y se van acumulando hacia más conflictos.

Estas guerras, libradas en los años 90, señalaron la decisiva necesidad de hacer una transición en la estructura de mando y el orden de batalla que el imperialismo norteamericano estableció unos 50 años antes para fomentar sus intereses del "mundo libre".

5. La segunda administración Bush ha acelerado la transformación al movilizar apoyo patriótico a su curso a través de las guerras de Afganistán e Iraq. Los desafíos concretos que los gobernantes enfrentaron durante estas guerras, y la experiencia inicial adquirida al librarlas, reforzaron su compromiso a estructurar y llevar a cabo esta transición fundamental.

Se ha elevado de manera cualitativa el papel de las fuerzas de operaciones especiales norteamericanas. Tropas de los Rangers y de la Fuerza Delta del ejército, SEALs de la marina, Unidades Expedicionarias de los marines y unidades de operativos especiales de la fuerza aérea recogieron inteligencia sobre el terreno, realizaron maniobras de combate combinadas con fuerzas nativas aliadas (la Alianza del Norte en Afganistán y las milicias kurdas *peshmerga* en Iraq), escogieron objetivos de bombardeos en tiempo real y dirigieron ellos mismos ataques aéreos y fuego naval norteamericanos.

El Pentágono probó en el terreno nuevos sistemas de armas bajo condiciones de batalla, entre éstos, aviones de reconocimiento aéreo no tripulados y aeronaves teledirigidas (*drones*) de ataque así como vehículos blindados ligeros Stryker. Los gobernantes de Estados Unidos, a un grado que ni soñaron en guerras anteriores, impulsaron mandos y operativos conjuntos del ejército, los marines, la marina, la fuerza aérea y sus fuerzas especiales, hasta el nivel de compañía.

6. Las 33 brigadas existentes del ejército norteamericano están siendo reestructuradas para formar entre 43 y 48 brigadas blindadas ligeras —más rápidas, móviles y letales— denominadas Equipos de Combate de Brigada (Unidades de Acción). La meta anunciada es que para el año 2010 se pueda poner en acción en cualquier parte del mundo una brigada lista para el combate en menos de 96 horas, una división completa en menos de 120 horas y cinco divisiones (unos 75 mil soldados) en menos de 30 días. Se está delegando considerables poderes de mando: del nivel de división al nivel de brigada, incluidos mandos conjuntos, de acuerdo a la necesidad, que abarcan las cuatro ramas de las fuerzas armadas (incluidos, con toda probabilidad, los agentes encubiertos de la CIA en el terreno).

Los altos funcionarios del Pentágono, al efectuar un cambio importante de lo que había sido la configuración de las fuerzas armadas norteamericanas posterior a la Segunda Guerra Mundial, están proyectando la necesidad de una nueva "tríada estratégica" que da prioridad al ejército, a los marines y a las fuerzas especiales con respecto a la tríada del ejército, la fuerza aérea y la marina. Los cazas y bombarderos de la fuerza aérea, así como los portaaviones y otros buques de guerra de la marina, seguirán siendo decisivos, pero como parte subordinada de operaciones conjuntas que integren a todas las ramas de las fuerzas armadas bajo un mando centralizado. La nueva tríada toma como base y consolida dos cambios en la estructura de mando que el gobierno norteamericano instituyó en 1986 (la Ley Goldwater-Nichols), durante los últimos años de la Guerra Fría: (1) que los comandantes de combate responden directamente al secretario de defensa, y no al oficial de mayor grado de su respectiva rama en el Estado Mayor Conjunto; y (2) que ningún oficial es ascendido al grado de general o almirante si carece de experiencia previa en el mando de fuerzas conjuntas.

El comunicado de prensa del Pentágono sobre sus proyecciones presupuestarias para 2006 y sobre "la reestructuración de las fuerzas estadounidenses" señala que es de importancia fundamental "el aumento de las unidades de combate en el ejército y en el cuerpo de marines", así como las iniciativas para fortalecer las fuerzas de operaciones especiales, que "han sido vitales para la lucha contra el terrorismo". Al mismo tiempo, el presupuesto propone medidas para que "la marina pueda desplegar más portaaviones y buques de apoyo con mayor rapidez", entre ellas más reducciones de personal en la marina, así como una reestructuración de las fuerzas expedicionarias de la fuerza aérea para que éstas "puedan proporcionar rápidamente la combinación correcta de capacidades.... a los Comandantes de Combate de Estados Unidos por todo el mundo".

7. Para impulsar estos objetivos, el Pentágono está rehaciendo la "huella global" de las fuerzas armadas norteamericanas.

Con el fin de la Guerra Fría, el imperialismo norteamericano ya no enfrenta tanques y tropas del Pacto de Varsovia al otro lado de la Brecha de Fulda en Alemania central. Otros 70 mil soldados y 100 mil familiares estacionados en "pequeñas Américas" masivas y extendidas en Europa y Asia, especialmente en Alemania y Corea del sur, serán reubicados a Estados Unidos. En este marco regresarán las cuatro brigadas pesadas de combate en Alemania (la mayor parte de dos divisiones) para ser remplazadas con una brigada más ligera. Washington ya anunció el retiro de 12500 de sus 37 mil soldados en Corea del sur, reconociendo que la defensa de los intereses imperialistas norteamericanos en la península ya no pueden depender de la concentración masiva de infantería y artillería a modo de "cable trampa" a lo largo de la frontera con Corea del norte. Los grandes recortes de las tropas norteamericanas desplegadas en el exterior, especialmente en Europa occidental, que se llevaron a cabo durante la primera administración Bush y la de Clinton se van a extender aún más en el transcurso de la "revisión de postura de fuerza global" de Washington.

Entre el 35 por ciento de las bases e instalaciones norteamericanas en el exterior que proyecta clausurar en el decenio que viene, Washington tiene la intención de retirarse de las que están en países, y en sitios dentro de países, donde los soldados norteamericanos son objeto especialmente fuerte de odio y resentimiento populares: empezando con la base aérea Príncipe Sultán cerca de Riad, Arabia Saudita (de la cual ya se han retirado), el centro de Seúl y Vieques en la colonia estadounidense de Puerto Rico.

En vez de estacionar grandes cantidades de soldados norteamericanos y sus familias en bases en el exterior, el Pentágono está negociando con otros gobiernos para establecer "Sitios de Operativos de Avanzada" más pequeños, a los que a veces se les denomina "hojas de nenúfar" (*lily pads*), y otros denominados "Posiciones de Seguridad Cooperativa". Junto a las plataformas de lanzamiento y reservas de pertrechos bélicos "basadas en el mar", estas instalaciones estarán situadas más cerca de los lugares del mundo donde Washington anticipa una mayor necesidad de usar su poderío militar: principalmente en el Medio Oriente, África, Asia central, las ex repúblicas soviéticas y Europa oriental y central, contándose la proximidad a los recursos petroleros entre los criterios explícitos.

La mayoría de las "hojas de nenúfar" apoyarán números reducidos de soldados rotados frecuentemente, sin el estorbo de las familias, y mantendrán depósitos de equipos para abastecer con poca antelación a las unidades de combate desplegadas desde Norteamérica o desde otros lugares. Tales instalaciones ya son operativas en Omán, Honduras, Kirguistán y otros países, y Washington está sosteniendo conversaciones con gobiernos para obtener sitios en Bulgaria, Rumania y Santo Tomé y Príncipe (Golfo de Guinea), entre cerca de una docena más. Las "Posiciones de Seguridad Cooperativa", como las que se están negociando en Senegal y Uganda, serán mantenidas por "contratistas" o "personal de la nación anfitriona", según el Pentágono, y no implican una presencia militar norteamericana permanente o grande.

Con estas negociaciones, Washington está dando pasos para establecer su presencia militar en África occidental, rica en petróleo, a costa de sus competidores imperialistas en París y Londres (y de sus aspirantes a rivales en Moscú y Beijing).

Bajo la bandera de operativos contra el narcotráfico, los gobernantes norteamericanos también se están fortaleciendo militarmente en América Latina, expandiendo su colaboración en especial con Colombia (que ya es el tercer receptor más grande de ayuda militar estadounidense en el mundo, superado solo por Israel y Egipto). A mediados de 2004 el Congreso duplicó a 800 el tamaño autorizado de la misión militar norteamericana en ese país. Entre otras cosas, estas maniobras se aceleran en preparación para conflictos "fronterizos" y disputas con Venezuela en torno a los oleoductos.

8. Los gobernantes norteamericanos están comprometidos a mantener una fuerza armada compuesta íntegramente por voluntarios. Su oposición actual a restituir una conscripción no es una maniobra de relaciones públicas. Se basa en su criterio sobre el tipo de fuerzas armadas que necesitan para prepararse para las próximas décadas de guerras que tienen la intención de librar; en las lecciones que se desprenden del decaimiento generalizado de la disciplina y moral militares en el ejército de conscriptos durante los últimos años de la Guerra de Vietnam; en los intentos de elevar los resultados promedio de las pruebas de inteligencia y aptitud de los reclutas, que han mejorado con el ejército voluntario; y en su juicio sobre cómo movilizar mejor el apoyo patriótico a favor de una conscripción cuando, inevitablemente, la necesiten al enfrentar guerras de mayor escala en el futuro.

Los gobernantes norteamericanos reconocen que se hace más difícil cumplir las cuotas de reclutamiento en tiempos de guerra, cuando se van acumulando las muertes y las lesiones. Por lo tanto, el gobierno norteamericano está ofreciendo mayores salarios al personal de las fuerzas armadas; mayores primas por reclutamiento, realistamiento, despliegue a un teatro de combate y capacitación; más prestaciones a las familias; una continua expansión de los programas de ROTC (Cuerpo de Entrenamiento de Oficiales de la Reserva) en los recintos

Unos 70 mil soldados norteamericanos en masivas “pequeñas Américas” en Alemania serán reubicados a Estados Unidos. El Pentágono está negociando con otros gobiernos para establecer “Sitios de Operativos de Avanzada” más pequeños, a veces llamados “hojas de nenúfar” (*lily pads*). Estarán situados más cerca de lugares donde Washington anticipa la necesidad de usar su poderío militar: en el Medio Oriente, África, Asia central, las ex repúblicas soviéticas y en Europa oriental y central.

ABAJO: Base norteamericana, Wiesbaden, Alemania. **ARRIBA IZQUIERDA:** Oficial de las Fuerzas Especiales del ejército de EE.UU. imparte técnicas de contrainsurgencia a tropas colombianas. Un número creciente de soldados de EE.UU. ha sido enviado allí desde 2000. **DERECHA:** Soldados norteamericanos en Uzbekistán (2004), donde Washington estableció una base como preparativo para la guerra de Afganistán en 2001.

GARRY LEECH

TIM VINING / FUERZA AÉREA DE EE.UU.

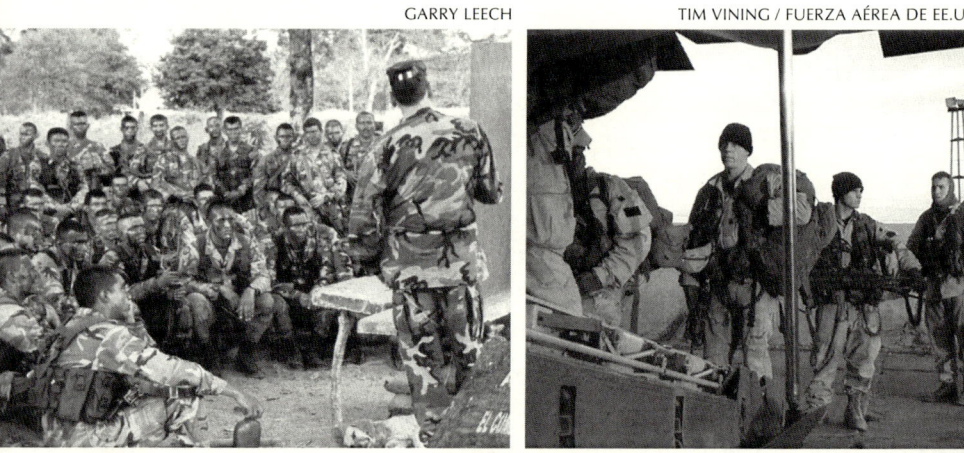

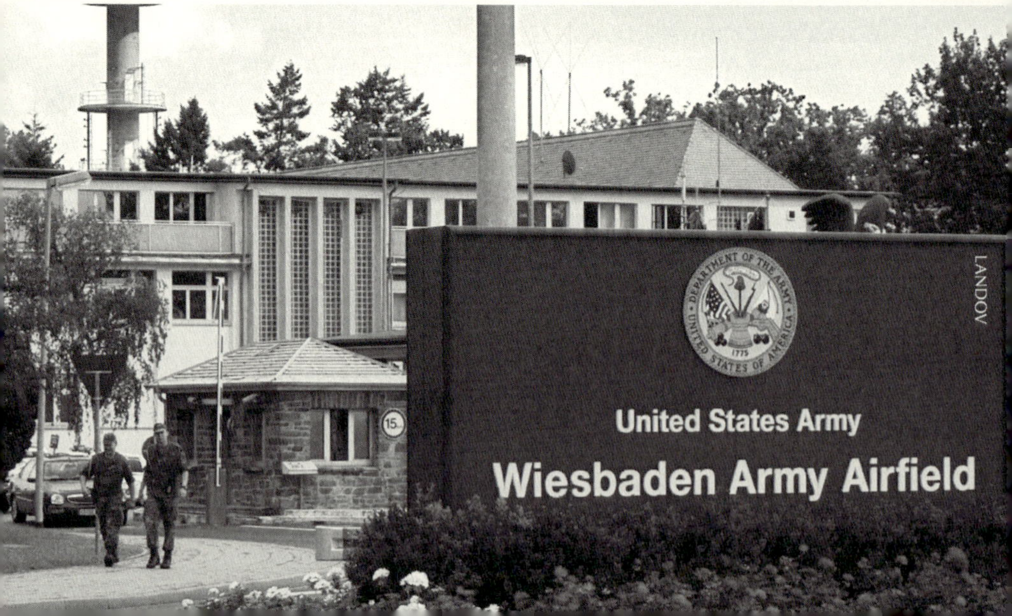
DEPARTMENT OF THE ARMY
UNITED STATES OF AMERICA
1775
United States Army
Wiesbaden Army Airfield

LANDOV

Donde el imperialismo norteamericano tiene bases militares o instalaciones—2004

EUROPA	ASIA DEL ESTE Y EL PACÍFICO	ÁFRICA DEL NORTE, MEDIO ORIENTE Y ASIA DEL SUR*	ÁFRICA SUBSAHARIANA, ATLÁNTICO SUR
Alemania	Atolón Johnston	Afganistán	Djibouti
Bélgica	Atolón Kwajalein	Bahrein	Kenya
Bosnia	Australia	Diego García	Santa Elena
Dinamarca	Corea del sur	Egipto	
España	Guam	Georgia	**AMÉRICAS**
Francia	Hawai	Emiratos Árabes	
Grecia	Hong Kong	Unidos	
Groenlandia	Indonesia	Iraq	Alaska
Holanda	Isla de Wake	Jordania	Antigua
Islandia	Japón	Kuwait	Aruba y Curaçao
Italia	Nueva Zelanda	Kirguistán	Bahamas
Kosova	Samoa	Omán	Canadá
Luxemburgo	Singapur	Pakistán	Colombia
Noruega		Qatar	Cuba (Bahía de
Portugal		Turquía	Guantánamo)
Reino Unido		Uzbekistán	Ecuador
			El Salvador
			Estados Unidos (continental)
			Honduras
			Islas Vírgenes
			Perú
			Puerto Rico

* Muchas instalaciones militares estadounidenses en estas zonas —establecidas desde 2001 para librar las guerras norteamericanas contra Afganistán e Iraq— son algunas de las primeras bases "hojas de nenúfar" del tipo que Washington planea propagar. Es también el carácter de las bases en Djibouti en África, así como en Colombia, El Salvador y otros países de América Latina.

FUENTES: AP, CENTRO DE INFORMACIÓN SOBRE LA DEFENSA, ASOCIACIÓN FUERZA AÉREA, LOS ANGELES TIMES, UPI, PRAVDA.

"Revisión de postura global" de EE.UU.

Países adicionales contemplados por Washington para Sitios de Operación de Avanzada ("hojas de nenúfar") o Posiciones de Seguridad Cooperativa

EUROPA	ASIA DEL ESTE Y EL PACÍFICO	ÁFRICA DEL NORTE, MEDIO ORIENTE Y ASIA DEL SUR*	ÁFRICA SUBSAHARIANA
Bulgaria	Filipinas	Argelia	Ghana
Hungría	Malasia	Azerbaiyán	Nigeria
Polonia	Tailandia	India	Malí
Rumania		Marruecos	Santo Tomé y Príncipe
		Túnez	(Golfo de Guinea)
			Senegal
			Sierra Leona
			Uganda

FUENTES: INFORME SOBRE ESTRUCTURA DE BASES PARA AÑO FISCAL 2004 DEL DEPARTAMENTO DE DEFENSA; DEPARTAMENTO DE ESTADO DE EE.UU.; PBS; AP; GLOBALSECURITY.ORG

VER MAPA EN LA PÁGINA SIGUIENTE ▶

Bases militares de EE.UU. en el mundo

◀ VER LISTA EN LA PÁGINA ANTERIOR

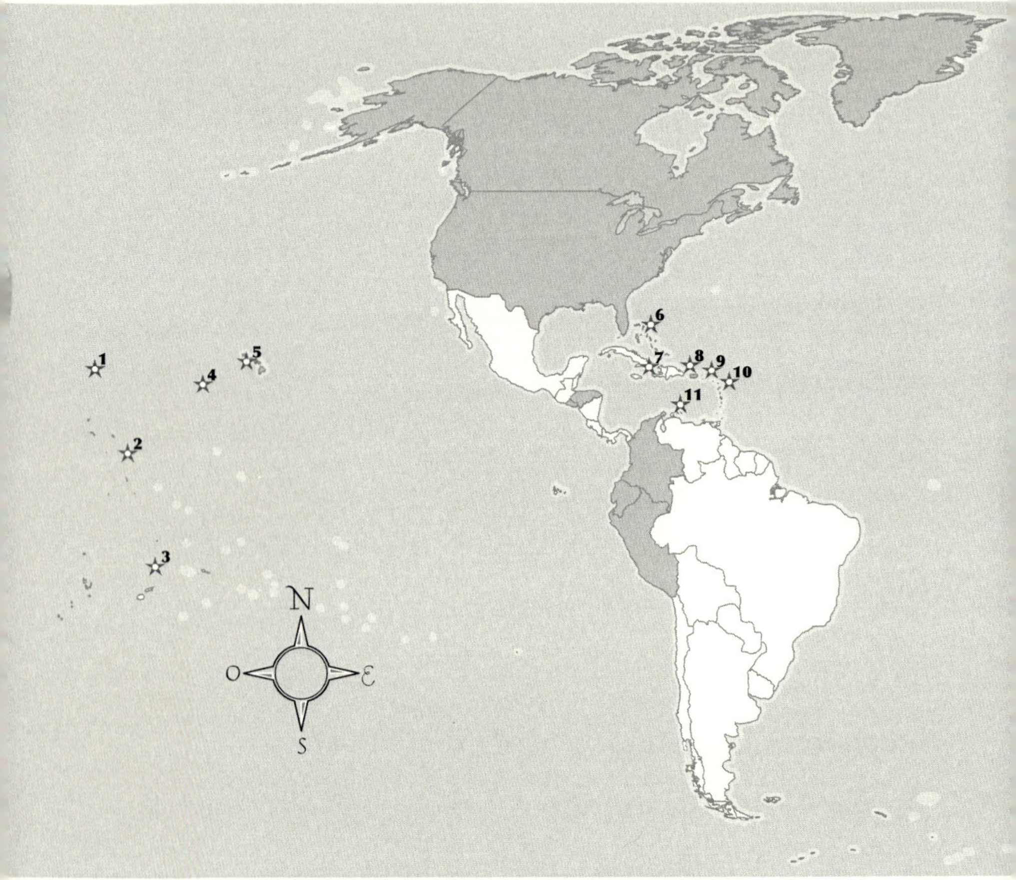

PAÍSES CON UNA BASE ESTADOUNIDENSE (2004)

☆ *Bases de EE.UU. en* **1.** *Isla de Wake* **2.** *Atolón Kwajalein* **3.** *Samoa*
4. *Atolón Johnston* **5.** *Hawai* **6.** *Bahamas* **7.** *Cuba (Bahía de Guantánamo)*
8. *Puerto Rico* **9.** *Islas Vírgenes* **10.** *Antigua* **11.** *Aruba y Curaçao*
12. *Santa Elena* **13.** *Diego García* **14.** *Singapur* **15.** *Hong Kong* **16.** *Guam*

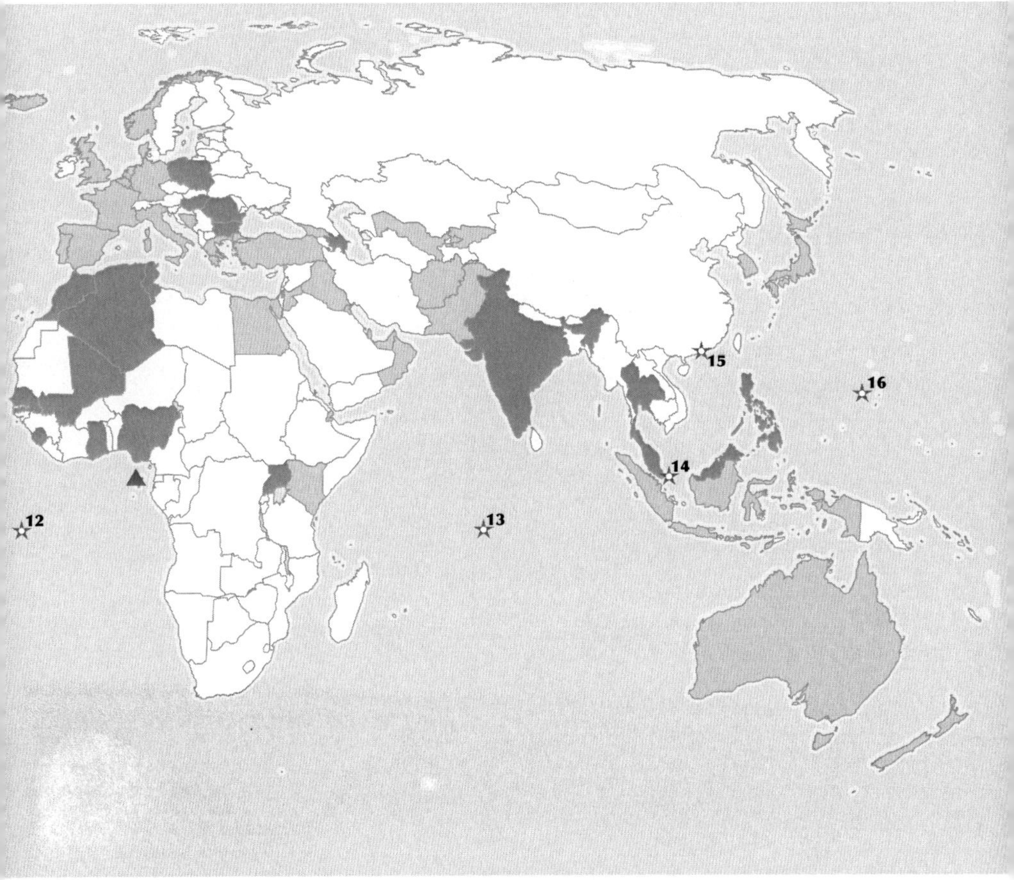

 OTROS PAÍSES CONTEMPLADOS PARA BASES "HOJAS DE NENÚFAR" O "POSICIONES DE SEGURIDAD COOPERATIVA"

▲ *Santo Tomé y Príncipe*

"Revisión de postura global" militar del imperialismo norteamericano

SOLDADOS DE EE.UU. EN SERVICIO ACTIVO
Totales regionales y de países selectos

	1989	2004	PROYECCIONES DE REVISIÓN DE POSTURA DEL DEPTO. DE DEFENSA[1]
TOTAL EN SERVICIO ACTIVO (Incluidos en y alrededor de Iraq)[2]	2,130,229	1,425,887	
TOTAL EN SERVICIO ACTIVO EN EL EXTERIOR (Menos Iraq)	509,873	257,692	~190,000
Terrestre	452,916	233,544	
Naval	56,957	24,148	
EUROPA	336,416	~114,200	~45,000
Alemania	248,621	75,603	
Bosnia	—	250	
Italia	15,706	13,354	
Kosova	—	~2,000	
Reino Unido	27,639	11,801	
ASIA DEL ESTE Y EL PACÍFICO	134,912	97,724	~85,000
Australia	717	205	
Corea del sur	44,461	40,258	~28,000
Filipinas	14,745	144	
Japón[3]	49,861	40,045	
ÁFRICA DEL NORTE, MEDIO ORIENTE, ASIA CENTRAL Y DEL SUR	8,070	~31,100	
Afganistán	—	~20,000	
Arabia Saudita	416	291	
Bahrein	168	1,496	
Diego García	1,048	491	
Egipto	1,182	350	
Kirguistán	—	1,000	
Qatar	—	3,432	
Turquía	4,862	1,863	
Uzbekistán	—	~1,300	
ÁFRICA SUBSAHARIANA	333	~1,800	
Djibouti	7	~1,600	
AMÉRICAS	21,448	~2,495	
Colombia	42	~800[4]	
Cuba (Bahía de Guantánamo)	2,467	700	
Honduras	1,158	413	
Panamá	12,719	16	

1. Las proyecciones generales de la revisión de postura del Depto. de Defensa son para 10 años aproximadamente; las reducciones surcoreanas son para finales de 2008.

2. Según el Dpto. de Defensa, a comienzos de 2005 hay unos 150,000 soldados norteamericanos en Iraq. Hay unos 40,000 soldados en Kuwait y demás áreas alrededor de Iraq.

3. Unos 30,000 de los soldados norteamericanos en Japón están en la isla de Okinawa.

4. En octubre de 2004, el Congreso de EE.UU. autorizó duplicar las fuerzas de EE.UU. en Colombia, de 400 a 800.

FUENTES: DEPARTAMENTO DE DEFENSA; GLOBALSECURITY.ORG; CENTRO DE INFORMACIÓN SOBRE LA DEFENSA; Y DIVERSAS AGENCIAS CABLEGRÁFICAS

Soldados de EE.UU. en servicio activo

(1989, 2004, futuro)

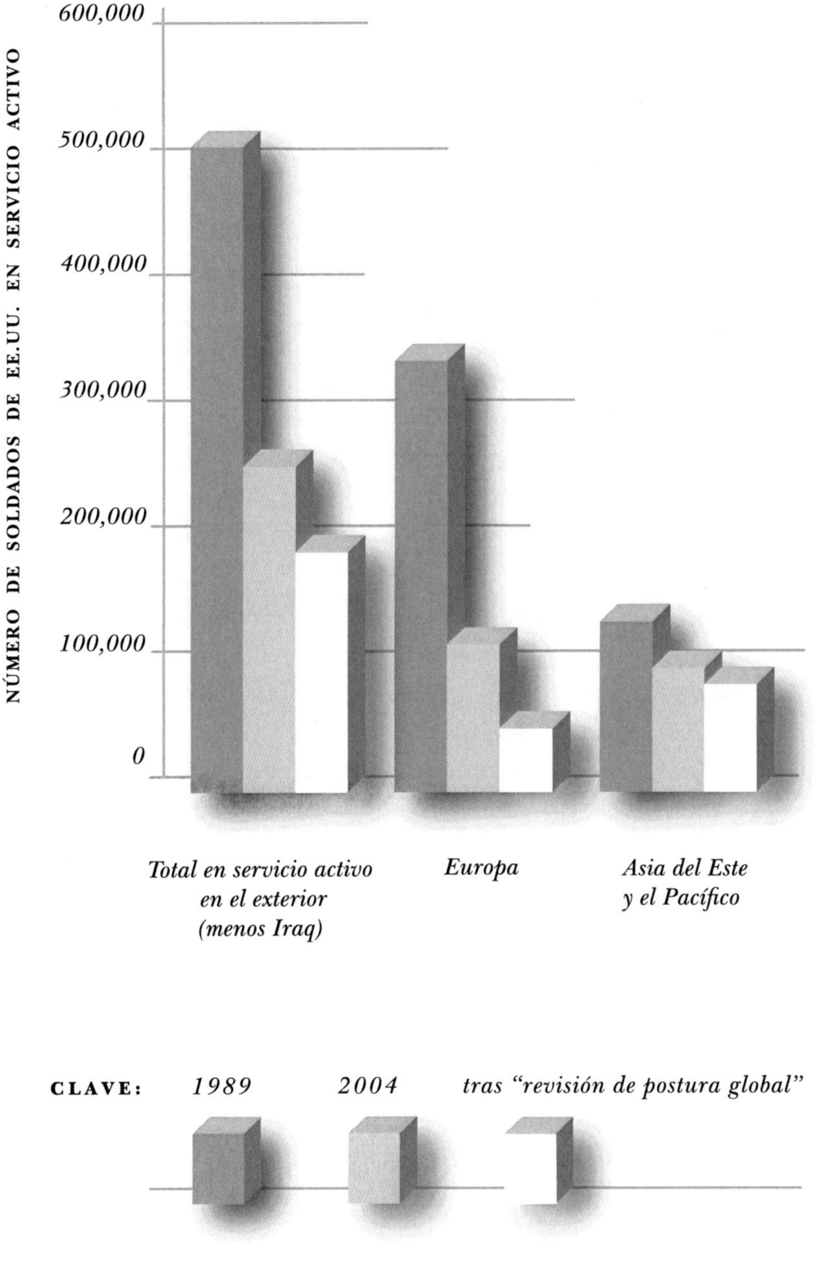

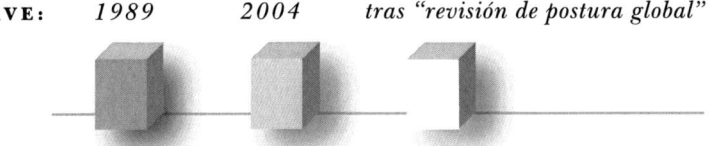

NÚMERO DE SOLDADOS DE EE.UU. EN SERVICIO ACTIVO
600,000
500,000
400,000
300,000
200,000
100,000
0
Total en servicio activo en el exterior (menos Iraq)
Europa
Asia del Este y el Pacífico
CLAVE:
1989
2004
tras "revisión de postura global"

universitarios; mejores beneficios para la educación y la vivienda; y más incentivos para la Guardia Nacional y la reserva del ejército. Inscribirse en la guardia o la reserva ya no es una garantía de un fin de semana al mes y dos semanas al año a cambio de la matrícula universitaria. En diciembre de 2004, cuando el Pentágono triplicó a 15 mil dólares las primas de retención para la guardia, una cuarta parte de sus miembros había servido en Iraq, casi un tercio estaba desplegado en el exterior y el 40 por ciento de los soldados norteamericanos en Iraq procedían de la guardia o de la reserva. Estos y otros crecientes gastos militares van a acentuar la batalla en el seno de la clase dominante norteamericana en torno a las finanzas estatales, lo cual aumentará la importancia que significa para ellos convencer al pueblo norteamericano políticamente de que apoye los "sacrificios" a su nivel de vida que pronto deberán acompañar estos desembolsos.

9. Las lecciones derivadas de las divisiones de clase y raciales que erosionaron la disciplina militar y minaron la moral durante la Guerra de Vietnam siguen profundamente grabadas en la conciencia del alto mando militar. Teniéndolas en cuenta, desde la Guerra del Golfo de 1991, el Pentágono ha reducido en las unidades de combate el número de soldados que son negros. La composición de los muertos en acción en Iraq da constancia del impacto de estos cambios. A comienzos de enero de 2005, el 11 por ciento de los muertos en acción eran afroamericanos, informó el Departamento de Estado, menos que el 17 por ciento que murieron durante la Guerra del Golfo de 1991 (los negros constituyen aproximadamente el 13 por ciento de la población actual de Estados Unidos).

Asimismo, en las últimas décadas los gobernantes norteamericanos han hecho un esfuerzo concentrado para forjar un cuerpo de oficiales cuya composición racial y por nacionalidad corresponda mejor a las filas.

Actualmente, más del 8 por ciento de los oficiales en servicio activo de las fuerzas armadas son negros, comparado con el 2.4 por ciento en 1973. En el ejército, los negros comprenden el 12 por ciento de la oficialidad, subiendo del 4 por ciento en 1973. El fuerte apoyo entre los rangos superiores del cuerpo de oficiales para el programa de acción afirmativa de la Facultad de Derecho de la Universidad de Michigan fue un factor determinante en la decisión que tomaron los abogados del Departamento de Justicia de Bush de presentar solo un reto limitado a ese plan ante la Corte Suprema, la cual en gran medida confirmó ese programa en 2003.

10. En 2005 la Comisión de Realineamiento y Clausura de Bases (BRAC) del Departamento de Defensa dará a conocer una lista de bases a cerrarse en Estados Unidos, que se calcula en un 25 por ciento de las actuales instalaciones militares en suelo estadounidense. Se van a consolidar ciertas bases del ejército, la fuerza aérea, la marina y los marines para facilitar el entrenamiento y operación conjuntos.

La administración Bush planea reorientar gran parte de los fondos ahorrados —que se proyectan entre 3 y 5 mil millones de dólares— para incrementar los gastos en salarios y primas militares, así como para ampliar las investigaciones, el desarrollo y el uso de lo que el Pentágono llama sus Futuros Sistemas de Combate "centrados en redes": dispositivos avanzados de comunicaciones y sistemas de posicionamiento global, diseñados para el mando y el control en tiempo real por unidades pequeñas en el campo de batalla; aviones de reconocimiento no tripulados; artillería y bombas guiadas por láser; Vehículos Blindados Ligeros y helicópteros de ataque. Así Washington está eliminando o recortando programas de armamentos que había conservado de las prioridades de combate de la Guerra Fría. Han cancelado el helicóptero Comanche y el sistema de artillería Crusader, y se planean reducciones importantes en el programa de aviones caza F/A-22 "Raptor", así como en la flota de portaaviones de la marina. En una época de dominación aérea norteamericana, los caza-bombarderos son el futuro; los *dogfights* (combates entre aviones) son cosa del pasado.

Los cierres de bases y recortes de sistemas de armas producidos por fabricantes bélicos norteamericanos son temas especialmente delicados de política de *pork barrel* ("barril de puerco"). Van a provocar oposición más ruidosa entre políticos de los partidos Demócrata y Republicano que el cierre de instalaciones norteamericanas en el exterior.

11. Antes de intentar aumentar el tamaño de las fuerzas armadas norteamericanas, el Departamento de Defensa está incrementando el número de soldados listos para el combate —lo que llaman "combatientes de guerra"— al sacar a los soldados de las tareas no combativas y remplazarlos con empleados civiles bajo la supervisión del Pentágono. La administración Bush ya les está imponiendo a los empleados del Departamento de Seguridad del Suelo Nativo (Department of Homeland Security) las debilitadas protecciones sindicales y por servicio civil que tienen los empleados del Pentágono, y la administración presenta éstas como modelo para "reformar" las escalas salariales y las políticas de contratación, despido y ascenso para un número creciente de empleados del gobierno federal.

El Departamento de Defensa también está "reequilibrando" las aptitudes y responsabilidades que se necesitan en las fuerzas armadas. Entre otras cosas, está trasladando a muchos policías militares, choferes y soldados de "asuntos civiles" desde unidades de la Guardia Nacional y de la reserva hacia unidades de servicio activo.

12. Uno de los objetivos fundamentales de la transformación de las fuerzas militares norteamericanas es la creación —bajo la bandera de las medidas antiterroristas— de las estructuras de mando y las capacidades operativas que necesitan para responder a la resistencia que los capitalistas saben que inevitablemente se va a ahondar dentro de Estados Unidos conforme las consecuencias de su derrotero económico se hagan sentir sobre los trabajadores, los agricultores y otras clases productoras. Los preparativos de la clase patronal denotan su conciencia sobre las consecuencias sociales y políticas acumuladas de más de tres décadas de acumulación de capital estancada, de una competencia más recia por el comercio mundial y de crecientes ataques al nivel de vida y a las condiciones de trabajo.

En contraste, a mediados de los años 60 y comienzos de los 70, cuando el imperialismo norteamericano libraba la Guerra de Vietnam, los gobernantes aún pudieron —en respuesta a un movimiento proletario de masas en las calles— hacer importantes concesiones sociales y económicas como el Medicare, el Medicaid y la indexación de las prestaciones del Seguro Social. El promedio de los salarios por hora continuaba en ascenso. Los patrones, su gobierno y sus partidos gemelos no sentían una necesidad apremiante de prepararse para conflictos cada vez más agudos con los trabajadores, agricultores y el movimiento sindical.

No es así al comienzo del siglo XXI y en los años que

vienen. Al librar guerras en el exterior, el capital financiero norteamericano simultáneamente impulsa —más y más abiertamente— su frente dentro del país. La preparación del terreno para la creciente militarización de la vida civil, según la necesiten, es de importancia fundamental para su transformación.

Con este fin, en octubre de 2002 se estableció el Comando Norte, uno de los nueve comandos "de combate bélico" en la estructura global de Comando de Combate Unificado de las fuerzas armadas. Por primera vez en la historia de Estados Unidos, un comando militar es responsable del territorio continental de Estados Unidos y del resto de Norteamérica. NORTHCOM, según se le denomina, comparte las instalaciones y un comandante común con NORAD, el Comando de Defensa del Espacio Aéreo Norteamericano, estructura conjunta estadounidense-canadiense que desde finales de los años 50 ha tenido la autoridad, por acuerdo firmado, de poner la fuerza aérea canadiense bajo un mando estadounidense según se necesite. NORAD es el centro de la "defensa de misiles" de Norteamérica.

El Comando Norte también abarca a México, la primera vez que el vecino sureño de Washington ha estado incluido bajo cualquiera de los comandos de combate globales del imperialismo estadounidense (entre ellos el Comando Sur, que desde hace mucho ha sido responsable del Caribe y de Centro y Sudamérica).

Con la justificación de que los disturbios civiles son un problema de seguridad nacional ya que los "terroristas" y sus partidarios y simpatizantes explotan tales situaciones, el tratar con un disturbio civil dentro y a lo largo de las fronteras de Estados Unidos ahora se ha convertido —por primera vez desde las secuelas de la Guerra Civil— en un asunto *militar* para el gobierno federal, y no solo un asunto *policiaco* para las autoridades municipales, estatales y federales.

13. La creación de un comando de las fuerzas armadas para el territorio continental de Estados Unidos se combina con otros preparativos más divulgados para enfrentarse a la resistencia de los trabajadores y agricultores dentro del país. Los capitalistas conscientemente encubren estos preparativos con una fachada civil y no militar. Al igual que con el NORTHCOM, la administración Clinton inició elementos de estas medidas, denominadas "Defensa del Suelo Nativo" (*Homeland Defense*) desde el 11-S y centralizadas a través de un nuevo departamento civil a nivel de gabinete que lleva el mismo nombre. Los gobernantes, evitando el americanismo xenófobo que ellos inevitablemente van a fomentar entre capas de la población según lo requieran las condiciones de crisis social y guerra más amplia, presentan los preparativos que hoy día necesitan hacer como asuntos de "deber cívico" y pequeñas intromisiones en la vida privada que se nos exige a "todos nosotros" frente a los "terroristas" que amenazan el hogar y el país.

Estas medidas abarcan desde la incrementada centralización federal de la "vigilancia" de los "sospechosos de terrorismo" tanto dentro como fuera del país, hasta lo que en la práctica es un sistema de carnet de identidad nacional disfrazado de números de Seguro Social; los omnipresentes controles de "seguridad" en los aeropuertos, edificios de oficinas y otros lugares; los llamamientos a informar sobre paquetes "sospechosos" en los lugares públicos o sobre conducta "fuera de lo común" en tu edificio de apartamentos, en tu barrio o en la calle; la restricción de las protecciones de hábeas corpus de los acusados e incluso de la Quinta Enmienda de la Constitución así como el espionaje contra individuos por el uso de bibliotecas, compras de libros y cuentas bancarias; y un mayor enfoque contra los residentes nacidos en el exterior, sean "legales" o "ilegales".

Se van despejando las restricciones que fueron impuestas a los operativos de espionaje militar dentro de Estados Unidos después de los informes del Comité Church del Senado en 1975–76, los cuales detallaron amplias violaciones de los derechos constitucionales por unidades militares y otras unidades federales de espionaje que realizaban operativos, a menudo brutales, contra opositores de la Guerra de Vietnam, partidarios de los movimientos negro y chicano, el movimiento de liberación de la mujer, el movimiento obrero, comunistas y demás. Ahora, de nuevo, se está ampliando rápidamente la labor de "contraterrorismo" del FBI dentro del país.

Estos operativos de espionaje, que tarde o temprano incluyen intentos de interferencia política, estarán centralizados por un "Director de Inteligencia Nacional", el cual responderá directamente al presidente. De igual importancia, y de hecho *exentos* de esta centralización, son los masivos operativos de inteligencia de las fuerzas armadas, que están organizados por el Pentágono y responden a él. La ley de "reforma" de inteligencia —cuya aprobación por el Congreso en diciembre de 2004 se logró mediante una campaña encabezada por los demócratas— fue elaborada antes de su aprobación final de manera de satisfacer las exigencias de Bush y Rumsfeld.

La gran mayoría de los trabajadores y agricultores en Estados Unidos aún no siente directamente, ni comprende políticamente, que lo que ha estado ocurriendo hoy y en años recientes en Guantánamo, lo que está pasando con la "detención preventiva" de ciudadanos norteamericanos, lo que está pasando con la limitación del derecho de apelar deportaciones, son cosas que van dirigidas ante todo contra *nosotros*, y no principalmente contra focos de "extranjeros" sospechosos. Incluso a los trabajadores nacidos en el exterior y a otros inmigrantes, aparte de una pequeña minoría, cualquier amenaza aún les parece algo bastante remoto. Sin embargo, como ha sucedido durante toda la historia de la lucha de clases en Estados Unidos, desde las Redadas Palmer hasta los cargos fabricados contra el movimiento obrero bajo la Ley Smith, así como el Cointelpro, las nuevas y cada véz más numerosas sondas militarizadas de los gobernantes se llegarán a reconocer por lo que son —y se les ofrecerá resistencia— a medida que el pueblo trabajador y el movimiento obrero nos veamos obligados a luchar en defensa propia y de nuestros aliados trabajadores contra los ataques acelerados de los patrones y del estado que representa y defiende sus intereses.

'La misión define la coalición'

14. Después de la desintegración no solo de los gobiernos estalinistas de Europa oriental y la Unión Soviética, sino del Consejo de Asistencia Mutua Económica (CAME) y del Pacto de Varsovia —mediante los cuales se habían estructurado los lazos comerciales y militares entre la Unión Soviética y los estados obreros europeos— el discurso triunfalista sobre una nueva época de "paz", "democracia", "estabilidad" y hasta del "fin de la historia" estuvo acompañado de reducciones masivas en el tamaño de las fuerzas armadas estadounidenses y recortes en los gastos militares. El "dividendo de paz", utilizado por el Departamento del Tesoro en nombre de los corredores de bonos estadounidenses, sentó las bases para el ascenso exagerado del dólar y atizó el fuego para inflar lo que se convirtió en el globo financiero de fines de los años 90 y de la primera década del siglo XXI.

El fin del "dividendo de paz" y el comienzo de la transformación se dieron cuando los gobernantes, a partir de los últimos años de la administración Clinton, fueron reconociendo que ellos mismos tendrían que compensar por el hecho que ya no era posible que los herederos de Stalin sirvieran de policías contra las masas trabajadoras. O por el hecho que Moscú ya no tenía la autoridad política necesaria en el movimiento obrero para obtener una respuesta a sus justificaciones dirigidas a sofocar la lucha de clases en amplias regiones del planeta.

15. "Liberación" y no "estabilización", "libertad" y no "equilibrio de poder": esto señala no solamente un cambio de consignas sino un cambio histórico en la estrategia política mundial bajo la administración de George W. Bush, en comparación con las de Clinton y su antecesor.

Lo decisivo en esta redefinición de la política exterior del imperialismo estadounidense —a menudo denominada la "doctrina Bush"— es el hecho que, desde del 11 de septiembre, la administración ha concretizado y de forma acelerada ha implementado en el combate la transformación de las fuerzas armadas norteamericanas. Esos cambios en sí marcan un cambio en lo que, según coincide ahora una amplia capa de la clase gobernante norteamericana en ambos partidos imperialistas, constituyó un cuarto de siglo de respuestas política y militarmente inadecuadas ante ataques "terroristas" contra objetivos estadounidenses así como acciones tardías contra estados a los cuales se les atribuía la capacidad de desarrollar armas y sistemas de lanzamiento que amenazaban los intereses imperiales de Washington.

Con el derrocamiento de los regímenes de los talibanes en Afganistán y de Saddam Hussein en Iraq, y con sus continuas amenazas y presiones contra Irán y Corea del norte —los dos países, junto a Iraq, del "eje del mal" planteado por Bush— los gobernantes norteamericanos, entre otras cosas, pretenden sentar ejemplos prácticos. Estas muestras de poderío militar tienen por objetivo "persuadir" a las fuerzas burguesas en Siria, Libia, Palestina y otros países desde África del norte hasta Asia central y América Latina de que, si siguen manteniendo objetivos opuestos a los de Washington, no solo perjudican sus intereses de clase sino que a la larga ponen en peligro su propia supervivencia. La guerra de Iraq y sus continuas repercusiones han reemplazado al conflicto palestino-israelí como el foco central de la política en el Medio Oriente: sus efectos se irradian hacia el este, el norte e incluso hasta África occidental.

16. Ni la OTAN, una alianza nacida de la Guerra Fría, ni las coaliciones que Washington creó en los años 90 con las hojas de parra de la ONU o de la OTAN a fin de librar guerras en el Golfo y en Yugoslavia, pueden cumplir los objetivos —en estado de evolución— del imperialismo estadounidense. Tampoco lo puede la coalición que se aglutinó —mejor dicho, que se proclamó— para apoyar la guerra angloamericana contra el aparato baazista de Saddam Hussein.

A medida que el gobierno norteamericano se dispone a entablar batallas alrededor del mundo que no podrá evitar (y que en su mayoría ya no quiere evitar), en cada uno de estos casos, el mando de las fuerzas armadas de Washington será la pieza clave. "La misión definirá la coalición", y no viceversa, según dijo Rumsfeld.

17. La Iniciativa de Seguridad contra la Proliferación (PSI), que el Departamento de Estado describe como "una actividad, no una organización", es un ejemplo perfecto de la sentencia de Rumsfeld. Hasta la fecha unos 60 países se han adherido a este operativo de piratería mundial dirigido y organizado por el Pentágono. Su objetivo consiste en "interceptar" cargamentos de materiales que van rumbo a "estados forajidos" y "regímenes hostiles" y que, según alegan las potencias imperialistas, se podrían emplear para producir o lanzar armas de destrucción masiva (o de destrucción "considerable").

Desde que se anunció la PSI en mayo de 2003, se han abordado barcos en alta mar y se han confiscado cargamentos en los puertos. Los gobiernos de Estados Unidos, Reino Unido, Francia, Australia, Canadá, Japón, México, Singapur y muchos otros países han participado en una o más de la docena de ejercicios conjuntos realizados hasta principios de 2005. Los más recientes han sido el Equipo Samurai 2004 (Team Samurai 2004), efectuado en octubre en el Pacífico, no muy lejos de las aguas territoriales de Corea del norte, y el Ejercicio Estrecho '04 (Exercise Chokepoint '04), el primer ejercicio de esa índole en el continente americano, organizado en noviembre en el Caribe, entre Cayo Hueso y La Española, la isla un poco al este de Cuba que está compartida por Haití y Republica Dominicana.

18. En Iraq la espina dorsal de la coalición dominada por el imperialismo han sido los gobiernos de Estados Unidos y el Reino Unido, junto con los de Australia, Italia, Dinamarca, Polonia, Países Bajos: más de 30 en total, de Europa, de Asia y el Pacífico y de Centroamérica.

Los gobernantes norteamericanos les exigen a estos gobiernos (con ofertas de ayuda para los que cooperen) que transformen sus propias fuerzas armadas para cumplir con las tareas logísticas, de entrenamiento y de operativos especiales, así como el ejemplo internacional de liderazgo que más y más se les pedirá que ofrezcan en apoyo a operaciones dirigidas por Washington.

Tokio, en especial, está aprovechando su envío a Iraq de unos 600 soldados en misiones "no combativas" para acelerar la ruptura de las barreras que el imperialismo japonés ha enfrentado desde la Segunda Guerra Mundial para ejercer su poderío militar en el Pacífico y más allá. Al centro de este cambio histórico se encuentran un fuerte aumento del nacionalismo nipón, un mayor apoyo abierto a Taiwan y una alianza militar más estrecha con Washington ante el fortalecimiento militar de China, sobre todo su expansión naval. El Pentágono "se preocupa y se mantiene atento" ante el creciente poderío naval de Beijing, dijo Rumsfeld, con irónica moderación, en su testimonio al Comité de las Fuerzas Armadas del Senado en febrero de 2005. "Esperamos y oramos [para que China] ingrese al mundo civilizado de forma ordenada", añadió. Sin embargo, lo que estará a la orden del día no será el cumplimiento de sus ruegos sino la realización de sus temores.

19. El curso de Washington hacia los cambiantes conflictos y alianzas estatales que se denominan la Unión Europea consiste en presionar por una expansión más rápida de esa relación política, desde Turquía hasta Ucrania y el Mar Negro.

Los gobernantes de Estados Unidos así pretenden tener la reserva más grande y heterogénea posible de aliados potenciales, reducir más la importancia política de Rusia y acelerar el desplazamiento del centro de la UE, que durante mucho tiempo ha sido el binomio francogermano. La meta del capital financiero estadounidense consiste en socavar la capacidad del euro de servir de competidor del dólar como la moneda de reserva dominante y como medio en el comercio y las finanzas mundiales, y obligar a los rivales de Washington a cargar con los costos de integrar a los países de Europa central y oriental —donde las relaciones sociales capitalistas fueron derrocadas tras la Segunda Guerra Mundial— y cada vez más a las antiguas repúblicas soviéticas al mercado capitalista mundial y a las alianzas militares imperialistas.

20. Para el imperialismo estadounidense el centro geopolítico del mundo se está trasladando hacia el este, tanto dentro de Europa continental como más allá. Para los gobernantes norteamericanos, Polonia, Ucrania o Eslovaquia por sí sola es más importante que Bélgica; Pakistán o India es más importante que Francia; Indonesia más que Alemania.

21. Independientemente de los minuetos diplomáticos en que participen los gobernantes norteamericanos en Naciones Unidas u otros foros internacionales, no aceptarán ninguna alianza, aunque sea temporal, que obstaculice *sus* objetivos estratégicos. Y ya no creen más en la posibilidad o eficacia de coaliciones tipo "Tormenta del Desierto" patrocinadas por la ONU, como la de la Guerra del Golfo de 1990–91, que abarcó desde Londres y París hasta Riad, El Cairo, Damasco y Moscú, con el respaldo tácito de Beijing. La segunda guerra de Iraq ha acelerado fuertemente los conflictos entre los antiguos integrantes de la alianza Tormenta del Desierto, ofreciendo más pruebas de que lo que se escuchó durante el anterior conflicto del Golfo fueron efectivamente los cañonazos iniciales de la tercera guerra mundial.

22. Los intentos de un bloque de gobiernos imperialistas encabezados por París y Berlín de frenar la invasión de Washington a Iraq en 2003 representaron la tentativa de estas potencias imperialistas relativamente más débiles de proteger sus intereses económicos, políticos y militares en el Medio Oriente.

Estas acciones por parte de ciertas potencias imperialistas se convirtieron a la vez en polo de atracción para algunos gobiernos semicoloniales que tratan de resistir la dominación yanqui. A los radicales de clase media en todas partes del mundo —cuya "estrategia" nacionalista más y más consiste simplemente en "¡No a América!"— les resulta fácil adaptarse a este rostro "benigno" del imperialismo.

23. El despliegue inicial y el desarrollo actual por parte de Washington de un sistema de armas anti–misiles balísticos (ABM) ocupan un papel central en su ofensiva política para cambiar el equilibrio de fuerzas en perjuicio de sus rivales imperialistas y también de Rusia y China. Los sistemas ABM han dejado de ser una ficha de negociación, usada durante décadas de "conversaciones sobre armas" para presionar a la Unión Soviética para que limitara la expansión de su arsenal nuclear. Cuando la administración Reagan empezó a desarrollar de manera acelerada el programa de la "Guerra de las Galaxias" en los años 80, fue el comienzo de un cambio fundamental. La afirmación de este rumbo como política bipartidista se completó más de una década después cuando la administración Clinton se encaminó a abrogar el tratado ABM de 1972 con Moscú y decidió continuar con la construcción del sistema. Cualesquiera que sean las debilidades tecnológicas que hoy día puedan tener estos sistemas de misiles antibalísticos, Washington seguirá mejorando su eficacia, y mucho más rápidamente en condiciones de guerra. A los "aliados" imperialistas de Washington se les está haciendo una oferta que no pueden rechazar y, en el caso de Londres, Tokio y otros más, que no quieren rechazar: "Contribuyan con terrenos, instalaciones y apoyo para el despliegue del sistema ABM, y ustedes participarán en la toma de decisiones y se verán protegidos por el escudo. Si no, a medida que se dirijan misiles hacia su territorio soberano, decidiremos sin ustedes".

La oferta de Bush al presidente Vladimir Putin de Rusia es directa: "¡No le quiten la vista a China! Pónganse bajo el escudo. Acepten la pérdida de sus antiguas repúblicas soviéticas. Y cuando se topen con grandes problemas con sus propios trabajadores, campesinos y nacionalidades oprimidas, las fuerzas armadas norteamericanas estarán presentes para ayudar". Sin embargo, el mensaje en voz baja que dice, "*hasta que podamos remplazarlos a ustedes*", hace escabrosas las negociaciones con Moscú.

24. El objetivo del imperialismo estadounidense en la Guerra Fría era de asegurarse que al derrumbar al régimen en la Unión Soviética, derrotarían a la clase obrera y a sus aliados agrarios explotados. Las potencias imperialistas daban por sentado que rápidamente podrían pasar a establecer las relaciones de clase y estructuras jurídicas burguesas y demás requisitos para una Rusia capitalista estable.

Sin embargo, los gobernantes imperialistas perdieron. Los herederos de Stalin fueron tumbados, pero la guerra contra la clase trabajadora aún está por entablarse. La transformación militar de Washington tiene por fin prepararse para esa guerra. Las "posiciones de seguridad cooperativa", de una punta de la Ruta de la Seda a la otra, las bases que finalmente se van a negociar en Bielorrusia después de las de Bulgaria y Rumania, las "hojas de nenúfar" en Ucrania y hasta los derechos de repostar combustible en Rusia: todo eso está, o estará, sobre el tapete. Como estará también la oferta a Moscú de que, cuando los conflictos civiles amenacen con propagar el "terrorismo", "el narcotráfico" o la "proliferación nuclear", las fuerzas militares norteamericanas van a estar allí para apuntalar a las miserables y decaídas fuerzas armadas de Moscú contra los trabajadores y campesinos: así como —espera Putin descorazonado— contra las oposiciones democrático-burguesas en Rusia y a lo largo de su reducida frontera. Sin embargo, ni las experiencias en la antigua república soviética de Georgia a principios de 2004, ni la de Ucrania un año después, presagia nada bueno para estas ilusiones.

Lo que los gobernantes norteamericanos han logrado; lo que no pueden lograr

25. Hay una diferencia entre los problemas que los imperialistas enfrentan por los errores que ellos pueden y van a corregir (¡se les subestima a riesgo propio!) y los problemas que se desprenden de la dinámica de la lucha de clases mundial en la cual ellos pueden incidir hasta cierto grado pero que no pueden evitar. La desbandada del régimen talibán en Afganistán en 2001, así como la devastadora estrangulación imperialista de Iraq durante una década que culminó con la invasión de 2003, fueron un mal presagio para los gobiernos y demás fuerzas burgueses desde África del norte hasta el sudeste asiático que estaban reñidos con el imperialismo norteamericano.

a) El régimen de Pervez Musharraf en Pakistán —antiguo protector de los talibanes y organizador de un mercado negro mundial de tecnología nuclear— se está transformando en un aliado fiel y estratégico, si bien inestable, de Washington. El ejército paquistaní realiza operaciones conjuntas con las fuerzas de operaciones especiales norteamericanas contra los talibanes en ambos lados de la frontera Afganistán-Pakistán y ha reducido la red internacional de armas nucleares organizada a través de sectores del aparato de inteligencia militar de Islamabad y de A.Q. Khan, "el padre de la bomba atómica paquistaní".

b) Más importante aún, los gobernantes norteamericanos por primera vez han atraído hacia su órbita al gobierno de India, con sus dos principales partidos burgueses contendientes. Los cambios que Washington ha realizado en sus relaciones tanto con Islamabad como con Nueva Delhi han precipitado medidas para desescalar el conflicto de décadas entre estas dos potencias nucleares en torno a Cachemira.

c) Mediante una operación conjunta de Londres y Washington, se le ha "persuadido" a la dirección de Muammar al Gaddafi en Libia de que vea lo errado de su conducta. Está abandonando sus programas de armas nucleares y otros programas de desarrollo de armas, está pagando miles de millones de dólares por reclamos de víctimas de anteriores ataques terroristas atribuidos a agentes del gobierno libio, y está abriendo sus vastos recursos naturales a la explotación imperialista de una forma más aceptable al capital financiero internacional.

d) En aras de su autopreservación, la casa real de Saúd, que descansa sobre las más grandes reservas petroleras conocidas en el mundo, está aunando fuerzas con el imperialismo para ayudar a destruir redes como Al Qaeda, para quien los gobernantes wahabíes de Arabia Saudita son los infieles que controlan y profanan los sitios sagrados del Islam. Cada medida de esta índole acentúa las contradicciones y estremece la estabilidad de este corrupto régimen rentista, aunque de no tomarse estas medidas las consecuencias para los príncipes serán peores.

e) Se acumulan también las pruebas de que las crecientes presiones que los gobernantes norteamericanos ejercen sobre Siria están surtiendo efecto, con repercusiones que se extienden a Líbano. Junto al impacto de las elecciones iraquíes, la presión inclusive se empieza a sentir en El Cairo.

El gobierno norteamericano exige que Damasco tome acción contra fuerzas baazistas emigradas en Siria que organizan y financian el flujo de armas y de combatientes hacia Iraq, y que el régimen de Assad continúe aceptando en la práctica las operaciones militares norteamericanas dentro del territorio sirio a lo largo de la frontera con Iraq. Los gobernantes norteamericanos exigen también que Damasco cese sus intentos de obtener "armas de destrucción masiva".

26. Washington está aprovechando sus logros militares en el Medio Oriente para fortalecer más sus lazos con el gobierno, las fuerzas armadas y las agencias de inteligencia de Israel. Los gobernantes norteamericanos están aumentando sus presiones sobre los dirigentes de organizaciones palestinas con el objetivo de ahondar las divisiones entre y dentro de ellas. Este proceso se ha acelerado con la elección de Mahmoud Abbas como primer presidente de la Autoridad Palestina post-Yasser Arafat. Sin embargo, el agotamiento y la derrota de la segunda intifada ha sido para el imperialismo el factor decisivo al tratar de imponerles a los palestinos una coalición burguesa en un acuerdo con Israel.

El régimen israelí, al avanzar a la sombra del ataque contra Iraq y de la "guerra mundial contra el terrorismo", había arrasado pueblos y campamentos que han sido centros organizativos para ataques con morteros, atentados de "martirio" y otras acciones armadas; ha seguido adelante con la construcción del muro de 400 millas bien adentro de la Ribera Occidental; ha asesinado sistemáticamente a una capa tras otra de la dirección de Hamas; y ha comenzado la batalla política dentro de Israel para retirar los asentamientos de Gaza a fin de consolidar los territorios ocupados en la Ribera Occidental y establecer una frontera más segura.

27. Las potencias imperialistas han invalidado en la práctica el Tratado Internacional de No Proliferación Nuclear al declarar, en contra de lo que estipula el tratado, que se prohibirá que los "estados sin armas nucleares" desarrollen la tecnología y las instalaciones necesarias para producir uranio suficientemente enriquecido como para alimentar reactores para la producción energética. El gobierno norteamericano está presionando, con diferentes grados de éxito, para que la Agencia Internacional de Energía Atómica (AIEA) se convierta en una fuerza policiaca internacional que tome como blanco los países semicoloniales que según Washington no cumplen adecuadamente con las exigencias imperialistas de abrogar su soberanía y sus derechos derivados del tratado. La campaña de Washington para remplazar a Mohamed ElBaradei como titular de la AIEA forma parte de su empeño en incrementar las labores policiales de este organismo en nombre de los gobernantes norteamericanos.

a) El régimen iraní ha enfrentado una presión creciente, sobre todo por parte de Washington, para que acceda a la inspección incondicional de todas sus instalaciones nucleares y abandone el desarrollo extenso de la energía nuclear: programa iniciado con la ayuda y bendición de Washington durante la dictadura proimperialista del sha Mohammed Reza Pahlavi, que fue derrocada en el levantamiento revolucionario de 1979. Londres, París y Berlín se han sumado a estas presiones contra Teherán, a pesar de las discrepancias que haya entre ellos y Washington sobre cuán rápido y cuánto apretar las tuercas.

La eliminación del potencial nuclear de Irán sigue siendo un objetivo estratégico primordial de Israel, lo que da pie a referencias frecuentes al ataque aéreo de 1981 en el que Tel Aviv destruyó el reactor nuclear iraquí de Osirak. Las instalaciones nucleares de Teherán están más esparcidas geográficamente que las de Bagdad en aquel entonces (una lección del ataque a Osirak); solo cuando Washington crea que las posibilidades del éxito sean buenas —o cuando considere que no le queda otra opción— iniciará una acción militar contra Irán o acordará que Israel lo haga. Pero como lo demuestra la destrucción casi simultánea de las posiciones antiaéreas iraquíes en las primeras horas de la guerra de 2003, las fuerzas de operaciones especiales norteamericanas pueden localizar y destruir instalaciones muy esparcidas, a una velocidad y con una eficacia devastadoras. Hace ya mucho que comenzaron a realizar acciones de reconocimiento, ubicación, vigilancia electrónica y otras medidas preparatorias dentro de Irán con miras a tal eventualidad.

b) La República Democrática Popular de Corea se retiró en 2003 del Tratado de No Proliferación Nuclear. Ha defendido su derecho y proclamado su intención de continuar desarrollando armas nucleares para su defensa. Pyongyang es el blanco de un esfuerzo en frentes múltiples, que incluye a Beijing, para obligar a la RDPC a detener el desarrollo de su programa nuclear. Al mismo tiempo, Washington ha ayudado a que Corea del sur encubra el hecho de que hasta fecha tan reciente como 2000 produjo —en experimentos ocultos a la AIEA— plutonio y uranio del tipo requerido para armas nucleares.

c) Después de insistir durante meses en que la AIEA, al exigir inspecciones en sitio, violaba el derecho de Brasil de proteger tecnología patentada, el gobierno de Luiz Inácio Lula da Silva cedió: a finales de 2004 permitió dar acceso a suficientes áreas de su instalación nuclear de Resende para satisfacer a la agencia.

28. El gobierno que surge de las elecciones iraquíes del 30 de enero de 2005 tendrá que equilibrar a la región norteña de Kurdistán, que es más y más autónoma, con fuerzas políticas rivales en el seno de la población mayoritaria chiíta y la minoría suní. El régimen baazista estaba basado en sectores de la población suní que tenían un interés de clase directo en mantener sus privilegios de minoría, cuya consolidación les otorgó el imperialismo británico. Fue una de las dictaduras más sanguinarias en la historia del Medio Oriente; en sus más de 35 años en el poder organizó sistemáticamente la masacre de fuerzas baazistas opositoras, de miembros del Partido Comunista y de personas acusadas de ser comunistas, así como de dirigentes chiítas y kurdos.

Tras la Guerra del Golfo de 1991, y al amparo de la zona de exclusión aérea impuesta por el imperialismo norteamericano y británico, la región kurda fue actuando más y más como un país aparte. Los dirigentes de la zona kurda, que cuenta con su propio gobierno y la fuerza armada autóctona mejor entrenada y más disciplinada de Iraq, están decididos a reclamar una parte importante del control sobre los yacimientos petroleros en el perímetro de su región, y también de los ingresos que devenguen. Asimismo, exigen que se dé marcha atrás a la "arabización" efectuada por los baazistas en Kirkuk y demás ciudades y pueblos en las zonas kurdas.

Con la contienda presidencial norteamericana fuera de peligro, la administración Bush volvió a lanzar la guerra en Iraq en noviembre de 2004 a fin de consolidar el poder sobre el baluarte baazista en el centro del país, objetivo que había dejado sin completar tras la toma de Bagdad en abril de 2003. Elementos bien financiados de la fuerza élite de la Guardia Republicana y de la policía secreta de Hussein aprovecharon ese tiempo para reagruparse como efectivos irregulares baazistas y para vincularse a grupos como el que encabeza Abu Musab al-Zarqawi.

Las fuerzas norteamericanas llevaron a cabo esta etapa de la guerra con poca oposición entre la población chiíta, la cual durante décadas sufrió terror, bombardeos y asesinatos a manos de los baazistas. Los operativos norteamericanos también gozaron de un abrumador respaldo en las regiones kurdas. Aunque entre los trabajadores y campesinos iraquíes existen profundas reservas de odio hacia los ocupantes imperialistas, las detestadas fuerzas baazistas y sus aliados, que ahora están librando la guerra que no llevaron a cabo en 2003, son antagónicas a una lucha revolucionaria de liberación nacional en Iraq y son incapaces de movilizar y dirigir una lucha de esa índole. Ninguna de estas fuerzas tiene un interés de clase en unificar a los trabajadores y campesinos de Iraq para defender su soberanía nacional. Ninguna tiene un programa para hacerlo.

Una confirmación reveladora de este hecho ha sido la asombrosa falta de expresiones multitudinarias de rechazo a la invasión y ocupación imperialista de Iraq en cualquier parte del Medio Oriente o en cualquier país predominantemente musulmán. Al contrario, estos gobiernos, de Marruecos a Indonesia, han sentido muy poca presión interna para que abandonen su política de alinearse con Washington y Bagdad para legitimar, aunque sea de forma "crítica", al régimen instalado por Washington y al gobierno que surge de las elecciones del 30 de enero de 2005. La amplitud sorprendente del electorado que participó y el impacto de la concurrencia en las zonas chiítas y kurdas han asestado el revés más grande hasta la fecha contra las perspectivas de las fuerzas organizadas por los baazistas.

Sin embargo, la consecuencia involuntaria de la trayectoria de los imperialistas es que abre espacio, en Iraq y en toda la región, para que la clase trabajadora y los campesinos se organicen y luchen por impulsar sus intereses; abre espacio para las naciones oprimidas como los kurdos; abre espacio para la lucha por impulsar los derechos de la mujer; abre espacio para promover la separación de las instituciones religiosas frente a la política y el estado; abre espacio para la difusión de propaganda que popularice y dé una explicación de la política proletaria. En todo el Medio Oriente, el sur de Asia, África del norte y más allá, se seguirán desatando las consecuencias involuntarias. Ese es el futuro que los imperialistas no pueden hacer nada para evitar.

Capital, salarios y lucha de clases

29. El estancamiento de la tasa de acumulación de capital de la clase dominante norteamericana, que ha durado más de un cuarto de siglo, está acelerando mucho la competencia interimperialista y aumentando la presión para cambiar más a su favor la correlación de fuerzas entre el capital y el trabajo. Según se explicó en "Ha comenzado el invierno largo y caliente del imperialismo": "En el afán de aumentar su margen de ganancias, la situación de más y más patrones es que no pueden recurrir a otra cosa que no sea intentar reducir salarios y prestaciones, prolongar las horas e intensificar el trabajo. Esta extensión e intensificación es el 'secreto' del aumento de productividad que Greenspan exagera y del que hace alarde con miras a reconfortar a la clase capitalista de que está ocurriendo algo más que una expansión adicional de la masiva deuda gubernamental y su contraparte privada en valores corporativos, hipotecas y tarjetas de crédito".

30. Solo frente a una crisis social detonada por la depresión y la guerra es que el capital financiero en Estados Unidos ha podido jamás movilizar el tipo de llamamientos patrióticos a la "unidad nacional" y a la "igualdad de sacrificio" que puedan convencer a amplios sectores de la población, al menos por un tiempo, de que acepten recortes drásticos en su nivel de vida. Harán falta nuevamente tales circunstancias para que los gobernantes puedan movilizar, sobre un plano político nacional, una campaña destinada a reducir los salarios, empeorar las condiciones y recortar considerablemente el salario social. A lo largo de las décadas, decenas de millones de personas de la clase trabajadora y de las capas medias han llegado a considerar como *derechos* el Seguro Social, el Medicare, el Medicaid, las prestaciones por incapacidad y otros beneficios. La mayoría depende de estos beneficios para sobrevivir después de la jubilación o después de sufrir una lesión o enfermedad que los ha dejado incapacitados para trabajar.

Los avances logrados hasta ahora por patrones individuales en aumentar la tasa de explotación mediante ataques a los salarios, las horas y las condiciones distan mucho de lo que los capitalistas tienen que lograr. La clase dominante necesita recortar los pagos para las

Promedio de ingreso semanal real de trabajadores empleados en EE. UU. (1964–2003)

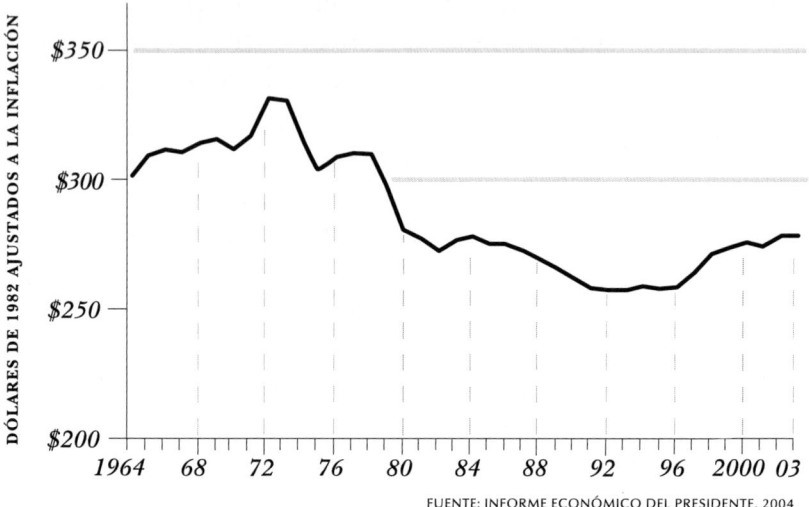

FUENTE: INFORME ECONÓMICO DEL PRESIDENTE, 2004

Promedio de ingresos por hora de trabajadores empleados en EE. UU. (1965–2004)
CAMBIO PORCENTUAL DE UN AÑO A OTRO

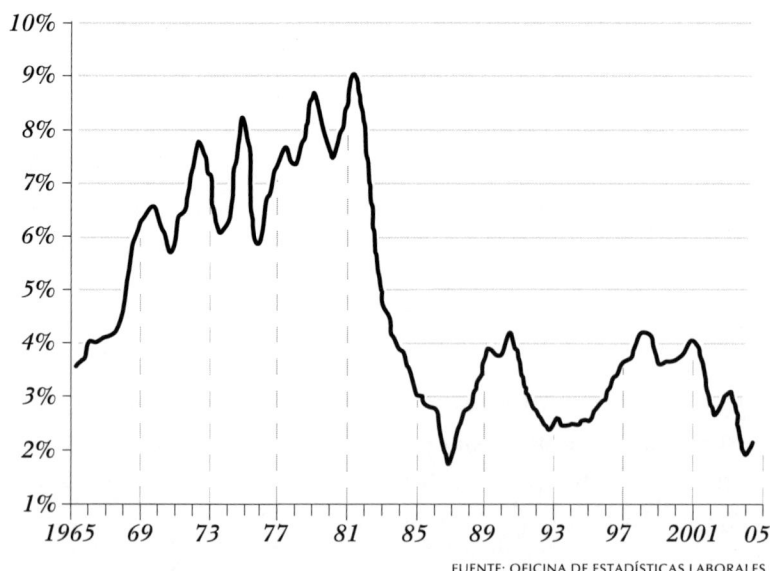

FUENTE: OFICINA DE ESTADÍSTICAS LABORALES

pensiones del Seguro Social y otros elementos del salario social. Debe hacer que individuos y sus familias asuman una mayor parte de los costos de educación, transporte público, cuidado de jóvenes y ancianos y otros servicios subvencionados por el gobierno, haciendo que dependan más de la iglesia y organizaciones benéficas.

Sobre todo, los gobernantes deben reducir de forma radical las expectativas fomentadas en las tres últimas décadas por las conquistas que se les arrebataron durante los años 60 y comienzos de los 70, que transformaron el Seguro Social en una pensión modesta pero real, protegida de la inflación, de la cual se podía subsistir, y un seguro médico del cual se podía depender.

Cuando los trabajadores conquistaron las pensiones del Seguro Social en el transcurso de luchas obreras a mediados de los años 30, los pagos mensuales eran a lo sumo un pequeño suplemento al apoyo familiar individual y a las obras benéficas de la iglesia y del condado. La esperanza de vida en Estados Unidos en aquella época era un promedio de seis años *menos* que la edad mínima, fijada en 65 años, para recibir prestaciones de jubilación. Desde mediados de los años 60 hasta principios de los 70, como resultado de la lucha proletaria de masas por los derechos de los negros, el Seguro Social se amplió y se reforzó de forma significativa. Por primera vez se indexaron las prestaciones a la inflación; se estableció el Medicare para todos los que reciben Seguro Social; y se creó el Medicaid para quienes no alcanzaban cierto nivel de ingresos y para muchos discapacitados, sin importar la edad.

Hoy día la esperanza de vida —que sigue creciendo— es 12 años *mayor* que la edad a la cual la mayoría de las personas adquiere el derecho a los beneficios plenos del Seguro Social. Los patrones andan rebuscando urgentemente las formas de reapropiarse más y más de esta pequeña parte de la riqueza que los trabajadores creamos mediante nuestro trabajo: una parte que, a pesar de lo que aseguran los reformistas, los capitalistas jamás tuvieron la intención de que fuera algo decidido definitivamente. Sin embargo, a través de varias décadas, a medida que los empleos y los aumentos de ingresos reales en efectivo se han vuelto menos seguros, millones de personas han llegado a la conclusión de que necesitan un ingreso por jubilación y protección médica de emergencia que sean *menos* —y no más— vulnerables a los riesgos. Por lo tanto, a pesar de que necesita reducir estos derechos, la clase capitalista rehuye del tipo de lucha social y política que sabe que provocará si intenta algo más que extraer "reformas" de concesiones marginales.

En 1996 la administración Clinton le cortó la primera tajada al salario social, a estos "derechos" de la clase trabajadora, cuando dirigió al Congreso para poner fin a la Ayuda a Familias con Niños Dependientes, un programa financiado a nivel federal que se había establecido como parte del Seguro Social en 1935. Fue el fin de la "asistencia social según la conocemos", según la fría y desdeñosa frase de Clinton.

Por más de un cuarto de siglo, políticos tanto republicanos como demócratas han intensificado sus gritos demagógicos de que el Seguro Social va "rumbo a la quiebra", insinuando que es culpa del número creciente de "vejestorios codiciosos" que ahorran demasiado poco, se jubilan demasiado temprano y viven demasiado tiempo. Ya en 1983, los políticos demócratas y republicanos se unieron para elevar la edad mínima para recibir el Seguro Social —que actualmente va subiendo hacia los 67 años— y para aumentar el impuesto sobre nómina: el más regresivo y antiobrero de todos los impuestos federales, estatales o locales, aparte de las loterías. Es más, no obstante el mito de que estos fondos provenientes de los impuestos sobre nómina "se guardan aparte", separados del flujo de los impuestos generales recaudados, en realidad Washington los utiliza año tras año para librar sus guerras y apuntalar el dólar; una de las consecuencias tácitas de esto es un subsidio al consumo burgués masivamente inflado.

31. A fin de preparar el terreno para seguir arrebatando lo que puedan del salario social, los gobernantes norteamericanos buscan minar la solidaridad de clase. Pretenden ahondar las divisiones, oponer a los trabajadores más jóvenes contra los mayores, y ganar apoyo político entre sectores de la clase obrera para hacer que los individuos y las familias asuman más de la carga por la atención médica, la jubilación y otras necesidades. Los partidos capitalistas aprovechan las inseguridades suscitadas por el hecho que cada vez más empresas —desde compañías de carbón hasta patrones del acero, fabricantes de ropa y textiles, empacadoras de carne, aerolíneas y otras más—, amparadas en los procesos judiciales de bancarrota, sencillamente están declarando nulos los planes de seguro médico y de pensiones de "beneficios definidos" que supuestamente están garantizados por convenio a los jubilados.

Los capitalistas esperan convencer no solo a amplios sectores de la clase media, sino a trabajadores "emprendedores" y a sus familias de que les convendrían más las cuentas individuales de "inversión" cuyos "fondos no se van a agotar" (según alegan falsamente los gobernantes que sucede con el Seguro Social, aun cuando no existen fondos de pensiones "dedicados" que puedan agotarse), que ningún patrón o gobierno "pueda quitarles" y que los trabajadores puedan "llevar consigo" de un empleo a otro. Los patrones rara vez mencionan que estas cuentas de "inversión" pueden quedar arruinadas por una fuerte baja de las bolsas de valores o de obligaciones, como la que comenzó a principios de 2001.

El hecho que capas importantes del pueblo trabajador den crédito a esta demagogia y patrañas interesadas de la clase patronal representa el precio a pagar por el curso colaboracionista de clases que ha seguido la cúpula sindical desde la Segunda Guerra Mundial. Durante más de medio siglo, la burocracia sindical ha obstaculizado toda lucha social y política de la clase trabajadora y de nuestras organizaciones por atención médica universal, pensiones y otros programas garantizados por el gobierno que le devuelvan a todo el pueblo trabajador una mayor parte de la riqueza producida por nuestro trabajo. Continúan por el camino colaboracionista de clases de negociar, o de tratar de mantener, en los convenios colectivos los "beneficios suplementarios" que dependen de la competitividad y de la (esperada) rentabilidad de determinadas empresas y ciertas industrias. Ante todo, estos "suplementos" diferencian marcadamente a los "sindicalistas" amparados por esos convenios de la gran mayoría de nuestra clase y de sus aliados entre el pueblo trabajador, dando credibilidad a la propaganda antisindical con la que los patrones pretenden convencer a los trabajadores de que los sindicatos no son más que trusts de empleos, que solo se preocupan de forma egoísta de mantener las condiciones relativamente favorables de sus propias filas reducidas.

32. Durante casi una década, tras el fin de la Guerra Fría, el "dividendo de paz", junto con una bonanza de ingresos por impuestos federales recaudados gracias a la burbuja de la bolsa de valores a finales de los años 90, amortiguó la agudeza de la crisis de las finanzas estatales que enfrentaba la clase gobernante norteamericana. En los 10 años entre 1989 y 1998, durante las administraciones de Bush padre y Clinton, el gasto militar federal se recortó en casi la tercera parte, en 135 mil millones, casi el 10 por ciento de todo el presupuesto federal de 1998. Al contrario de la mitología liberal, esto no llevó a la "liberación" de fondos para la educación, cupones de alimentos, seguro por desempleo u otras necesidades sociales —cada una de las cuales fue recortada durante los ocho años de la administración Clinton— sino que contribuyó a deprimir las tasas de interés reales, apuntalar el dólar "fuerte" y llenar los bolsillos de los ricos tenedores de bonos.

Sin embargo, entre 1998 y 2004 Washington aumentó el gasto militar en un 50 por ciento; la abrumadora mayoría del aumento —122 mil millones de dólares, el 41 por ciento— se registró en los tres años después del 11 de septiembre. Además, estas cifras no toman en cuenta los gastos "suplementarios" de entre 80 y 100 mil millones de dólares anuales para las actuales guerras de Washington en Iraq y Afganistán, así como sumas indecibles para lo que el Pentágono denomina el "reconocimiento negro" realizado por las fuerzas norteamericanas combinadas de operaciones especiales en Siria, Irán, Arabia Saudita, Yemen, Colombia, Filipinas y otros países. Los gobernantes ya están aprovechando el resurgimiento del déficit presupuestario federal y del déficit comercial para justificar el "apretón de cinturón" —nuestro cinturón, no el suyo— en materia del gasto social.

33. Desde los años 70 las administraciones demócratas y republicanas, en nombre del capital financiero, han logrado emplear maniobras del Banco de la Reserva Federal y del Tesoro norteamericano para posponer una crisis financiera y una espiral de depresión y para amortiguar las consecuencias de una crisis social. A los niveles federal, estatal, de condado y municipal, así como a través de préstamos empresariales, hipotecarios y al consumidor, han inflado un globo de deudas que, según lo pintan, no deja de crecer y nunca ha de reventar. Esta acelerada creación de deudas en el último cuarto de siglo ha prolongado las expansiones y ha moderado las recesiones. Sin embargo, lo ha hecho a expensas de inflar el dólar en relación con muchas otras monedas y metales preciosos.

Desde 1971, cuando se derrumbó el último vestigio de la convertibilidad fija del dólar por oro, ante los embates de la inflación provocada por la Guerra de Vietnam, todas las monedas del mundo se han convertido en "dinero fiduciario". Es decir, ninguna de estas monedas, ni siquiera el dólar, entraña valor de trabajo, ni tampoco entraña un precio que no sea en relación con las demás. No son más que anotaciones en un disco duro.

Al crear más y más dólares para financiar la expansión de la deuda, los gobernantes de Estados Unidos inevitable y conscientemente debilitan su moneda frente a las de sus rivales más potentes. Sin embargo, ya que lo que respalda toda moneda es la "plena fe y crédito" del gobierno emisor, el dólar es y seguirá siendo primero entre las monedas fiduciarias, pues cuenta en su esquina con el poderío económico y militar del imperialismo estadounidense. Ningún otro "nombre de marca" nacional puede o va a sustituirlo como moneda de reserva dominante en las finanzas y el comercio internacionales. Sin embargo, la victoria pírrica del dólar tiene consecuencias desestabilizadoras para el sistema capitalista. Aumenta no solo la posibilidad de una inflación galopante sino la probabilidad de una crisis mundial bancaria y monetaria, conforme los capitales financieros y tesoros estatales rivales se empeñan en quebrar el control que ejerce el dólar.

Agotamiento de alternativas a la dirección revolucionaria

34. La razón por la falta de respuesta popular en el mundo árabe y musulmán a la invasión y ocupación de Iraq dirigidas por Washington es el agotamiento de las dirigencias nacionalistas burguesas que, en el transcurso de unos 80 años, llegaron al poder sobre los hombros de luchas antiimperialistas en las que participaron cientos de millones de trabajadores, campesinos y jóvenes en Asia, África y América.

Durante gran parte del siglo pasado, estas corrientes burguesas llenaron un vacío político dejado por la maldirigencia política —si no la traición abierta— de Moscú y de sus partidos estalinistas subordinados en las batallas de los trabajadores y campesinos y en las luchas de liberación nacional, tanto en los propios países coloniales como en los centros metropolitanos de los respectivos amos imperialistas. Además, si estos regímenes burgueses en las naciones oprimidas se atenían lo suficiente a la línea sobre asuntos de importancia diplomática para la burocracia soviética, entonces, a cambio, la casta daba su bendición tácita a la represión despiadada contra los trabajadores, campesinos y minorías nacionales, incluyendo a menudo hasta los Partidos Comunistas en esos países. Así, gobiernos como el de Nasser en Egipto, Nkrumah en Ghana o Sukarno en Indonesia lograron cierto margen para maniobrar en sus conflictos con los imperialistas, y durante cierto tiempo pulieron sus credenciales de "radicales", tanto en su país como en foros mundiales como el Movimiento de Países No Alineados.

Tras el fin de la Guerra Fría, hasta regímenes que en las últimas décadas del siglo todavía consideraban que les convenía retener algunos vestigios de su palabrería "antiimperialista" descubrieron que la ecuación costos-beneficios había cambiado abruptamente en su contra. Aquellos en la burocracia estatal y la oficialidad del ejército que esperaban "tener éxito" como parte de las capas burguesas en ascenso, quedaron separados brusca e involuntariamente de las dádivas y los privilegios que entrañaba su anterior relación con Moscú. (Los masivos fondos disponibles a través de las agencias de la ONU y demás "Organizaciones No Gubernamentales" afines ayudaron, pero en nada se aproximaron a la magnitud del paraíso perdido.)

Muy temerosas de la energía revolucionaria de las masas trabajadoras, muy deseosas de acaparar para sí las migajas de la mesa de los explotadores imperialistas, muy comprometidas con sus antiguos amos coloniales y ahora despojadas de sus mecenas en la antigua Unión Soviética, estas capas burguesas nacionalistas de segunda, tercera y cuarta generación están actuando en condiciones mundiales diferentes de las de incluso un cuarto de siglo atrás. Para las clases dirigentes burguesas en estos países, han cambiado no solo los tiempos, sino los intereses que están en juego. Son tiempos diferentes de cuando —bajo la presión de las aspiraciones y movilizaciones democráticas y antiimperialistas de los trabajadores y campesinos— Nasser recuperó del capital financiero británico y francés el canal de Suez en 1956, y otros gobiernos, en fechas tan recientes como finales de los años 60 y principios de los 70, nacionalizaron yacimientos petrolíferos, refinerías y otros recursos naturales que eran propiedad de las acaudaladas familias dirigentes de Estados Unidos y otras potencias imperialistas.

35. Un agotamiento paralelo y afín del contenido revolucionario caracteriza hoy la evolución política de las dirigencias tanto pequeñoburguesas como burguesas en potencia de los movimientos de liberación nacional: desde la Organización para la Liberación de Palestina (OLP) y otras organizaciones palestinas como Hamas, hasta el Ejército Republicano Irlandés (IRA) y Patria Vasca y Libertad (ETA).

Estas organizaciones surgieron (o resurgieron) en las últimas décadas del siglo XX sobre la base de una potente oposición a la opresión nacional de los pueblos palestino, irlandés y vasco. Sin embargo, durante las últimas cuatro décadas las direcciones de estas organizaciones han dependido de acciones armadas espectaculares, en combinación (especialmente cuando estas operaciones no solo no producían ningún logro, sino que enfrentaban una represión intensificada) con maniobras diplomáticas y políticas para llegar a un *acomodo* negociado con los opresores. Las movilizaciones que organizaban se usaban más y más exclusivamente como medio de presión para ayudar a alcanzar dicho acomodo.

Ninguna de estas direcciones jamás se mostró capaz de movilizar y dirigir a los trabajadores y campesinos como columna vertebral de un movimiento democrático revolucionario que pudiera luchar con eficacia por la liberación nacional, por liberarse de la dominación imperialista, por la tierra para los que la trabajan, por el derecho a la autodefensa armada y por la organización de la clase trabajadora para actuar en interés de las clases productoras. Ni una sola ha forjado una dirección del calibre revolucionario y capacidad política del Movimiento 26 de Julio y del Ejército Rebelde en Cuba, del Frente de Liberación Nacional de Argelia, del Frente Sandinista de Liberación Nacional de Nicaragua, del Movimiento de la

Nueva Joya de Granada o del movimiento revolucionario de Burkina Faso. Educados mal durante décadas por el estalinismo, los dirigentes de estas organizaciones fueron traicionados repetidamente por Moscú y el movimiento mundial subordinado a él. Los dejaron plantados cuando el régimen de la casta soviética y de sus hermanas europeas se derrumbaron a principios de los años 90. La estructura militar y los métodos internos de funcionamiento que habían aprendido de las organizaciones estalinistas, directa e indirectamente, los hicieron vulnerables a la penetración de agentes policiacos y provocadores. A medida que las operaciones del mercado capitalista han acelerado la diferenciación de clases en el seno de estas naciones oprimidas (tanto el aburguesamiento como la proletarización), la trayectoria pequeñoburguesa de estas dirigencias ha llegado a un callejón sin salida. La frustración y la desmoralización están dando frutos con el faccionalismo intensificado, que incluye los sangrientos ajustes de cuentas internos.

Estas luchas nacionales revolucionarias en sí, la subyugación imperialista que las alimenta, y la valentía y la decisión abnegada de los trabajadores y campesinos de luchar están lejos de agotarse. El pueblo palestino continuará combatiendo a Israel porque ocupa su tierra. Los trabajadores y agricultores en Irlanda del norte y en el País Vasco continuarán resistiendo la opresión perpetuada por las familias dominantes del capital financiero británico y español. Sin embargo, las consecuencias políticas de la crisis de dirección y de su corrupción burguesa se plantean cada vez más claramente.

36. Lo que a menudo se llama "islamismo", "wahabismo", "islam yihad", "salafismo" o "fundamentalismo islamista" (como algo distinto de la religión islámica) no tiene contenido revolucionario, ya no se diga proletario, de ningún tipo. Su punto álgido ya quedó en el pasado, no está por venir.

El 11 de septiembre representó un desfogue sensacional, no un nuevo comienzo. Estos movimientos surgieron como sustitutos de una dirección política revolucionaria de las masas populares frente a la bancarrota de las fuerzas estalinistas y nacionalistas burguesas.

La revolución iraní de 1979 fue una profunda sublevación social y política, y no una yihad religiosa. Se convirtió en una profunda revolución social popular y moderna en las ciudades y en el campo, una revolución contra la monarquía proimperialista del sha y el despotismo brutal de sus odiados agentes policiacos del SAVAK. Abrió espacio para los trabajadores y campesinos sin tierra, para la mujer, para las nacionalidades oprimidas, para la juventud... para los comunistas. Hizo posible el florecimiento del espacio político, del debate y de la cultura que hasta la fecha están lejos de ser eliminados.

El peso de las figuras e instituciones religiosas se hizo mayor y más represivo como parte de una *contrarrevolución* política, que sofocó en nombre del islam la rebelión de los trabajadores más intransigentes de los yacimientos petroleros y las fábricas, de los campesinos en la tierra, de los kurdos y demás nacionalidades oprimidas, de las mujeres que luchaban por la igualdad, de los soldados de disposición revolucionaria, de los estudiantes y otros jóvenes, y de los comunistas más audaces. La fuerza y profundidad de esa revolución se manifiesta en el hecho que el régimen burgués dominado por el clero jamás ha podido imponer nada parecido al tipo de condiciones políticas y culturales asfixiantes como las que los talibanes infligieron en Afganistán o los monarquistas wahabíes en Arabia Saudita.

El punto culminante de la acción "islamista" se produjo con la captura de la Gran Mezquita en La Meca a finales de 1979, año en que la revolución iraní derrocó al sha. Pero el contenido político era lo opuesto. Las unidades armadas que ocuparon la mezquita lo hicieron en nombre de destituir a los infieles de la realeza saudita que ultrajaban el lugar más sagrado del islam. Durante las dos décadas siguientes esto fue seguido, entre otras acciones, por los atentados en 1983 contra las barracas estadounidenses y francesas en Beirut, Líbano, que mataron a 241 marines norteamericanos y 58 paracaidistas franceses; la bomba plantada en el sótano de las Torres Gemelas en 1993, que dejó seis muertos y miles de heridos; el camión-bomba contra el complejo militar Jobar en Arabia Saudita en 1996, que mató a 19 soldados norteamericanos e hirió a centenares; los bombazos casi simultáneos en 1998 cerca de las embajadas norteamericanas en Kenia y Tanzania que mataron a 224 personas e hirieron a unas 4500 (pocas de ellas norteamericanas); y el ataque en 2000 desde una lancha rápida contra el USS *Cole* en el puerto yemení de Adén, en el que murieron 17 marineros norteamericanos.

En cuanto a la envergadura de las muertes y la destrucción que causaron, los ataques de terror del 11 de septiembre de 2001 contra las Torres Gemelas y el Pentágono fueron las más sensacionales de estas acciones. Y se darán otras (como los atentados en los trenes de Madrid en 2004 y los ataques en Bali y otros lugares en Indonesia en 2002 y 2004), así como los secuestros, asesinatos, robos y ataques dinamiteros por grupos antiobreros como las Brigadas Rojas, la Banda Baader-Meinhof, el Ejército Negro de Liberación y el Weather Underground continuaron años después de que el ultraizquierdismo de la "lucha armada" de los años 60 había pasado su cúspide y se encaminaba más al ocaso político.

Sin embargo, los ataques de septiembre de 2001 fueron señal de debilidad, no de creciente fuerza social o política. Al Qaeda y organizaciones semejantes han quedado más aisladas políticamente a nivel internacional, aun entre el pueblo trabajador y las clases medias en los países árabes e islámicos. Y los gobernantes imperialistas aprenden de cada uno de estos ataques, haciéndolos más difíciles de repetir.

37. La desintegración de los aparatos estalinistas en Europa Oriental y sobre todo en la Unión Soviética ha tenido profundas repercusiones en todo el mundo para las fuerzas pequeñoburguesas en el seno del movimiento obrero que se autodenominan "la izquierda": el terreno del frente popular en la política burguesa que desde los años 30 ha sido definido por los Partidos Comunistas del movimiento estalinista mundial, los partidos socialdemócratas en sus formas más de "izquierda" y las organizaciones centristas que se han escindido de ellos, se han adaptado a ellos y/o han oscilado entre ellos.

Han pasado ya unos 15 años desde el derrumbe de las castas burocráticas a cuyas necesidades diplomáticas los partidos estalinistas del mundo subordinaban su programa y actividad, y sobre los cuales basaban su reclutamiento, estructura organizativa y recursos. Durante este período algunos de estos partidos literalmente se han disuelto, mientras sus antiguos cuadros han abandonado poco a poco la política o se han sumido en el activismo liberal imperialista. Otros antiguos PC, reducidos cualitativamente en cuanto a tamaño y recursos, han cambiado de nombre para distanciarse de lo que ahora consideran un estigma, que ya no ofrece privilegios ni beneficios que lo contrarresten.

Sin embargo, la mayoría, entre ellos el Partido Comunista de Estados Unidos, por ahora han conservado el nombre. La labor cotidiana de sus miembros, no obstante, tiene menos que ver con las filas de la clase trabajadora y del movimiento sindical —a diferencia de la cúpula sindical y sus plantillas— que en cualquier momento desde finales de los años 20, cuando se consolidó la contrarrevolución política en la Unión Soviética, incluido el estrangulamiento burocrático de los partidos de la Internacional Comunista.

Estos partidos comunistas fraudulentos —que por más de 60 años intentaron legitimarse entre los trabajadores con conciencia de clase al presentarse falsamente como los continuadores del bolchevismo— hoy reclaman cada vez menos una continuidad con Marx, Engels o Lenin. Más y más desechan hasta muchas de las propias leyendas y los dogmas del estalinismo para integrarse más cómodamente al ala izquierda de la política burguesa liberal.

El PCEUA reconoce cada vez menos alguna herencia política distinta de la del ala "progresista" del Partido Demócrata y de diversas actividades sindicales, del movimiento negro y de defensa a partir del Nuevo Trato. Se enorgullecen de haber sido "los mejores solicitantes de votos para Kerry" en Ohio en 2004. El socialismo se ha convertido más y más explícitamente en la extensión de la democracia.

38. Desde la capitulación ante "sus propias" burguesías al comienzo de la Primera Guerra Mundial en agosto de 1914, los partidos de la Internacional Socialista han sido partidos laboristas o socialistas imperialistas. A diferencia de los partidos estalinistas, que estaban subordinados políticamente a Moscú y a las necesidades de la casta burocrática estalinista, los partidos socialdemócratas son y han sido leales a sus respectivas burguesías y estados imperialistas (o nacionales). La relación de los socialdemócratas con los partidos estalinistas desde los años 30 no ha sido únicamente la de rivales en el movimiento obrero, sino también la de socios periódicos en el frentepopulismo, especialmente en medio de crisis financieras, sociales o internacionales cuando los PC estaban bajo órdenes de Moscú de asegurar tales bloques para ganar una mayor influencia diplomática. Hoy día, con el declive irreversible del estalinismo internacional, conforme los partidos socialdemócratas persiguen oportunidades electorales para administrar la "reestructuración" y la "reforma" del estado burgués y sus finanzas, podrán depender mucho menos que antes de la formación de coaliciones gubernamentales con partidos definidos por la política colaboracionista de clases del aparato mundial estalinista.

Asimismo ha desaparecido otra muletilla. Cada vez menos pueden los socialdemócratas contrastarse con un Partido Comunista estalinizado —la base de la reanimación del "socialismo de izquierda" en los años 30— para retener la lealtad de los trabajadores al presentarse como un mal menor en la izquierda.

El carácter imperialista de estos partidos "socialdemócratas", "socialistas" y "laboristas" no ha sufrido cambios fundamentales durante nueve décadas. Sin embargo, en su carácter y funcionamiento políticos han convergido con partidos burgueses imperialistas como el Partido Demócrata en Estados Unidos. A la vez que mantienen una base electoral en la clase trabajadora, han procurado, sobre todo, consolidar un apoyo más amplio entre las clases medias y han obrado con miras a debilitar los controles institucionales —en la práctica o en sus formas— del movimiento sindical sobre sus políticas y su curso. Hoy día el gobierno de Blair no está más comprometido con un programa aprobado por una conferencia del Partido Laborista (menos aun del Congreso de Sindicatos) que los candidatos demócratas o republicanos ante la plataforma de sus respectivos congresos partidistas. Hoy día, como sucede con sus homólogos estadounidenses, las conferencias de los partidos socialdemócratas son más y más espectáculos que siguen un guión para beneficio de sus aparatos, altos funcionarios del estado y dirigencias parlamentarias.

39. Durante décadas, el estalinismo y sus cuadros fueron el pegamento del frente popular que estructuraba a la izquierda más amplia de la política burguesa. Los partidos comunistas y socialdemócratas cruzaban caminos no solo en el seno de la cúpula sindical, sino en toda una gama de organizaciones políticas, sociales y culturales: tanto las que militan en luchas contra el racismo, la guerra y en ocasiones contra la opresión de la mujer, como las que se oponen al abuso del medio ambiente por las corporaciones, que apoyan a artistas "progresistas" y otras más. La línea y los recursos políticos de las castas burocráticas existentes también brindaban frecuentemente la motivación y los estímulos para atraer a sectas centristas —la "extrema izquierda"— hacia la política burguesa.

Hoy el pegamento se ha desprendido. En el movimiento obrero internacional y en círculos radicales más amplios se ha desvanecido hasta la fachada de una "cultura de marxismo", de participación en las *filas* del movimiento obrero y sus luchas, o de colonización de los sindicatos. Algunas corrientes se subordinan a figuras, o a grupos "progresistas", en la cúpula sindical. Sin embargo, *ninguna* organiza a sus cuadros para que se conviertan en obreros industriales o para que desarrollen fracciones industriales sindicales a fin de sumarse a otros militantes obreros para utilizar, fortalecer y extender la fuerza sindical. Durante al menos un cuarto de siglo la política de "concentración industrial" del Partido Comunista EUA ha consistido más de palabras que de práctica. Pero al final, durante el último lustro, fue abandonada hasta de palabra, con la muerte o incapacitación de los últimos de sus dirigentes centrales que se remontaban a las luchas sindicales de los años 30 (quienes "mantenían la fe", pero se aseguraban que *sus* hijos y nietos jamás formarían parte, ni remotamente, de las filas obreras en las fábricas, plantas o minas).

Menos y menos individuos u organizaciones de "la izquierda" se identifican a sí mismos como comunistas. Algunos catedráticos universitarios todavía dicen que sus escritos están "informados por" lo que ellos alegan es marxismo. Pero esto no es más que una pose ideológica y académica desprovista de contenido obrero revolucionario alguno, desconectada siempre de la lucha del proletariado por el poder, y más aún de la inevitabilidad de esa lucha. Entre estas capas radicales pequeñoburguesas, el colmo de los escándalos (si es que despierta interés alguno) es que en el Partido Socialista de los Trabajadores y otros componentes de nuestro movimiento mundial sigamos juzgando todo lo que decimos y todo lo que *hacemos* de acuerdo a cómo avanzar como parte de la clase trabajadora combativa por su línea de marcha hacia la dictadura del proletariado.

Esta trayectoria de dar la espalda a la clase trabajadora y hasta a toda semblanza de marxismo es el rumbo político que siguen las corrientes que conforman la izquierda en Estados Unidos: desde el propio Partido Comunista EUA hasta los Verdes y los partidarios "radicales" de Ralph Nader; sectas como el Partido Mundo Obrero, el Partido Socialista de la Libertad, la Organización Socialista Internacional y diversos grupos "trotskistas"; así como la gama de demás organizaciones radicales. Muchos se enredan más y más en el intento de "politizar" la vida personal, íntima, sexual y sicológica de la izquierda liberal pequeñoburguesa semiprofesional-que-actúa-como-semibohemia, con raíces en los recuerdos del movimiento radical de finales de los años 60 y comienzos de los 70: los *"soixant-huitards"*, la generación del '68, según se les conoce en Francia.

Lo que define ante todo a estas organizaciones no es lo que *proponen* (muy pocos siquiera reconocen de dientes para afuera la línea de marcha del proletariado), sino a lo que *se oponen*. Lo que las define es su antagonismo común al imperialismo americano o, más precisamente en la mayoría de los casos, su antagonismo hacia el ala del imperialismo americano asociada con el Partido Republicano y, hoy, la administración Bush (o el "ala derecha" del Partido Demócrata cuando controla la Casa Blanca o el Congreso). Orbitando en torno a París, sobre todo, y a Berlín, son el "ala izquierda" de la coalición burguesa internacional "para odiar a Washington" y para temer a las masas en los "estados rojos" que votaron a favor del actual titular de la presidencia. La justificación, expresa o no, es que el mundo ahora ha "cambiado", que el socialismo es una fantasía utópica, que debe existir y existe una "tercera vía" alternativa entre el socialismo y el imperialismo, el cual niegan cada vez más con eufemismos tales como "globalización" o "neoliberalismo", y que la permanencia del capitalismo —con suerte, un capitalismo "reformado" y cada vez más democrático— es incontrovertible.

Al rechazar la trayectoria proletaria en la cual insistían Lenin y Trotsky para los partidos de la Internacional

Comunista, al negarse a colonizar las industrias básicas y seguir las líneas de resistencia de la clase trabajadora, hoy día todas estas corrientes políticas en Estados Unidos que aún se identifican en una u otra medida como socialistas han ido más allá de su antiguo rechazo a la lucha por un partido proletario. Actuando a tono con la posición y actividad de clase de sus miembros y dirigentes, están borrando de la memoria histórica de sus organizaciones hasta las formas pasadas de esta trayectoria. Están codificando lo que desde hace muchas décadas llevaron a cabo en la práctica: darle la espalda a la línea de marcha histórica de la clase trabajadora hacia el poder estatal, y a una orientación y disciplina proletarias necesarias para su culminación victoriosa.

NUESTRA TRANSFORMACIÓN

40. Desde finales de los años 90, la renovada resistencia en los centros de trabajo a la brutal eficacia de la ofensiva antiobrera de los patrones ha llevado al inicio de importantes cambios en la combatividad y confianza de focos de militantes obreros. Los miembros del Partido Socialista de los Trabajadores y de la Juventud Socialista —que hoy trabajan y forjan sindicatos en industrias como la de la carne, del carbón y de la costura y textil, entre las industrias donde la ofensiva patronal ha sido más feroz durante más tiempo— se encuentran entre los trabajadores que están tomando la delantera para aprender a organizar y usar la fuerza sindical. En el último lustro hemos participado en luchas de vanguardia como las de las empacadoras de carne en el Medio Oeste, de la fábrica Point Blank Body Armor en Florida y de la mina Co-Op en Utah.

41. Las semillas de la transformación del movimiento obrero que se van sembrando en el marco de este cambio marino en la política obrera están germinando al mismo tiempo que los sindicatos en Estados Unidos se siguen debilitando, como sucede en todos los países imperialistas. Al tiempo que grupos aún atomizados de trabajadores están adquiriendo más experiencia, solidaridad y confianza mediante esfuerzos de sindicalización y huelgas, las instituciones defensivas fundamentales de la clase trabajadora —los sindicatos—, como resultado de la traición por parte de la cúpula sindical colaboracionista de clases, han quedado menos capaces hoy que en cualquier momento desde los primeros años de la Gran Depresión de sindicalizar y de combatir con éxito a los patrones y a las instituciones de su gobierno.

El movimiento obrero sigue maniatado por las décadas de colaboracionismo de clases de una cúpula absorta en sus propias rutinas, sus propias comodidades materiales cotidianas y sus propios beneficios de jubilación, así como en fusiones sindicales diseñadas únicamente para reforzar estos dos últimos elementos, al menos para los más altos funcionarios sindicales. Los sindicatos se siguen encogiendo como porcentaje de la clase trabajadora. Están maniatados tanto por la política de estos maldirigentes, quienes identifican los intereses del trabajo con los del capital —fábrica por fábrica, empresa por empresa, industria por industria—, como por la subordinación de los sindicatos a la elección y reelección de políticos capitalistas, por lo general del Partido Demócrata. Los trabajadores que buscan herramientas eficaces con qué luchar se hallan envueltos en ideas burguesas promovidas por los funcionarios sindicales —reforzadas por las escuelas, las iglesias y los medios de comunicación— y a menudo revestidas con los escombros flotantes de izquierdismo sin salida que los "dirigentes obreros", quieran o no, al paso de los años han tomado de radicales pequeñoburgueses.

42. Al mismo tiempo, *la clase trabajadora permanece en el centro de la escena política en Estados Unidos.* Frente a los continuos ataques patronales, y sin importar cuán débil se ha vuelto el movimiento obrero, los trabajadores buscan las formas de organizar sindicatos y tratar de usarlos para defender sus salarios y condiciones de trabajo de tales ataques.

La clase patronal, aun con su implacable ofensiva a nivel de fábrica e industria, todavía no puede cambiar de manera radical las relaciones entre el capital y el trabajo, como tiene que hacer para poder revertir las presiones descendentes sobre las tasas de ganancia. Sin embargo, aun temen desatar una lucha social y política que arriesgue propagar la resistencia y llevar a un nuevo nivel de intensidad, unidad y solidaridad de las luchas obreras.

A medida que estas profundas contradicciones vayan saliendo a la superficie, estas batallas de clases aplazadas se producirán.

43. Los militantes predispuestos a la lucha de clases, como los que han estado enfrascados en la campaña de sindicalización del UMWA en Huntington, Utah, les dan a otros un ejemplo de decisión y solidaridad. El paso decisivo para transformar esa resistencia en la forja de una vanguardia más amplia del movimiento obrero se da cuando los militantes, al desarrollar experiencia de lucha de clases a través de esas batallas, reconocen que sus victorias iniciales, tanto grandes como pequeñas, no se mantendrán ni estarán aseguradas a menos que *extiendan la fuerza sindical a otras fábricas, minas y plantas* *en la industria y la región.*

Gracias a la lucha de los mineros de la Co-Op, la sindicalización de la región carbonífera del Oeste ha comenzado. Sin embargo, solo avanzará en la medida que los cuadros de esa lucha y los que sean influenciados por ellos se empeñen activamente en llegar a otras minas y a otros mineros —sindicalizados o no— para fortalecer al UMWA en Utah y también en Colorado, Wyoming, Nuevo México y otras partes del Oeste. Lo mismo sucede con los trabajadores que están encabezando luchas en empacadoras de carne del Medio Oeste, talleres de costura, plantas textiles o donde sea que las líneas de resistencia de la clase trabajadora se hayan extendido y se extenderán.

44. Es necesario aprender acerca de cómo las generaciones anteriores de trabajadores adquirieron experiencia en el combate sindical —forjando así una dirección de lucha de clases y, con el tiempo, captando a un mayor número de trabajadores a conclusiones revolucionarias— para fortalecer la capacidad, tanto de los cuadros del partido como de otros militantes, de participar de forma eficaz en las luchas que ya se desarrollan así como las que están por venir. Los miembros del Partido Socialista de los Trabajadores y de la Juventud Socialista que forman parte integral de la resistencia obrera han impulsado este entendimiento al presentarles a otros militantes el libro *Rebelión Teamster* por Farrell Dobbs, como también al organizar clases sistemáticas sobre ese libro en las unidades del partido. La tarea que hoy día tienen por delante los trabajadores de vanguardia —que se expresa bien en el capítulo titulado "Se amplía la lucha" del libro *Poder Teamster*, el segundo de la serie de cuatro tomos— subraya la importancia de leer y discutir sistemáticamente no solo el primer libro, sino *Poder Teamster, Política Teamster* y *Burocracia Teamster*. Leídos y asimilados juntos, los cuatro tomos de la serie Teamster describen cómo una creciente vanguardia obrera se puso a prueba al ampliar los combates sindicales, experimentó diferenciaciones inevitables y avanzó hacia la conciencia política proletaria: la capacidad de pensar en términos sociales y actuar en términos políticos en interés de la clase trabajadora, independientemente de los patrones, de sus partidos políticos y del estado capitalista.

45. El aprender las realidades políticas de la lucha de clases —descubiertas y clarificadas a través de acciones, entrelazadas con el estudio y la asimilación de luchas anteriores para ampliar la fuerza sindical— es una precondición para la creciente politización de los militantes de vanguardia. Los avances en extender y fortalecer el sindicato abren las puertas para comenzar a hacer sentir el peso del movimiento obrero en apoyo de los derechos de los negros, la igualdad de la mujer, los derechos de los inmigrantes, la defensa del salario social y otras luchas sociales y políticas. Abren las puertas para organizar tanto la educación como la oposición en torno a la campaña de militarización de los gobernantes imperialistas, el creciente presupuesto de guerra y el mayor uso del poderío militar aquí y en el exterior, incluida la lucha para traer de regreso a las tropas de Iraq y demás lugares del Medio Oriente, ¡ya!

46. Trabajadores individuales que participan en luchas sindicales se interesan en las ideas, el programa y las actividades políticas disciplinadas de otros trabajadores que son comunistas y al lado de los cuales están luchando, o cuyo periódico están leyendo. Algunos se ven atraídos a un partido cuya política no empieza con las elecciones o con las necesidades de ganancias "razonables" de los gobernantes imperialistas norteamericanos, sino con el mundo. Se interesan en un partido que promueve un programa y una estrategia para cerrar la brecha en cuanto a los recursos económicos, las condiciones sociales y la experiencia política de los trabajadores y agricultores por todo el mundo: desde las comunidades obreras, fábricas, minas y campos en todo Estados Unidos y demás países imperialistas, hasta los de todas partes de Asia, África y América Latina.

Esta continuidad política revolucionaria —esta integración de la historia, teoría y práctica— solo la pueden mantener y aplicar con el tiempo los cuadros de un partido que es proletario no solo en su programa sino en su composición, actividad y entorno. Un partido y un movimiento mundial de este tipo es capaz de asegurar que nuestra clase no "pierda su memoria": que no perdamos la *historia* política de las luchas del movimiento obrero revolucionario, la generalización de cuyas lecciones es la base de la *teoría* comunista y de la renovación continua de esa teoría en el transcurso de la actividad revolucionaria de lucha de clases.

Un siglo y medio de experiencia ha confirmado, como explica el Manifiesto Comunista, que los sindicatos son producto del propio funcionamiento del capitalismo. Además, "el verdadero resultado de sus luchas no es el éxito inmediato, sino la unión cada vez más extensa de los trabajadores". Igual sucede con la rebelión de los colgados: las luchas irreprimibles de naciones y nacionalidades oprimidas por todo el mundo. Pero la organización *política* y consciente de clase del proletariado, la construcción de partidos comunistas con un programa y una estrategia para la conquista del poder, para la dictadura del proletariado: eso no surge espontáneamente de las operaciones de la ley del valor. Como nos recuerda concisamente Lenin, "Sin teoría revolucionaria no puede haber movimiento revolucionario".

La lucha por un partido proletario es imposible sin la generalización de las lecciones de las batallas obreras, no en una sola fábrica o industria, ni en un solo país, ni en un instante dado o un solo siglo. Esas lecciones se pueden extraer únicamente a través de las experiencias de generaciones entrelazadas de trabajadores y otros productores —jóvenes recién incorporados a la lucha de clases, junto a otros que han sido probados y se han entrenado durante años— en muchos centros de trabajo, dispersos geográficamente por todo el mundo.

47. De importancia fundamental para guiar hoy día el trabajo político integral de estos partidos son los "seis puntos", aprobados por el congreso de 1990 del Partido Socialista de los Trabajadores ("La estrategia comunista para la construcción del partido hoy: una carta a camaradas en Suecia", por Mary-Alice Waters, en el número 5 de *Nueva Internacional*):

i) El viraje a la industria: llevar a cabo "una labor comunista consecuente y profesional en los sindicatos junto con una *mayor* proletarización de la experiencia y la composición del partido y su dirección". Esto se fundamenta en una participación activa de la abrumadora mayoría de los miembros y la dirección del partido para construir fracciones sindicales industriales siguiendo las pautas presentadas en *El rostro cambiante de la política en Estados Unidos: la política obrera y los sindicatos*, por Jack Barnes, incluida la consolidación de los logros de la tercera campaña por el viraje comenzada a finales de los años 90, que se describe en "Ha comenzado el invierno largo y caliente del capitalismo".

ii) Centralización política: "El viraje puede hacerse realidad únicamente si constituye el eje del trabajo de una *organización* cuya dirección se empeña en lograr la homogeneidad y centralización políticas, llevando a cabo (en un país determinado) una orientación política internacional... [Esto] no puede lograrse si no se dispone tanto de ramas *como de* fracciones que a su vez son sólidas, seguras de sí, y desarrolladas políticamente de una manera global. Las ramas y las fracciones tienen ciertas diferencias en cuanto a sus tareas, pero a través del contenido político común de su trabajo, se refuerzan mutuamente".

iii) Un ritmo semanal de vida política obrera: este ritmo semanal, impuesto por la organización capitalista del trabajo asalariado, es una "base irremplazable de la vida disciplinada de un partido centralizado de combate": los foros semanales del Militant Labor Forum; participación en el trabajo de masas, desde batallas obreras y actos de protesta social hasta la solidaridad con las luchas antiimperialistas de vanguardia a nivel internacional; clases educativas; la venta del *Militant,* de *Perspectiva Mundial* y de los libros y folletos en las esquinas de barrios obreros, a las entradas de fábricas y minas, en recintos universitarios y eventos políticos; y las reuniones regulares de las ramas, los comités organizadores y las fracciones sindicales del partido donde se toman decisiones para guiar políticamente y centralizar esta actividad constante.

iv) La expansión de una amplia labor propagandística en torno a la distribución de libros y folletos publicados o distribuidos por la Pathfinder Press, incluida *Nueva Internacional*: el poner estos centenares de títulos —que documentan las lecciones logradas con sangre por el movimiento obrero comunista internacional a lo largo de más de un siglo y medio de lucha— en manos de trabajadores, agricultores y jóvenes representa un eje permanente de la labor de un partido proletario. Estas obras clarifican los "problemas vitales para el futuro del pueblo trabajador en todos los países".

v) Reclutamiento de jóvenes: "En todo nuestro accionar, nos concentramos sobre todo en los trabajadores jóvenes combativos que son los cuadros comunistas del futuro… así como los estudiantes que se ven atraídos a las luchas obreras y están predispuestos a unirse a una organización proletaria". El orientarse políticamente hacia los jóvenes y atraerlos a la Juventud Socialista y a nuestro movimiento "tiene una importancia especial debido al incremento de la edad promedio de todas nuestras fuerzas, y a las crecientes presiones que esto produce para que nos adaptemos a los ritmos y a las normas de la sociedad en la que vivimos, incluso a los sindicatos de los cuales somos miembros".

vi) El internacionalismo proletario "bajo la bandera de la nueva internacional": en todos los aspectos de la labor del Partido Socialista de los Trabajadores, de la Juventud Socialista y de nuestras Ligas Comunistas hermanas en otros países, organizándonos para impulsar la reconstrucción de una organización comunista internacional que tenga continuidad con la Internacional Comunista forjada por Lenin y los bolcheviques tras la victoria de la Revolución Rusa de octubre de 1917, posteriormente corrompida y destruida por el movimiento estalinista mundial.

Se resume así la meta estratégica de la orientación proletaria. Además, desde 1959 hasta hoy, toda organización que afirme que avanza por ese camino político ha tenido que pasar —y debe seguir pasando— "la prueba de fuego de la Revolución Cubana... y reconocer el lugar que ocupa la *dirección* comunista en Cuba y actuar a partir de esa comprensión".

48. Para el Partido Socialista de los Trabajadores y la Juventud Socialista, el trabajo conjunto con jóvenes y otras organizaciones y corrientes políticas para promover el XVI Festival de la Juventud y los Estudiantes en Caracas, Venezuela, del 7 al 15 de agosto de 2005, brinda una oportunidad de impulsar la labor política comunista sobre el eje de cada uno de los "seis puntos".

Como en los dos últimos festivales juveniles, en Argel (2001) y La Habana (1997), el próximo evento le permite a nuestro movimiento buscar contacto y trabajar políticamente con jóvenes trabajadores y estudiantes que pueden ser atraídos a la resistencia obrera aquí y en el exterior, y a quienes se puede convencer de que vean la necesidad de hacer una revolución en Estados Unidos e integrarse al movimiento comunista para ayudar a lograr ese objetivo. El hecho que este festival se celebra en Venezuela ofrece mayores oportunidades, y responsabilidades, para organizar eventos en recintos universitarios y otros lugares para presentar una descripción y explicación políticas de la lucha de clases que hoy se sigue desarrollando allí; de informar sobre la labor internacionalista de los trabajadores médicos y maestros voluntarios cubanos; y de impulsar la defensa de Venezuela y de Cuba frente al curso político de enfrentamiento de Washington y su creciente presencia militar en la vecina Colombia.

Estos son los ejes revolucionarios proletarios y antiimperialistas sobre los cuales nos organizamos para captar jóvenes a este esfuerzo. Al hacerlo estamos contendiendo a nivel político principalmente con el Partido Comunista y la Liga Juvenil Comunista (YCL), además de un puñado de opositores políticos más. Durante el apogeo del control que el estalinismo mundial ejerció sobre el movimiento del festival, desde finales de los años 40 hasta finales de los 80, los PC y sus organizaciones juveniles dominaron todos los aspectos de las delegaciones que participaban en estos eventos. Hasta la fecha, luchan por preservar la continuidad política colaboracionista de clases de "paz y amistad", como también las normas y los métodos burocráticos diseñados para estrangular políticamente, para estrechar, no ampliar, la participación de jóvenes.

El colapso de los aparatos estalinistas en la Unión Soviética y por toda Europa oriental a comienzos de los 90 abrió espacio por primera vez para que jóvenes de disposición revolucionaria a quienes antes se les había impedido participar en el movimiento del festival se sumaran a otros para colaborar en la construcción de estos encuentros internacionales como vía para conocer a jóvenes de todo el mundo que se radicalizan, aprender de ellos y ayudar a mostrar cómo utilizar tales encuentros para impulsar la lucha mundial contra el imperialismo. Es lo que desde entonces han venido haciendo el Partido Socialista de los Trabajadores y la Juventud Socialista. Nuestra colaboración en este sentido con dirigentes y cuadros de la Unión de Jóvenes Comunistas en Cuba, entre otros, ha estado entrelazada con giras de conferencias en Estados Unidos por jóvenes dirigentes cubanos, la colaboración en la edición de libros por Ernesto Che Guevara, Malcolm X y otros revolucionarios para que se utilicen en Estados Unidos, Cuba y otros países, el trabajo con jóvenes interesados en aprender directamente de la Revolución Cubana y otras actividades políticas. Hablamos de política con cuadros de organizaciones de toda América y el mundo, aprendemos de ellos, desarrollamos relaciones políticas con ellos e influimos políticamente en ellos.

Promover la participación norteamericana en el XVI Festival de la Juventud y los Estudiantes como prioridad central de un partido del viraje significa trabajar con organizaciones estudiantiles, opositores políticos y jóvenes individuales a través del Comité Nacional Preparatorio (CNP) que organiza la delegación de Estados Unidos. Significa aprovechar las oportunidades en nuestras fracciones y ramas del partido de involucrar a jóvenes trabajadores y sindicalistas en actividades políticas que amplíen sus horizontes. Significa diseñar los mítines del Militant Labor Forum para acometer las numerosas cuestiones políticas disputadas que surgen de las discusiones al hacer esta labor.

A medida que contendamos con nuestros opositores, la clarificación y diferenciación políticas educarán y fortalecerán a nuestros propios miembros a la vez que mejorarán las oportunidades de reclutamiento al movimiento comunista.

Tendencias históricas y fuerza proletaria

49. Las perspectivas de forjar una vanguardia política proletaria y revolucionaria del movimiento obrero y de construir una internacional comunista integrada por partidos de combate disciplinados se ven favorecidas por seis amplias tendencias políticas y sociales que más y más van a caracterizar el siglo XXI:

i) El tamaño de la clase trabajadora hereditaria, tanto en términos absolutos como en relación con otras clases sociales, continúa creciendo a escala mundial. Esto aumenta las posibilidades para la participación y la dirección proletarias en las luchas revolucionarias por la liberación nacional y el socialismo en el Medio Oriente y a nivel mundial. A medida que nuevas capas del pueblo trabajador se proletaricen, la lucha de clases en Asia se intensificará de una forma cualitativamente nueva desde China hasta Pakistán, India, Indonesia, Rusia y más allá. Sobre todo en China, se agudizan las contradicciones explosivas conforme decenas de millones de campesinos —nacidos y educados en un estado obrero, por deformado que esté— ingresan a tropel a una fuerza laboral fabril urbana que se concentra en centros industriales costeños que se van extendiendo con mucha rapidez.

ii) Las mujeres continúan integrándose a la fuerza laboral, y las barreras que impedían que hombres y mujeres trabajaran hombro a hombro como iguales, realizando los mismos empleos, se van agrietando paulatinamente tanto en los países imperialistas como en los semicoloniales. Esta proletarización, piedra angular para la realización de la liberación de la mujer, hace más que debilitar los cimientos económicos de la opresión de la mujer y fortalecer a la clase trabajadora. Aumenta también el peso social y político de la lucha por la igualdad de la mujer y su importancia central en la lucha de clases. Este proceso amplía la participación activa de las mujeres en los sindicatos, las luchas populares y el movimiento obrero revolucionario, así como la posibilidad y, aun más, la necesidad de su integración a la dirección a todos los niveles.

iii) Con la inmigración acelerada, impelida por las aplastantes condiciones económicas en Asia, África y América Latina, la clase trabajadora se va internacionalizando en el mundo imperialista y en la mayoría de los países semicoloniales industrialmente más avanzados. Estos cambios en la composición no solo van demoliendo las divisiones por nacionalidad, el provincialismo y los prejuicios que restan fuerzas al movimiento obrero, sino que enriquecen las experiencias políticas y sindicales de la clase trabajadora y amplían sus horizontes históricos y culturales.

iv) Por el peso social y la composición desproporcionadamente proletaria de la oprimida nacionalidad negra en Estados Unidos, los trabajadores que son afroamericanos van a constituir un componente más grande de la vanguardia política combativa del movimiento obrero en las batallas de clases que vienen —incluso en la lucha contra la guerra imperialista— que durante la radicalización obrera de los años 30. Sus luchas, pasadas y presentes, también sientan un poderoso ejemplo para el creciente número de trabajadores inmigrantes que enfrentan la discriminación racista y que a menudo, a través de batallas comunes, se van deshaciendo de sus propios prejuicios retrógrados y antinegros.

v) La historia del último medio siglo ha confirmado que el liderazgo proletario revolucionario del más alto calibre puede y va a surgir de las luchas de las capas más oprimidas del pueblo trabajador, y no solo en los países imperialistas, como lo ejemplifica Malcolm X en Estados Unidos. Aun en las regiones económicamente más atrasadas e industrialmente más subdesarrolladas del planeta, dirigentes como Thomas Sankara en Burkina Faso, Maurice Bishop en Granada y otros más han surgido de las luchas revolucionarias del pueblo trabajador, y son vistos como dirigentes no solo en los países semicoloniales, sino en los centros imperialistas por trabajadores de vanguardia y jóvenes. Esto marca un cambio político importante comparado con las posibilidades objetivas que existían en los días del bolchevismo y de la Internacional Comunista en la época de Lenin y en las décadas inmediatamente posteriores. Es un cambio que modifica la correlación de fuerzas a nivel mundial a favor de la clase trabajadora.

vi) La separación de la religión y las instituciones religiosas de la política y del estado continúa avanzando a la par de la propagación mundial del capitalismo y la consiguiente expansión del proletariado. La influencia de las creencias religiosas en la conducta política del pueblo trabajador también continúa en descenso. Cualesquiera que sean las afiliaciones religiosas de cientos de millones de trabajadores y agricultores en el mundo, no es la intolerancia religiosa lo que aprenden los trabajadores en el transcurso de luchas comunes, sino hábitos proletarios de confianza mutua, tolerancia y solidaridad de clase.

50. Más que en cualquier otro instante desde la primera campaña presidencial del Partido Socialista de los Trabajadores en 1948, nuestra campaña comunista de 2004 —Róger Calero para presidente y Arrin Hawkins para vicepresidenta— sobresalió políticamente en contraste con todas las demás corrientes que decían hablar en defensa de los intereses de la clase trabajadora.

Este hecho político se destacó sobre todo, quizás, al darse las grandes protestas durante el congreso republicano en Nueva York. Este fue el ápice de la alianza abárcalo-todo de "¡Alto a la agenda Bush!": desde los que votaban con gusto por Kerry (incluido el PCEUA), hasta la mezcolanza resuelta a votar por "Cualquiera menos Bush" (siempre y cuando sus papeletas "contaran", lo que significaba votar por Kerry donde la elección fuese "reñida"), y los que postularon candidatos pero no hicieron el menor intento de figurar en la papeleta electoral o de llevar a cabo aspecto alguno de una campaña seria a nivel nacional (como el Partido Mundo Obrero, que figuró en la papeleta en tres estados con bajos requisitos de peticiones de firmas). Solo los que hicieron campaña por la fórmula del PST —Calero y Hawkins y más de 40 candidatos más en 22 estados y el Distrito de Columbia— salieron a las calles, día tras día, llegando a los trabajadores y a los jóvenes con una plataforma obrera independiente.

Calero, Hawkins y sus partidarios empezaban con su clase y con el mundo. Hablaban en nombre de una clase internacional que no tiene fronteras, que no tiene otra cosa con qué subsistir por toda una vida más que con la venta de nuestra capacidad de trabajar para tal o cual patrón. La consigna de nuestra campaña tocó un tema —singular, acertado y oportuno— que es decisivo para la tarea estratégica más amplia de fortalecer políticamente el núcleo de un movimiento proletario revolucionario en este país y a nivel mundial: "¡Lo que cuenta no es a *quién* te opones, sino qué *propones*! ¡Vota Partido Socialista de los Trabajadores en 2004!"

Solo entre las filas de la clase obrera y los sindicatos industriales, entre las filas de los militantes obreros en las primeras líneas que toman acción para organizar y utilizar la fuerza sindical para resistir la ofensiva patronal, se puede encontrar un camino político proletario para enfrentar las consecuencias de la trayectoria económica y militar que los gobernantes norteamericanos persiguen hoy. Adquirimos más confianza en explicar esto durante la campaña de 2004. Los primeros pasos decisivos hacia la acción *política* independiente por parte de la clase obrera, hacia un partido obrero basado en los sindicatos, se darán como resultado de organizarnos junto a otros militantes para usar nuestras instituciones de clase más elementales y transformarlas, al organizar, fortalecer y extender la fuerza sindical. Ese punto de partida es una precondición para *nuestra transformación*: la forja de una amplia vanguardia política de la cual el movimiento comunista es un componente irremplazable.

"Los partidarios de la campaña presidencial de 2004 del Partido Socialista de los Trabajadores empezaban con su clase y con el mundo. Nuestra consigna tocó un tema decisivo para fortalecer el núcleo de un movimiento proletario revolucionario: '¡Lo que cuenta no es a *quién* te opones, sino qué *propones*! ¡Vota Partido Socialista de los Trabajadores en 2004!'"

La campaña del PST se distinguió de otras corrientes que decían defender los intereses de los trabajadores. **ARRIBA IZQUIERDA:** Alianza "¡Alto a Bush!" protesta en el congreso republicano en Nueva York. Detrás, pancarta patriótica en sede del sindicato UNITE HERE reza, "Salve a América: derrote a Bush." **DERECHA:** En una marcha durante el congreso, a favor del derecho de la mujer a decidir, partidarios de la campaña del PST portaron pancartas afirmando "lo que cuenta es qué *propones*" y pro derecho al aborto. **ABAJO:** Róger Calero (izq.), candidato del PST a presidente, hace campaña en la planta Point Blank Body Armor, cerca de Miami, donde los trabajadores acababan de ganar lucha por un sindicato.

Décadas de trabajo consecuente por parte del movimiento comunista para construir partidos que sean proletarios en su composición, vida, hábitos y entorno: es el único fundamento que puede ser decisivo a medida que la clase trabajadora entre al enorme crisol de las batallas históricas por venir. Solo los partidos que estén templados y entrenados así estarán preparados, a través de luchas tumultuosas, para incorporar a millones a la actividad disciplinada de lucha de clases. Fue ésta la trayectoria sobre la cual se fundó nuestro movimiento, trayectoria que está llevando a cabo el Partido Socialista de los Trabajadores y el movimiento mundial del que formamos parte.

Como se afirma en "Ha empezado el invierno largo y caliente del capitalismo", los comunistas, al igual que otros trabajadores, nos encontramos "en las primerísimas etapas de lo que serán décadas de convulsiones económicas, financieras y sociales y de batallas de clases... Debemos interiorizar el hecho que este mundo —algo que ninguno de nosotros ha conocido antes en nuestra vida política— no solo es el que hoy día debemos encarar, sino que es el mundo en el que vamos a vivir y luchar por bastante tiempo. Al *actuar* hoy a partir de esta realidad, no se nos pescará políticamente desprevenidos cuando irrumpan guerras, estallen crisis sociales más profundas, se organicen e intenten pogromos, y los conflictos sindicales se conviertan en batallas de vida o muerte. El partido proletario que exista mañana solo puede crecer del partido proletario que preparemos *hoy*".

US$12 US$20

US$15

Tres libros para ser leídos como uno . . .

sobre la construcción de un partido que es proletario en su programa, composición y conducta. Que reconoce, con palabras y acciones, el hecho más revolucionario de esta época . . .

. . . que los trabajadores tenemos el poder de crear un mundo diferente cuando actuamos juntos para defender nuestros intereses, no los de la clase que se enriquece explotando nuestra mano de obra, ni los de aquellos que nos temen como "deplorables" o simplemente "basura".

Al avanzar por un rumbo revolucionario hacia el poder obrero, vamos a transformarnos y descubrir nuestro valor propio. También en inglés, francés y griego.

¡Oferta especial!
El paquete de tres por US$30

El viraje a la industria junto con *Los tribunos del pueblo y los sindicatos*   US$20

Cualquiera de estos dos libros junto con *Malcolm X, la liberación de los negros y el camino al poder obrero*   US$25

PATHFINDERPRESS.COM

LA CRISIS CAPITALISTA Y LA LUCHA POR EL PODER OBRERO

¿Son ricos porque son inteligentes?
Clase, privilegio y aprendizaje en el capitalismo
JACK BARNES

Expone las crecientes desigualdades de clase en EEUU y las justificaciones de las capas profesionales bien remuneradas que creen que su "brillantez" las califica para "regular" a los trabajadores, quienes supuestamente no sabemos lo que nos conviene. US$10. También en inglés, francés, persa y árabe.

En defensa de la clase trabajadora norteamericana
MARY-ALICE WATERS

Basándose en las mejores tradiciones combativas de trabajadores de todos los colores de piel y orígenes nacionales, decenas de miles de trabajadores en Virginia del Oeste, Oklahoma, Florida y otros estados libraron huelgas victoriosas en 2018 y restauraron el derecho a votar para ex presos. Los que Hillary Clinton tacha de "deplorables" han comenzado a resistir. US$7. También en inglés, francés, persa y griego.

¿Es posible una revolución socialista en Estados Unidos?
Un debate necesario entre el pueblo trabajador
MARY-ALICE WATERS

Un rotundo "sí" es la respuesta que se presenta aquí. Posible, pero no inevitable. Eso depende de lo que haga el pueblo trabajador. US$7. También en inglés, francés y persa.

Ya superamos el punto más bajo de la resistencia del pueblo trabajador

El Partido Socialista de los Trabajadores mira hacia adelante

JACK BARNES, MARY-ALICE WATERS STEVE CLARK

El orden global impuesto por los vencedores en la matanza interimperialista de la II Guerra Mundial se está desmoronando, con consecuencias explosivas para el pueblo trabajador del mundo. Un largo repliegue de la clase obrera y los sindicatos ha llegado a su fin. Más y más trabajadores —de todas las edades, colores de piel y de ambos sexos— están diciendo "¡Basta!" Este libro destaca las oportunidades para los trabajadores con conciencia de clase. Fija el rumbo necesario para forjar un partido obrero basado en sindicatos combativos. Y una vanguardia proletaria de masas capaz de dirigir la lucha para acabar con el dominio capitalista, abriendo un futuro para la humanidad. US$10. También en inglés y francés.

La cuestión judía

Una interpretación marxista

ABRAM LEON

¿Por qué sigue alzando la cabeza el odio antijudío? ¿Cuáles son sus raíces de clase, desde la antigüedad y el feudalismo hasta el ascenso del capitalismo y sus crisis actuales? ¿Por qué no hay solución a la cuestión judía bajo el capitalismo? El autor, Abram Leon, fue asesinado en las cámaras de gas de los nazis. Contiene 40 páginas de ilustraciones y mapas. US$17. También en inglés y francés.

Malcolm X habla a la juventud

"La joven generación de blancos, negros, morenos y demás: ustedes viven en tiempos de revolución", dijo Malcolm X en diciembre de 1964. "Yo me sumaré a quien sea, no me importa de qué color seas, siempre que quieras cambiar la situación miserable que existe en este mundo". Cuatro charlas y entrevistas que Malcolm dio en los últimos meses de su vida. US$12. También en inglés, francés, persa y griego.

PATHFINDERPRESS.COM

EL MILITANTE

un semanario socialista
publicado en defensa
de los intereses del
pueblo trabajador

- Artículos sobre los ataques de los gobernantes norteamericanos contra los derechos constitucionales y sus intentos de mejorar la imagen del FBI.
- Cubre luchas obreras para subir los salarios frente a la inflación; por el control obrero de la producción; contra las condiciones que les dificultan a los trabajadores formar y mantener familias.
- Explica el origen de la crisis capitalista mundial y del creciente peligro de guerras entre potencias capitalistas al desmoronarse el orden imperialista mundial. ¡Tropas de Moscú fuera de toda Ucrania!
- Reportajes sobre protestas contra el odio antijudío y el racismo; por la emancipación de la mujer; y por la amnistía para los trabajadores inmigrantes sin documentos: para unificar a la clase trabajadora.
- Defiende la revolución socialista en Cuba. Apoya la lucha por el fin de la guerra económica de EEUU contra Cuba, y para sacar a Washington de Guantánamo. Contra el dominio colonial estadounidense de Puerto Rico.
- Informa sobre las campañas del Partido Socialista de los Trabajadores de puerta en puerta, hablando con trabajadores de por qué necesitamos un partido obrero basado en los sindicatos. Para forjar una alianza de trabajadores y agricultores que tome el poder de manos de los gobernantes capitalistas.

El Militante • 306 West 37th Street, 13th floor • New York, NY 10018

¡Suscríbase hoy!
Nuevos lectores: 12 semanas por $5
6 meses $20   1 año $35   2 años $65

THEMILITANT.COM

LA SERIE DE LOS TEAMSTERS DE FARRELL DOBBS
Lecciones de las batallas obreras de los años treinta

REBELIÓN TEAMSTER
Sobre las huelgas de 1934 que sindicalizaron a camioneros y trabajadores de depósitos en Minneapolis y allanaron el camino para el movimiento social obrero que forjó los sindicatos industriales. El primero de cuatro tomos narrados por un dirigente central de estas batallas

PODER TEAMSTER
De cómo la dirección de los Teamsters usó el poder conquistado durante las huelgas de 1934 para hacer de Minneapolis un baluarte sindical, ayudar las campañas de sindicalización en toda la región norte-central del país y lanzar una campaña en 11 estados que reclutó al sindicato a decenas de miles de choferes de larga distancia.

POLÍTICA TEAMSTER
Explica cómo el Local 544 de los Teamsters en Minneapolis combatió casos fabricados por el FBI [y el gobierno] en los años 30, organizó a los desempleados y luchó para que el movimiento obrero y sus aliados emprendieran un camino político independiente de clase.

BUROCRACIA TEAMSTER
Cómo los trabajadores con conciencia de clase encabezaron la oposición obrera al ingreso del imperialismo norteamericano a la Segunda Guerra Mundial. Y cómo el gobierno federal, ayudado por la cúpula de los Teamsters, usó el FBI para intentar aplastar el poder sindical y silenciar a militantes obreros antibélicos. Con más de 130 fotos e ilustraciones.

US$16 cada tomo, US$50 por los cuatro. También en inglés.
Rebelión Teamster además existe en francés, persa y griego.

PATHFINDERPRESS.COM

LA CONSTRUCCIÓN DE UN PARTIDO PROLETARIO

La historia del trotskismo americano, 1928–38
Informe de un partícipe
JAMES P. CANNON

"El trotskismo no es un nuevo movimiento, una nueva doctrina, sino la restauración, el renacimiento del marxismo genuino tal como se expuso y se practicó en la Revolución Rusa y en los primeros días de la Internacional Comunista", dice Cannon, dirigente fundador del movimiento comunista en EEUU. US$17. También en inglés y francés.

Revolutionary Continuity
Marxist Leadership in the U.S.
(Continuidad revolucionaria: Liderazgo marxista en EEUU)
Los primeros años, 1848–1917
Nacimiento del movimiento comunista, 1918–1922
FARRELL DOBBS

"Generaciones sucesivas de revolucionarios proletarios han participado en los movimientos de la clase trabajadora y sus aliados… Los marxistas de hoy no solo debemos rendirles homenaje por sus acciones. Tenemos el deber de aprender de lo que hicieron mal y lo que hicieron bien para no repetir sus errores." —*Farrell Dobbs*. Dos tomos en inglés, US$17 cada uno.

La lucha por un partido proletario
JAMES P. CANNON

"Los trabajadores de Estados Unidos tienen fuerza suficiente para tumbar la estructura del capitalismo aquí en este país y para alzar con ellos al mundo entero cuando se levanten". US$8. También en inglés y persa.

En defensa del marxismo
Contra la oposición pequeñoburguesa en el Partido Socialista de los Trabajadores
LEÓN TROTSKY

Una respuesta a aquellos en el movimiento obrero revolucionario a fines de los años 30 que cedían ante el patriotismo burgués cuando Washington se aprestaba a ingresar a la II Guerra Mundial. Trotsky explica por qué solo un partido que luche por integrar a trabajadores a sus filas y dirección puede mantener un rumbo comunista. Trotsky defiende las bases materialistas y dialécticas del marxismo. US$17. También en inglés.

Su Trotsky y el nuestro
JACK BARNES

Para dirigir a la clase trabajadora en una revolución, se requiere un partido proletario de masas cuyos cuadros desde mucho antes han asimilado un programa comunista, son proletarios en su vida y su trabajo, derivan una profunda satisfacción de su actividad política y han desarrollado un agudo sentido de lo próximo que toca hacer. US$12. También en inglés, francés y persa.

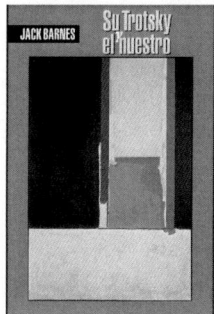

El carácter organizativo del Partido Socialista de los Trabajadores
Resolución de 1965 del PST

Las crecientes crisis capitalistas y conflictos de clase exigen una solución revolucionaria. La preparación activa para estas luchas determina el tipo de organización que se ha propuesto construir el Partido Socialista de los Trabajadores desde su origen. US$5. También en inglés.

PATHFINDERPRESS.COM

HA COMENZADO EL INVIERNO LARGO Y CALIENTE DEL CAPITALISMO

HA COMENZADO
EL INVIERNO LARGO Y CALIENTE
DEL CAPITALISMO

por Jack Barnes

U N PARTIDO REVOLUCIONARIO de masas se forja al calor de grandes crisis sociales, trastornos políticos y guerras. El tumulto se desencadena de forma desigual y se extiende, con altibajos, por un tiempo considerable. Sin embargo, el núcleo de un partido proletario —experimentado en el trabajo de masas, informado y disciplinado en política proletaria, con cuadros que abarcan varias generaciones— se construye *antes* de que estallen estas gigantescas batallas de clases y explosiones revolucionarias. Dicho partido no se puede construir de cero una vez que han comenzado los enfrentamientos de clases decisivos que plantean qué clase ha de gobernar. Esa es la lección que Lenin y los bolcheviques nos enseñaron en la práctica. De manera afirmativa. Lenin también generalizó, a partir de la historia de la actividad revolucionaria de los trabajadores y agricultores en el capitalismo, para explicar esta lección en numerosos

---

Informe y resumen debatidos y aprobados por los delegados al 41er Congreso Constitucional del Partido Socialista de los Trabajadores, celebrado del 25 al 27 de julio de 2002 en Oberlin, Ohio.

discursos y escritos. Y en el curso del último siglo, nuestra clase también ha aprendido esta lección de manera negativa: pagando un mayor precio de lo que cualquiera pudo haber anticipado.

Nuestras organizaciones procuran actuar hoy de tal manera que, cuando comiencen las luchas de masas revolucionarias, podamos basarnos en nuestro programa internacionalista, nuestros hábitos proletarios y nuestras normas organizativas ya existentes. Solo al actuar así se pueden forjar partidos capaces de dirigir al pueblo trabajador a la conquista revolucionaria del poder y al establecimiento de un gobierno de trabajadores y agricultores.

Para mantenernos fieles a esta responsabilidad histórica, los delegados a este congreso enfrentamos un desafío sobre todo. Debemos preparar al Partido Socialista de los Trabajadores, a la Juventud Socialista y a los partidarios del movimiento comunista para entender la depresión que se va desarrollando y la campaña intensificada hacia guerras imperialistas, y para reorientar nuestra actividad ante estas realidades. Es desde esta óptica que hay que entender y responder a todas las demás responsabilidades y oportunidades políticas. Al hacerlo, vamos a colaborar con comunistas y jóvenes socialistas por todo el mundo, e igualmente con revolucionarios en América Latina, África, el Medio Oriente y Asia que participan en luchas nacionales intransigentes contra los beneficiarios internos e internacionales del sistema imperialista.

Los comunistas no somos pronosticadores. Nadie puede hacer predicciones exactas sobre *qué* va a suceder en la sociedad y *cuándo*. Los que tienen una comprensión materialista de las leyes de la lucha de clases, incluido el lugar que ocupa el azar en los asuntos humanos, saben que es mejor no intentarlo. Sin embargo, los comunistas podemos y tenemos la responsabilidad de prestar atención al curso del desarrollo capitalista que se va desenvolviendo y asimilar y explicar sus implicaciones para la lucha de clases y la sinuosa marcha del proletariado hacia el poder. Cuando se han acumulado suficientes pruebas sobre la lógica de estos acontecimientos, no hay otro camino responsable que el de *actuar* a partir de ellas. De no hacerlo, independientemente de lo que hayamos logrado de antemano, *será demasiado tarde*. En ese momento, no somos de Missouri; somos de Petrogrado.

Muchos miembros del movimiento comunista en la actualidad jamás han presenciado una guerra terrestre lanzada por los gobernantes imperialistas, una guerra que movilice a un gran número de soldados de las filas de la clase trabajadora norteamericana y que cause muchos miles de muertos de todos los bandos. Vamos a ver guerras de ese tipo no solo en las próximas décadas, sino en los años y posiblemente hasta en los meses que vienen.

Solo un par de participantes en este congreso —quienes rondan los 80 años de edad— han vivido, como personas políticas, una depresión mundial. Algunos hemos experimentado dos o tres bajas profundas desde mediados de los años 70. En una u otra de estas recesiones, los precios de las acciones cayeron bruscamente a lo largo de unos cuantos años, el desempleo se disparó hasta alcanzar los dobles dígitos en varios países imperialistas y hubo brotes repentinos de inflación. Pero eso es diferente de una deflación de tal magnitud que la columna vertebral financiera del capitalismo mundial —su estructura de deudas y sus instituciones financieras dominantes— se dobla, la producción se desploma, el desempleo a largo plazo se propaga a nivel mundial y la gran masa de la hu-

"Se extenderán ampliamente condiciones como las que han acechado a las regiones más vulnerables del mundo colonial en las últimas décadas. Estamos viviendo las primeras etapas de una depresión mundial".

Desempleados en cola para obtener comida en la Calle 42 y Sexta Avenida en Nueva York, febrero de 1932, durante Gran Depresión.

ARRIBA: Municipio de Alexandra en Johannesburgo, Sudáfrica, 2002. Muchos allí carecen de electricidad, agua potable y servicios sanitarios básicos. **IZQUIERDA:** Cola de desempleados en Berlín, enero de 2003. El desempleo en Alemania oriental oscila en torno al 20 por ciento, 15 años después de la unificación de 1990. **DERECHA:** En la crisis financiera de 2001–2, el peso argentino perdió tres cuartos de su valor contra el dólar. La devaluación devastó a millones de personas, desatando estampidas bancarias, como se ve aquí en Buenos Aires.

manidad se ve golpeada por la contracción económica o por embates de ruinosas explosiones de precios, y a veces ambas cosas a la vez. Masas de personas pierden la fe en el capitalismo, pero al principio solo pierden las esperanzas. Condiciones de ese tipo, que han acechado las regiones más vulnerables del mundo colonial en las últimas décadas, se difundirán ampliamente y serán devastadoras. No estamos presagiando esa depresión mundial; hoy día estamos viviendo sus primerísimas etapas.

Para actuar de manera eficaz como comunistas en la situación mundial que se desarrolla, tenemos que interiorizar una comprensión del imperialismo: la fase del capitalismo mundial alcanzada a comienzos del siglo pasado. En tanto no se resuelvan las contradicciones de ese sistema social explotador y opresor —y ese objetivo se podrá lograr únicamente cuando el proletariado quite el poder a los capitalistas y terratenientes en los países imperialistas y se sume a la lucha mundial por el socialismo— la humanidad no tendrá un futuro seguro.

Como Lenin nos ayudara a aprender, para los gobernantes imperialistas "las situaciones absolutamente sin salida no existen", aún cuando el capitalismo se encuentre en una crisis profunda.[1] No existe una situación sin salida para la burguesía en tanto el poder estatal no se lo arrebate el proletariado, dirigido por un movimiento revolucionario que, a la hora decisiva, no tema la imponente responsabilidad de tomar el poder ni rehuya de tomarlo. Y de retenerlo.

---

1. V.I. Lenin, "Informe sobre la situación internacional y las tareas fundamentales de la Internacional Comunista", en el Segundo Congreso de la Internacional Comunista, 19 de julio de 1920, en Lenin, *Obras completas* (Moscú: Editorial Progreso, 1986), tomo 41, pág. 234.

El invierno largo y caliente del capitalismo 117

Sin esa revolución —sin la insurrección que abra el camino al poder obrero— el estado capitalista y los patrones le propinarán derrotas suficientemente devastadoras a la clase trabajadora mediante el terror fascista y destruirán suficiente capacidad productiva agrícola e industrial a través de guerras y medios económicos "naturales" (para el capitalismo) que podrán reanudar una reactivación miserable pero real de la producción y del comercio. Seguirán dominando el planeta y amenazando la propia supervivencia de la civilización. Mientras no pierdan el poder estatal, la ley del valor garantiza que su sistema comenzará de nuevo. Ellos no tienen más que aguantar; nosotros tenemos que vencer.

Sin temor a la clase dominante

La clase dominante en este país, si bien es la más rica y militarmente la más poderosa de la historia, es un gigante hinchado cuyo cenit en realidad ya quedó atrás. A los gobernantes acaudalados no les tenemos *miedo*, les tenemos desdén. Anticipamos desde ya poder entrar en combate contra ellos. Porque sabemos que antes de que los explotadores puedan imponer sus horrores definitivos, la clase trabajadora y sus aliados entre los agricultores y demás masas trabajadoras tendrán la oportunidad de resolver las crisis del imperialismo a favor de la humanidad. Decimos: que se apresure el día. Y actuamos como si lo decimos en serio.

Los trabajadores comunistas en Estados Unidos disfrutamos del trabajo político. Es decir, la *política*, y el *trabajo* conjunto que hace posible la política, nos *interesan*. Nuestra confianza en la clase trabajadora se desprende de una larga experiencia y se basa en hechos que se desarrollan ante nuestros ojos. No es cuestión de fe. No es una "idea" en la mente de un individuo. No es un "objetivo" al que "aspiramos". Y tenemos una obligación política especial de demostrar esta confianza por la forma en que nos comportamos.

Hoy día por todo el mundo, incluso entre revolucionarios, por lo general se presenta el imperialismo estadounidense como una potencia "hegemónica" prácticamente omnipotente en un mundo "unipolar". Tenemos el deber de aclarar que, si bien jamás concedemos un ápice al aventurerismo que hace caso omiso de la brutalidad y del monopolio del poder estatal de los gobernantes norteamericanos, tampoco nos acobardamos jamás ante ellos. Jamás les pedimos el derecho de ser comunistas. Ofrecemos una apreciación realista de quiénes son y lo que son capaces de hacer. Explicamos que actúan de manera pragmática, sin concepto de las leyes de movimiento de la sociedad moderna. Ellos no tienen que ganar; les basta con no perder. Su autoengaño no tiene límites y, por esa misma razón, no hay límites a la brusquedad y envergadura de la violencia y la brutalidad que desatarán cuando resulte asombrosamente claro que están equivocados.

Ante todo, señalamos cómo los gobernantes capitalistas siguen creando y siguen concentrando dentro de sus propias fronteras un proletariado mundial cada vez más grande, y cómo el pueblo trabajador —cómo *nosotros*— podemos hacer una revolución para derrocarlos.

Tenemos la obligación especial de ayudar a que los trabajadores y agricultores de disposición revolucionaria alrededor del mundo entiendan que no existe "un" Estados Unidos; no existe en Norteamérica una población social y políticamente homogénea con ese nombre. "Nosotros los americanos" es una invención de los gobernantes. Están las decenas y decenas y decenas de millones de trabajadores y agricultores en Estados Unidos; formamos parte de un "nosotros" junto a nuestros hermanos y hermanas de clase por todo el mundo. Y están "ellos": el minúsculo puñado de familias acaudaladas en cuyo interés actúa el gobierno imperialista de Estados Unidos dentro y fuera del país. Son "ellos", su estado, a quienes "nosotros" debemos derrocar para poner fin al avance inexorable del imperialismo hacia la creciente crisis, violencia, brutalidad y devastación: hacia el fascismo y la guerra mundial.

Respuesta proletaria al 11 de septiembre

Nuestro movimiento se desenvolvió bien en septiembre pasado frente a los ataques contra el World Trade Center y el Pentágono, así como la acelerada campaña de militarización de los gobernantes y los preparativos para echar atrás los derechos obreros que los gobernantes realizaron posteriormente. Nos pronunciamos categóricamente el 11 de septiembre mismo, en una declaración emitida por la dirección del partido en nombre del candidato del Partido Socialista de los Trabajadores para alcalde de la ciudad de Nueva York, Martín Koppel. Comenzamos a hacer campaña simultáneamente con esa declaración por todo Estados Unidos, ofreciéndola para los sitios web del *Militant* y de *Perspectiva Mundial*, y para que se publicase en los números siguientes de esos periódicos. Explicamos lo que estaba en juego y aclaramos las cuestiones políticas para los miembros, partidarios y contactos de nuestro movimiento, así como para cualquiera que estuviera interesado en escuchar lo que decíamos los comunistas.

La declaración del partido logró precisamente el contenido y el tono correctos, y en la política proletaria el tono puede ser decisivo, especialmente en momentos como el 11 de septiembre de 2001. Dijimos que los ataques en Nueva York y Washington se llevaron a cabo como reacción y emulación de lo que el gobierno de Estados Unidos había venido apoyando durante décadas al defender "su 'derecho' de lanzar ataques militares contra otros países". Ahora los gobernantes de Estados Unidos "se volverán aún más descarados" en esa trayectoria.

LLAMAMOS LA ATENCIÓN especialmente al hecho que durante sus últimos meses en la Casa Blanca, "la administración Clinton estableció, *por primera vez en la historia de Estados Unidos,* un comando norteamericano: es decir, la estructura de mando para desplegar fuerzas armadas estadounidenses sobre terreno nativo, dirigidas ante todo contra el pueblo trabajador en este país". Señalamos que la administración Bush estaba desplegando estas unidades "del suelo nativo" (*homeland*) de las fuerzas armadas, junto a diversas agencias policiacas federales, "en sus primeras operaciónes militares dentro del país".

"El gobierno norteamericano y sus aliados, por más de un siglo, han desatado un terror sistemático para defender sus privilegios e intereses de clase a nivel nacional e internacional": desde la masacre en Filipinas y en el Caribe y América Central al comienzo del siglo XX y en sus primeras décadas, hasta los bombardeos incendiarios de ciudades alemanas y japonesas y la aniquilación atómica de más de 100 mil personas en Hiroshima y Nagasaki; desde el arrasamiento asesino de Corea a principios de los años 50, hasta la masacre desatada por 10 años en Indochina, la devastación de América Central y el apoyo a tiranías asesinas por toda Sudamérica en los años 60 y 70; desde la guerra contra el pueblo iraquí en 1990–91, hasta la incineración de 80 personas en Waco, Texas, en su propio territorio, y los asesinatos de muchos más dentro y fuera de Estados Unidos.

La declaración del partido hizo eco de una advertencia

hecha en 1940 por el dirigente comunista León Trotsky. A medida que se expandía inexorablemente el conflicto interimperialista que llegó a ser la Segunda Guerra Mundial, Trotsky respondió a los crecientes esfuerzos del movimiento sionista y sus partidarios imperialistas de desposeer al pueblo palestino y establecer lo que ocho años después se convertiría en el estado colono-colonialista de Israel. Lo que estas fuerzas reaccionarias estaban haciendo, dijo Trotsky, era transformar a Palestina en una "trampa sangrienta" para los judíos. "Nunca ha quedado más patente que hoy", escribió, "que la salvación del pueblo judío está inseparablemente ligada al derrocamiento del sistema capitalista".[2]

Más de 60 años después, el pronóstico de Trotsky no solo se ha confirmado, sino que los peligros son aún mayores, conforme los demagogos derechistas nuevamente hacen lo que siempre harán en condiciones de crisis —exista o no Israel— mientras perdure el sistema capitalista. Vomitan el veneno del antisemitismo y del odio antijudío como antídoto a los males del capitalismo. La respuesta del partido al 11 de septiembre subrayó: "el imperialismo estadounidense está convirtiendo a Norteamérica en una trampa mortal para el pueblo trabajador y para todos los que aquí residen". Lo está haciendo "por su superexplotación sistemática de los pueblos de Asia, África y América Latina; por sus agravios incesantes a su dignidad nacional y cultural"; por su interminable colaboración en formas incontables de violencia asesina. Por el funcionamiento mismo del capitalismo en su fase imperialista.

Señalamos que los gobernantes de Estados Unidos es-

---

2. León Trotsky, *On the Jewish Question* (Sobre la cuestión judía; Nueva York, Pathfinder, 1970), pág. 15.

tán reforzando la armadura de su puño blindado. Están fortaleciendo su posición dentro de Estados Unidos y en el exterior para las batallas que ellos saben que vienen.

Menos de tres semanas después de la campaña para usar esta declaración, le dimos seguimiento con la movilización de un gran mitin público en la ciudad de Nueva York. En ese mitin llamamos la atención, ante todo, a la incapacidad de los gobernantes estadounidenses de atizar el tipo de respuesta patriotera que podría, durante cierto tiempo, acobardar al pueblo trabajador para retraerse de luchas llamando a que los "americanos" "aunemos esfuerzos". Al día siguiente de nuestra reunión, decenas de miles de empleados estatales en Minnesota salieron en huelga contra los esfuerzos patronales de recortar sus salarios y prestaciones médicas. Las arengas patrióticas no detuvieron la resistencia obrera. Las secuelas del 11 de septiembre no fueron la ocasión y justificación para tratar de imponer promesas de no hacer huelgas.

La batalla de los trabajadores por el reconocimiento sindical contra la empresa Point Blank en el sur de Florida está demostrando ser otro ejemplo más. El hecho que los trabajadores producen chalecos antibalas para la policía y el ejército no les ha impedido organizarse y luchar por mejores salarios y condiciones de trabajo. Al menos un delegado, quien de lo contrario estaría hoy aquí en el congreso, está en Miami asumiendo sus responsabilidades en esta campaña de sindicalización.

Las realidades de la lucha de clases en Estados Unidos luego del 11 de septiembre quedaron ilustradas deliciosamente en ese encuentro en Nueva York por una experiencia que mencionamos al principio de la reunión. Conté que unos días antes yo iba, junto a otro dirigente del Partido Socialista de los Trabajadores, rumbo a una reunión en el centro de Manhattan, y resulta que era el día de la independencia de México. Poco después de salir del subterráneo, pasamos por donde estaba una joven latina vendiendo banderas norteamericanas en la calle. Ella no decía nada; solo sostenía las banderas, esperando que alguien le comprara una por un dólar. El fervor patriótico no era la principal motivación de la mayoría de los que vendían banderas y listones de colores en las calles esos días (o cualquier otro día).

En ese mismo instante, un camión grande dobló la esquina, adornado por el patrón con dos grandes banderas norteamericanas, una en el panel del lado y otra que ondeaba desde la cabina. El joven chofer vio a la mujer, lanzó el puño por la ventana y gritó: "¡Viva Zapata!" A los dos les brotó una enorme sonrisa en el rostro.

¡Me alegra que en ese momento estaba con otro compañero que puede confirmar que esto de veras sucedió! Una vez que ibas más allá de las clases profesionales y medias, la pátina de histeria y pánico pequeñoburgueses en Nueva York no se podía encontrar ni siquiera a flor de piel.

L**OS TRABAJADORES Y AGRICULTORES** en Estados Unidos se vieron arrastrados al mundo de manera abrupta y violenta por los sucesos de septiembre de 2001. Hasta entonces los gobernantes habían convencido en gran medida al pueblo trabajador de que al menos en suelo estadounidense, desde la "victoria" de la Guerra Fría, "nosotros" jamás —*jamás*— sufriríamos consecuencias directas de la violencia asesina y la miseria que experimentan los trabajadores y agricultores del mundo entero como resultado del impulso inherente del capitalismo hacia la dominación imperialista, la superexplotación y las guerras de conquista. Esta ilusión comenzó a resquebrajarse el 11 de septiembre.

Los sucesos en Nueva York y Washington dieron a los gobernantes estadounidenses un pretexto para *acelerar* el curso que han seguido por unos 15 años: desde la crisis cada vez más profunda del orden capitalista mundial que fue anunciada por la caída de la bolsa de valores en 1987 y el colapso de los regímenes estalinistas en Europa central y oriental y la Unión Soviética unos años después.

Sin embargo, la aceleración, si se mantiene, conlleva sus propios cambios. Las acciones controladas ponen en marcha fuerzas no controladas y por tanto acarrean consecuencias inesperadas. La evolución *política y militar* de las potencias del mundo imperialista se ha vinculado más estrechamente a su evolución *económica*, con los golpes desestabilizadores de un capital financiero mundial más y más violentamente competitivo.

Es importante que los delegados aquí debatan y decidan sobre estas conclusiones, que a mi entender no las comparte ninguna otra corriente en el movimiento obrero. Porque todo lo que el Comité Nacional —que es responsable de actuar en nombre del partido entre congresos— ha hecho en el último año se ha basado en estos criterios y se seguirá basando en ellos si este curso se reafirma.

La marcha del imperialismo norteamericano hacia la guerra

La prensa del gran capital le ha prestado mucha atención en los últimos dos meses al discurso que Bush dio el primero de junio [de 2002] a la clase de graduados de West Point. Ese discurso señaló otro paso más en la marcha de Washington hacia la guerra, hacia el uso agresivo de su poderío militar, pero no por las razones que balbucean los monigotes de la televisión.

Los autodeclarados expertos —a quienes muchos de "la izquierda" repiten como loros— proclaman que Bush dijo algo peligrosamente nuevo en la academia militar cuando habló de estar "dispuesto para la acción preventiva cuando sea necesario defender nuestra libertad y defender nuestras vidas". Sin embargo, el hecho es que *todos* los ataques militares de Washington y de las demás potencias imperialistas han sido "preventivos".

Corea no estaba atacando a las fuerzas armadas estadounidenses en 1945 cuando Washington mandó a los soldados a que ocuparan la parte sur de la península, la dividieran por la mitad y luego, cuando ocurrió el resultado inevitable cinco años después, lanzaran una guerra asesina con el objetivo —infructuoso— de conquistar todo el país. Cuba no amenazó ni invadió a Estados Unidos en 1961, ni tampoco en 1962. No fue un acto "en defensa propia" ni el asalto de los mercenarios respaldados por Washington en la Bahía de Cochinos en abril de 1961, ni la "crisis de los misiles" en octubre de 1962 provocada por Washington. Vietnam no lanzó armas contra ciudades o territorios norteamericanos, provocando una escalada masiva de bombardeos y el despliegue de soldados estadounidenses a mediados y finales de los 60. Estos actos que definieron el "Siglo Americano" fueron todos ataques "preventivos" bipartidistas por parte de los gobernantes estadounidenses.

Así lo fueron también las sangrientas guerras del siglo XX entre las potencias imperialistas: la Primera Guerra Mundial y la Segunda Guerra Mundial. En los años que antecedieron a estas dos matanzas, las potencias rivales instigaron incidentes y provocaciones que sabían que inevitablemente les darían un pretexto para declarar la guerra e impulsar sus intereses nacionales.

Por lo menos desde fecha tan temprana como octubre de 1937, cuando el presidente Franklin D. Roosevelt dio el discurso "Cuarentena al agresor", por ejemplo, el gobierno demócrata había emprendido un curso encaminado a reforzar el poderío militar estadounidense para hacerle frente a Japón en el Pacífico, establecerse como potencia imperial dominante en Europa y, con suerte, dirigir así la subordinación, si no la destrucción, del estado obrero soviético. Según la historia que nos enseñan en la escuela y que vemos en los diarios capitalistas y en la televisión, fue el bombardeo "preventivo" de Tokio contra Pearl Harbor el 7 de diciembre de 1941 lo que llevó a Estados Unidos a la Segunda Guerra Mundial. A partir de ese "ataque no provocado y cobarde por parte de Japón", dijo Roosevelt al Congreso al día siguiente, "ha existido un estado de guerra entre Estados Unidos y el imperio japonés".

Lo que, por lo general, muy convenientemente no mencionan los apologistas de las potencias aliadas es el acto "preventivo" del gobierno de Roosevelt contra Japón seis meses antes, cuando impuso un embargo total a la importación japonesa de petróleo (así como un embargo a la importación de chatarra y la congelación de todos los activos japoneses en Estados Unidos). Washington sabía que ese acto de guerra económica, destinado a hacer pasar hambre a Japón y frenar las ruedas de la industria, obligaría a Tokio a responder militarmente. Las únicas sorpresas fueron la audacia inesperada del ataque a Pearl Harbor, el alcance de la flota naval de Japón y la habilidad y temeridad de los "pilotitos amarillos" de Asia.

En realidad, lo que para los trabajadores con conciencia de clase fue notable acerca del discurso de Bush en West Point no fue su comentario sobre la "acción preventiva", sino la facilidad con la que iba y venía entre las propuestas de golpes contra "enemigos" dentro del país y "enemigos" en el exterior. "Nuestra seguridad", dijo Bush, "exigirá la mejor inteligencia posible para revelar amenazas que están ocultas en cuevas y que crecen en laboratorios. Nuestra seguridad exigirá modernizar agencias internas como el FBI, para que estén listas a actuar, y a actuar rápidamente, contra los peligros".

Más importante que la alocución de West Point fue el discurso sobre el "eje del mal" que Bush dio ante el Congreso cuatro meses antes: su discurso del Estado de la Unión a finales de enero de 2002. Nosotros tomamos en serio las amenazas que profirió en ese discurso. La Casa Blanca no simplemente sacó de un sombrero a Iraq, Irán y la República Democrática Popular de Corea como muestra representativa de los numerosos "estados forajidos" denunciados por Clinton. Y el "eje del mal" no son simplemente tres países oprimidos cuyos regímenes los gobernantes de Estados Unidos quisieran derrocar. Se trata de tres gobiernos cuyas capacidades económicas, técnicas y de ingeniería les permitirán, un día no muy lejano, colocar armas —incluso ojivas nucleares— en misiles balísticos cuyo alcance podría al menos impedir que Washington atacara esos países con impunidad. De hecho, el objetivo más inmediato de la campaña de los gobernantes estadounidenses por un Sistema Anti-Misiles Balísticos —reiniciada durante la administración Reagan, reanudada durante los últimos años de Clinton y ahora impulsada por Bush— es de restaurar la capacidad de Washington de usar su masivo arsenal nuclear para chantajear tanto a gobiernos como éstos en el mundo colonial como a sus "amigos", la inconstancia de uno o dos de los cuales podría revelarse en un futuro siempre cambiante.³

Debemos actuar suponiendo que los planes del Pentágono para una invasión y guerra de frentes múltiples contra Iraq, "filtrados" a comienzos de este mes, son los pasos iniciales para preparar un masivo asalto militar organizado por Washington. En cuestión de días intervino [el primer ministro británico Anthony] Blair prometiendo apoyo y participación plenos. Los documentos "filtrados" detallaron el uso de depósitos de material de guerra en Uzbekistán y planes para operativos aéreos, navales y terrestres montados desde bases en Kuwait, Qatar, Bahrein, Turquía, Diego García y otros lugares más. Algunos sectores de la burguesía turca abrigan grandes esperanzas de que a cambio de su cooperación el imperialismo ofrecerá aliviar un poco el peso de la deuda y la crisis económica que más y más atenazan ese país. Y los gobernantes norteamericanos se van a asegurar de que sus altezas reales en Arabia Saudita y en Jordania también se dejen convencer antes de que empiecen los balazos.

Washington está resuelto a lograr lo que no pudo intentar hacer como parte de la alianza "para liberar a Kuwait" durante la guerra de 1990–91. Los gobernantes estadounidenses se proponen librar una guerra de envergadura hasta el fin: y a partir de eso están formando una coalición. Creen que, con un pie en Tel Aviv y otro en Bagdad —y con nuevas bases militares al norte, al este y

---

3. En julio de 2004, el gobierno estadounidense emplazó en un silo en Alaska su primer interceptor contra misiles balísticos basado en tierra, proyecto comenzado durante la administración Clinton. El presidente Bush alabó el emplazamiento como "el inicio de un sistema de defensa de misiles que fue concebido por Ronald Reagan".

al sur de Irán—, el imperialismo norteamericano podrá entonces recuperar parte de lo que perdió en 1979 con el derrocamiento revolucionario del sha de Irán, quien era respaldado por Washington. Ante todo, Washington se siente seguro de que puede dividir nuevamente la influencia militar y política en la región a costa de sus rivales en Europa y Japón, y afirmar su dominio sobre el petróleo y demás recursos. Cerca del 65 por ciento de las reservas petrolíferas del mundo yacen en esa región: más del 10 por ciento en Iraq y una cuarta parte solo en Arabia Saudita.

ESTADOS UNIDOS ESTÁ FORTALECIENDO su presencia militar también en otras regiones. Utilizó la guerra en Afganistán para establecer bases no solo allí, sino por toda la antigua Asia central soviética, en Uzbekistán, Tayikistán y Kirguistán. En diciembre pasado, el Congreso aprobó la llamada Iniciativa Andina, que se basa en el "Plan Colombia" existente para ampliar la presencia de las fuerzas armadas estadounidenses por toda América Latina bajo el pretexto de "combatir el narcotráfico". Puede que los 1 200 "instructores" militares norteamericanos en Filipinas, que deben completar su misión allí en unos días, hayan servido para abrir una brecha, según indican las conversaciones que se están celebrando entre Washington y Manila para restablecer allá instalaciones estadounidenses permanentes de almacenaje militar. Al menos será la primera brecha en una acrecentada cooperación filipino-americana en la guerra contra el "terrorismo" y el "extremismo islámico" en la región del Pacífico.

Están ocurriendo dos procesos de forma dispareja pero conjunta: los preparativos bélicos del imperialismo norteamericano en el exterior junto con su actual militarización sobre el frente nativo, anticipando más adelante una mayor resistencia de los trabajadores y agricultores. La administración y el Congreso de Bush están avanzando por la senda bipartidista que trazaron la administración y el Congreso de Clinton durante los ocho años anteriores. El fortalecimiento de la estructura de mando de la llamada defensa del suelo nativo; la centralización de los operativos de espionaje, el uso de "pruebas secretas", "detenciones preventivas" y la restricción de los derechos de revisión judicial y apelación, cuyo blanco ante todo son los no ciudadanos y los prisioneros; el fortalecimiento de los escuadrones tipo comando y SWAT a nivel federal, estatal y local: nada de esto comenzó en los últimos meses de 2001.

E<small>L COMANDO NORTE</small> se lanzará formalmente en los próximos meses del año. El prototipo de este comando del suelo nativo se estableció en octubre de 1999, catalogado con un eufemismo propio del pentagonés clintoniano, "Fuerza de Tarea Conjunta–Apoyo Civil". Está sufriendo una leve metamorfosis, para surgir el primero de octubre como el (más rumsfeldiano) Comando Norte. Bajo el estandarte de combatir el "terrorismo", este nuevo comando militar se encargará de mantener "la ley y el orden" según sea necesario dentro de las fronteras de Estados Unidos cuando haya una amenaza de desorden civil.

Actualmente, la estructura de mando militar estadounidense consiste de nueve Comandos de Combate Unificados: el Comando Europeo, el Comando del Pacífico, el Comando Sur, el Comando Central, etcétera. La jerarquía de mando va directamente hasta cada uno de ellos desde el presidente de Estados Unidos, pasando por el secretario de defensa. El nuevo Comando Norte tendrá su cuartel general en la Base Aérea de Peterson en Colorado y estará al mando del general de la fuerza aérea Ralph Eberhart, actual comandante del Comando Espacial de Estados Unidos. El NORTHCOM, según se abreviará, comprenderá el NORAD —el Comando Norteamericano de Defensa Aeroespacial—, cuyo comandante estadounidense tiene en última instancia la facultad en base a tratados, y sin consulta previa, de poner la Real Fuerza Aérea Canadiense bajo su mando. Cuando se lance el NORTHCOM dentro de unos meses, México, a los ojos de Washington, por primera vez estará bajo la responsabilidad de un comando de combate estadounidense.

Si uno simplemente suma las cifras de producción económica, presupuestos de armas y armamento convencional y estratégico, el imperialismo estadounidense es entonces la potencia más fuerte en la historia del mundo, dominando a sus rivales más cercanos en todos los frentes. Sin embargo, esa es una foto instantánea abstraída tanto del tiempo como del contexto político y económico y del rumbo del desarrollo. La trayectoria que hemos venido describiendo aquí es la de una potencia imperialista que se está *debilitando* en cuanto a su capacidad de estabilizar un mundo en el cual las vidas de cientos de millones de trabajadores inquietos en los países semicoloniales se ven marcadas por el tumulto, la miseria y las enfermedades que van en aumento, productos del propio sistema capitalista mundial. Una potencia imperialista con menos y menos capacidad de manejar los desafíos políticos —que no hace más que crear— porque es una potencia incapaz de estabilizar la economía capitalista global, cuyos efectos siguen golpeando a los trabajadores y agricultores por todo el mundo. Una potencia que debe llevar un peso desproporcionado como gendarme del planeta a nombre del imperialismo en una crisis tras otra —creadas por ellos mismos— desde los Balcanes hasta todos los rincones del mundo semicolonial. Una potencia que no ha logrado sus objetivos en una sola guerra de importancia desde 1945. Que ahora, tras supuestamente haber ganado la Guerra Fría "sin disparar un tiro", ya no está exenta de ataques en su propio territorio nacional.

Una potencia imperialista que está en su apogeo puede doblegar regímenes a su antojo. Puede mandar a sus "aliados" a que pongan manos a la obra. Puede aplastar la resistencia de los trabajadores y campesinos en el mundo colonial. Posee las reservas económicas para estabilizar su moneda internacional y finanzas estatales. Sin embargo, no es esa la situación del imperialismo estadounidense hoy día, y ha sido menos y menos así desde mediados de los años 70. Al contrario, las acciones que estamos presenciando son parte de la decadencia del último imperio del mundo, que hoy día enfrenta las consecuencias políticas y militares de su curso imperialista al tiempo que va entrando en su mayor crisis económica desde los años 30.

La fase superior del capitalismo

Nuestro movimiento estará mejor armado para responder a estos acontecimientos políticos si organizamos una escuela de invierno para leer y estudiar *El imperialismo, fase superior del capitalismo* de Lenin. Esto lo podemos hacer de la misma forma organizada e intensa con que hemos estudiado *Su Trotsky y el nuestro*, *La historia del trotskismo americano* y *El rostro cambiante de la política en Estados Unidos* en las escuelas de verano socialistas en los últimos meses. Estructuramos estas escuelas dentro del ritmo semanal de trabajo político de los militantes del partido, los jóvenes socialistas y las personas allegadas a nosotros que están pensando seriamente en afiliarse al movimiento, para que podamos compartir y conquistar el mismo material juntos.

La descripción y la explicación que ofrece Lenin del imperialismo son una piedra angular de todo lo que ha hecho el movimiento comunista por casi un siglo. Y sigue siendo así.

Lenin se concentró en aclarar dos cuestiones.

• Primero, presentó una explicación concreta y detallada del carácter cada vez más parásito de las operaciones del capital en la época imperialista.

• Segundo, deduciendo las implicaciones prácticas de ese análisis, rechazó la posibilidad de alguna forma de "superimperialismo", o "ultraimperialismo", que pudiera reducir las contradicciones cada vez más agudas del capitalismo, amortiguar los conflictos entre las clases gobernantes nacionales rivales, paliar la lucha de clases, ya no se diga fomentar la paz mundial. Al contrario, insistía Lenin, el imperialismo había dado paso a una época de crisis recurrentes, guerras imperialistas, guerras civiles, guerras de dominación nacional, luchas de liberación nacional y revoluciones proletarias.

La fase imperialista del capitalismo se caracteriza por la creciente dominación en el mundo de gigantescos monopolios en la industria, el comercio y la banca. Aplicando lo que ya había explicado Marx en *El capital*, Lenin demostró que la creciente monopolización, lejos de reducir la competencia, hace *más violentas* las operaciones ciegas de los capitales privados rivales. Y ante las crisis, la violencia más y más implica fuerzas que no son puramente económicas: desde escuadrones privados de matones y policías y sheriffs locales hasta —sobre todo— el estado capitalista y sus policías, tribunales y fuerzas armadas.

La fusión del capital bancario y el capital industrial —"la creación, sobre la base de este 'capital financiero', de la oligarquía financiera", según lo plantea Lenin— hace crecer el parasitismo de la burguesía. Ante todo hace que aumente su dependencia de diversas formas de deudas que se multiplican en su despiadada competencia entre sí por captar las partes más grandes de la plusvalía creada en todo el mundo por la mano de obra de trabajadores y agricultores, de mineros y pescadores. La relación deudor-acreedor se vuelve cada vez más esencial para el funcionamiento del capitalismo internacional, rebasando la importancia central que antes había tenido la relación entre el comprador y el vendedor. "¡He aquí la esencia del imperialismo y del parasitismo imperialista!", escribe.[4] Lenin no se habría sorprendido por la explosión durante las últimas dos décadas de más y más formas de deudas, más y más sabores de capital ficticio: no solo los préstamos y obligaciones bancarios tradicionales, sino los llamados derivados, opciones, hipotecas y deudas de consumidores empaquetadas, *swaps* (intercambios), *repos* (recompras), las *carry trades* (transacciones) de obligaciones y de oro, y otros demasiado numerosos para listar. No se habría sorprendido por la creciente manipulación estatal —normalmente disfrazada y negada— de los precios de monedas, deudas, metales preciosos, mercancías y seguros, así como el uso constante y más patente de diversas barreras comerciales. Todas éstas son manifestaciones —que asumen la forma de conflictos de estado— de la violenta competencia interimperialista e intercapitalista, así como de la explotación semicolonial.

El capital financiero divide, y redivide, el mundo de formas nuevas. Reorganiza el sistema colonial —la superexplotación de los campesinos y trabajadores en países

---

4. V.I. Lenin, *El imperialismo, fase superior del capitalismo* (Nueva York: Pathfinder, 2002), pág. 41.

"independientes" por toda Asia, África y América Latina— de nuevas formas, "neocoloniales". Transforma el sistema bancario y las pautas del comercio y de las finanzas mundiales. Aumenta la enormidad de la deuda y del apalancamiento de la especulación mundial casi más allá de la imaginación... y más allá del control.

LA DIVISIÓN DEL MUNDO, según la describió Lenin, entre un puñado de naciones opresoras y una gran mayoría de naciones oprimidas —entre las potencias imperialistas y los países coloniales y semicoloniales— será esencialmente la misma cuando Washington emprenda su próxima aventura militar que la que existía en 1898 durante la llamada Guerra Hispano-Americana, cuando los gobernantes norteamericanos conquistaron Puerto Rico y Filipinas y pusieron la bota sobre el cuello del pueblo cubano. Y perdurará mientras el capitalismo domine el mundo.

Si uno lee, debate y asimila, como parte de un grupo de estudio, *El imperialismo* de Lenin, podrá entender mejor el problema que conlleva el uso de la palabra "emergente", como en la expresión "países de mercados emergentes". Podrá entender mejor por qué ninguno de estos países jamás ha "emergido" como potencia capitalista avanzada, ni jamás lo hará. Si lo que reveló la crisis de 1997–98 sobre los "tigres asiáticos" —Corea del sur, Taiwan y unos cuantos más— no fue prueba suficiente, entonces lo que ha venido sucediendo en Argentina durante el último año y lo que está ocurriendo actualmente en Brasil sí debiera serlo.[5] Aparte de China, Brasil posee la economía

---

5. En diciembre de 2001, el gobierno argentino incumplió un pago de obligaciones estatales por valor de 100 mil millones

más grande del mundo colonial, si se mide por el producto interno bruto. Pero con 264 mil millones de dólares que debe a bancos de Estados Unidos y otros países, entre ellos Citigroup, J.P. Morgan Chase y FleetBoston, Brasil sigue clavado tan firmemente entre las naciones oprimidas como lo estaba hace 25, 50 ó 100 años. Igual lo está Argentina, que también es una de las economías más grandes del mundo colonial —y en cuanto a la cifra per cápita, en realidad es mucho más rica que Brasil— y debe unos 132 mil millones de dólares a bancos y obligacionistas, principalmente en Europa imperialista, así como en Japón y Estados Unidos. A los trabajadores y campesinos de Brasil y Argentina no solo los explotan directamente los capitalistas nacionales y extranjeros, sino que —por mediación de las burguesías nacionales en esos países— se les mantiene en esclavitud de deudas al capital financiero internacional.

Es en rebelión contra las consecuencias sociales de la fase superior del capitalismo, del imperialismo, señaló Lenin, que crece la resistencia entre los obreros y los trabajadores rurales, tanto en los propios centros del capital financiero como en las naciones oprimidas. Es más, según describió Lenin cuatro años después en el Segundo Congreso de la Internacional Comunista, la penetración del capital en más y más regiones del planeta permite

---

de dólares, en su mayoría propiedad de capitalistas en Europa occidental. El peso, que se había fijado al dólar, fue liberado y su valor se desplomó en un 75 por ciento, con consecuencias devastadoras para el pueblo trabajador y amplios sectores de las clases medias en Argentina. Durante el año siguiente, el crecimiento económico bajó en un 12 por ciento, el desempleo se disparó hasta casi un 25 por ciento y la inflación alcanzó el 40 por ciento. La crisis argentina creó ondas expansivas que se sintieron en toda la región.

por primera vez que el movimiento obrero sea verdaderamente internacional en cuanto a su composición y su alcance.[6] Esto sucede hasta en las zonas económicamente menos desarrolladas del mundo, señaló Lenin. A medida que los combatientes por la liberación nacional reconocieran sus intereses comunes con los trabajadores y campesinos que habían conquistado el poder en Rusia soviética —así como sus enemigos de clase comunes— aumentarían las posibilidades de desarrollar direcciones que lucharan por una dictadura revolucionaria popular, por gobiernos basados en soviets de las masas trabajadoras oprimidas y explotadas. Esto se había convertido en una perspectiva mundial realista. Al reconocer esto, la Comintern anticipó por más de medio siglo a un Thomas Sankara de Burkina Faso, a un Maurice Bishop de Granada. A su propio modo anticipó a un Malcolm X que surgiría de las filas proletarias de la combativa nacionalidad negra en Estados Unidos hacia el socialismo revolucionario. Y que surgiría como dirigente de talla y calibre mundiales.

¿Ultraimperialismo?

También necesitamos discutir y asimilar el segundo aspecto importante de *El imperialismo* de Lenin: la polémica contra la aseveración del dirigente centrista alemán Carlos

---

6. En su informe inaugural del Segundo Congreso de la Internacional Comunista, Lenin dijo que la reunión "merece el calificativo de Congreso Mundial" porque "se encuentran aquí no pocos representantes del movimiento revolucionario de las colonias y de los países atrasados. Esto no es más que un modesto comienzo, pero lo importante es que se ha dado ya el primer paso". Lenin, "Informe sobre la situación internacional y las tareas fundamentales de la Internacional Comunista", en *Obras completas*, tomo 41, pág. 239.

Kautsky sobre una tendencia hacia la consolidación de lo que Kautsky llamaba ultraimperialismo. No era ni "teoría" ni "idea". Era una *justificación* de la trayectoria política que, en la práctica, había alejado del marxismo a Kautsky y a muchos otros dirigentes de la Segunda Internacional, y los había encaminado hacia la reconciliación con "sus propias" burguesías, concretizada como terrible realidad durante la masacre interimperialista de la Primera Guerra Mundial y sus secuelas. Era, y sigue siendo, un problema no solo de la mente sino de agallas: un problema de carácter político: es decir, de orientación de clase.

KAUTSKY Y OTROS DIRIGENTES centristas no contradecían los hechos básicos que presentaba Lenin sobre la creciente dominación de los monopolios, del capital financiero. Más bien, negaban que estas tendencias aumentaran la violencia del capitalismo a nivel mundial y crearan las condiciones para que fuera derrocado por el pueblo trabajador dirigido por una vanguardia proletaria. De hecho, decían los centristas, estas tendencias fomentaban las condiciones para el desarrollo de un orden estable, basado en una confluencia de intereses de las potencias capitalistas más grandes que con el tiempo trascendería las contradicciones y los conflictos y que podría sentar las bases para la paz en la Tierra.

No hay mucho trecho para ir de este "análisis", dijo Lenin, a comenzar a adorar ante el altar del capital financiero y su aparente omnipotencia. Los centristas pueden ser muy críticos de lo que llaman "ultraimperialismo" y sus acciones codiciosas y manifiestamente malas. Pueden calificarlo con términos muy severos. Sin embargo, al orden mundial capitalista le atribuyen *poderes* que no tiene: lo adornan con fetiches que lo hacen parecer cada vez más invulnerable. Muchas de las habladurías que hemos escuchado en los últimos años sobre la "globalización", y sobre instituciones "transnacionales" que sustituyen a los estados nacionales, no son más que una reedición de las justificaciones kautskianas que Lenin hizo trizas en *El imperialismo* y en otras obras.

Una u otra variedad de este concepto se convirtió en la bandera bajo la cual la oposición pequeñoburguesa dentro del Partido Socialista de los Trabajadores, en la víspera de la Segunda Guerra Mundial, se replegó de la clase trabajadora y del internacionalismo proletario ante las presiones de la inminente masacre imperialista. Tomen *En defensa del marxismo* de León Trotsky y *The Struggle for a Proletarian Party* (La lucha por un partido proletario) de James P. Cannon, y lean lo que estos dirigentes comunistas dijeron sobre la "teoría" del colectivismo burocrático durante la lucha en 1939–40 contra la oposición dirigida por James Burnham y Max Shachtman. Junto a *El imperialismo* de Lenin, estas obras polémicas de Trotsky y Cannon siguen siendo nuestros puntos de referencia históricos sobre estas cuestiones. Al mismo tiempo que estos renegados del marxismo rehuyeron de la lucha proletaria, en muchos casos continuaron durante un buen rato señalando, escribiendo sobre y quejándose de las deficiencias y los males morales del capitalismo, su industria y su agricultura... y siempre acumulando argumentos de que era inútil que la clase trabajadora intentara hacer algo al respecto, es decir, algo revolucionario. Algo que pudiera conducir a un gobierno de trabajadores y agricultores, a la dictadura del proletariado.

Hoy día, el autodeclarado anarquista Noam Chomsky hace lo mismo. Por eso su radicalismo no representa una amenaza para las autoridades. Y por eso su medicina radical contiene una toxina antiobrera, especialmente antiobrera en Estados Unidos.

Toda tendencia hacia la supuesta disolución de las fronteras estatales de las grandes potencias imperialistas en nuestra época ha sido, y sigue siendo, una ilusión. Las batallas comerciales entre estas potencias —que se manifiestan, entre otras formas, en conflictos crediticios y monetarios— no pueden ni van a ser superadas. Cada éxito aparente en evitar una crisis aplaza y aumenta la magnitud para la próxima ocasión, agudizando así las contradicciones.

Competir o morir

Impulsados inexorablemente por la necesidad de competir o morir, los capitalistas, sin excepción, actúan de forma pragmática: en base al supuesto de que lo que *ha estado* ocurriendo *va a seguir* ocurriendo. Buscan maximizar sus ganancias yendo hacia donde actualmente obtengan los mayores beneficios. Mientras más inflan el crédito para acortar el tiempo de rotación del capital a fin de extraer ganancias masivas, mientras más éxito parece tener un capitalista individual, más garantizan un desastre cuando la pirámide invertida se tambalea más y más y las tendencias comienzan a agotarse y, luego, a dar marcha atrás. Es entonces que todas estas habladurías sobre "nuevas economías", el "fin de los ciclos", y hasta el "fin de la historia", se les hacen ceniza en la boca. Siempre es "distinto esta vez". Efectivamente. Y siempre lo mismo.

Hoy día, las acaudaladas familias del capital financiero y sus círculos de gerentes, políticos, técnicos, académicos y profesionales a sueldo —la "élite cognitiva"— son incapaces de creer lo que está sucediendo a las montañas de valores que ellos han acumulado en las últimas dos décadas. Lo que para los acomodados funcionó tan de maravilla durante esos años, lo que parecía ser dinero gratuito, hoy ha inflado burbujas de deuda que —conforme se entrecruzan y se refuerzan entre sí, y antes de que la contracción de los precios de las acciones siquiera se aproxime al fin de su larga trayectoria— harán que se desplomen importantes bancos, casas de corretaje, aseguradoras, fondos de pensiones y de salud, y empresas industriales y comerciales.

Por primera vez desde el inicio de los años 30, plagados de depresión y guerra, todas las pruebas en los países capitalistas avanzados apuntan hacia el comienzo de algo más que una profunda recesión internacional como las de 1974–75, 1980–81 ó 1990–91. Estamos percibiendo los síntomas de un marasmo de deflación por deuda que solo responde con flojedad a estímulos monetarios o fiscales que en un ciclo comercial normal acelerarían un repunte. En pocas palabras, nos encontramos en las primeras etapas de lo que se llegará a reconocer como una depresión mundial.

Siempre que el conjunto de las tasas de ganancia está sometido a este tipo de presiones, cada capitalista intensifica la competencia para acaparar la mayor parte posible de la riqueza, de la plusvalía, producida por la labor de los trabajadores y agricultores. Y son los bancos más grandes —Citibank, J.P. Morgan Chase, Bank of America y unos cuantos más— los que otorgan los préstamos más grandes. En los balances del banco, estos enormes préstamos figuran como activos, ya que garantizan un flujo constante de pagos de intereses, *siempre y cuando los deudores puedan pagar.* Sin embargo, cuando comienzan a acumularse las quiebras y los préstamos impagos, entonces son también los bancos, las aseguradoras y las casas de corretaje más grandes los que sufrirán los golpes más duros. Y es cuando se comienzan a resquebrajar estas instituciones —las que las agencias de Wall Street califican como las de mayor "solidez" y "confianza"— que entonces empieza a acechar una catástrofe económica.

Digamos, por ejemplo, que una empresa grande permite que tú o algún otro trabajador alquile un auto a una tasa de interés menor del 1 por ciento. No solo eso, sino que la empresa también te permite vender el auto y usar el dinero: siempre y cuando aceptes devolver un auto de valor comparable cuando el prestamista reclame el pago del préstamo. Es más, si el precio de los autos comenzara a subir —y al prestamista le preocupara que no pudieras comprar otro para devolvérselo— ¡la entidad arrendataria incluso intervendría entre bastidores para contener los precios de los autos en el mercado! Así que podrías comprar un auto por menos de lo que vendiste un auto comparable, devolvérselo a la empresa arrendataria, y salir con una buena ganancia. Y la empresa de alquiler recuperaría su auto, sin manejar, más el 1 por ciento de interés.

Un negocio redondo, ¿no? Sin embargo, los trabajadores no tenemos esa opción, por supuesto. Somos miembros de la clase equivocada.

Pero los bancos gigantescos sí disponen de esa opción. Y es así que ha funcionado durante la última década, hasta que comenzó a *no* funcionar muy bien hace más o menos un año atrás. ¿Cómo funciona?

LOS BANCOS CENTRALES, que poseen grandes cantidades de oro, se lo prestan a un puñado de los bancos comerciales y de inversión y de las aseguradoras más grandes a una tasa de interés nominal, generalmente alrededor del 1 por ciento. Estas instituciones financieras, a su vez, o venden ese oro e invierten el efectivo en obligaciones, o se lo prestan a alguien más por una pequeña comisión. Los bancos más grandes del mundo crean entonces un mercado en lo que llaman derivados de oro —un término altisonante para referirse a las apuestas en la tendencia futura de los precios del oro (apuestan siempre a que, en el peor de los casos, el precio se va a estancar)— y manipulan ese mercado para ayudar a mantener bajos los precios. Así, a la hora de devolver el oro al prestamista, la entidad prestataria lo compra a un precio más bajo, se embolsa la diferencia y entrega el oro.

Eso es maravilloso para los *"bullion bankers"* (banqueros de lingotes), según los llaman: en tanto el capitalismo esté en un ciclo de ascenso, los precios de las acciones se disparen, las verdaderas tasas de interés sean relativamente altas, y no muchas instituciones bien dotadas o individuos adinerados en el mundo se interesen en comprar oro. Pero cuando todo eso comienza a ir en el sentido opuesto, la demanda de oro empieza a crecer y su precio comienza a subir. Todas esas apuestas —que ascienden a decenas de miles de millones de dólares— de que el precio futuro del oro disminuirá dejan de lucir muy bien. Los derivados se convierten en bombas de tiempo. Los bancos enfrentan un apretón cada vez más fuerte. Y van a luchar para evadir las consecuencias desestabilizadoras de las violentas oscilaciones, *no solo de los precios del oro sino de todas las principales mercancías y de las principales monedas del mundo imperialista.*

Es más, esas apuestas al precio del oro son en sí solo una pequeña fracción de todas las apuestas pendientes: a la tendencia de las tasas de interés, del valor del dólar y otras monedas, de los precios de acciones y mercancías, y muchas otras. A nivel mundial, el valor nominal de estas apuestas —de esos derivados— aumentó en más del doble entre 1995 y 2001, hasta un total de unos 120 *billones* (millones de millones) de dólares. Y en Estados Unidos, el 90 por ciento de los derivados pertenece a solo cinco instituciones financieras, de las que J.P. Morgan Chase tiene la parte más grande —unos 25 billones de dólares— seguido por Bank of America y Citigroup.[7] Entonces, a medida que la tendencia de las tasas de interés, del dólar, de las acciones, del oro y otras mercancías comenzó a cambiar rápidamente en los últimos dos años, esas apuestas a largo plazo comenzaron a volverse inciertas. Es un poco como si el favorito indiscutido se hubiese roto una pata en medio del Derby de Kentucky, cuando ya se habían hecho las apuestas. Ahí va otra "cosa segura".

Cabe recordar que conocemos un poco sobre el riesgo crediticio de bancos como J.P. Morgan Chase y Citibank, pues según la ley son "bancos comerciales" que tienen que presentar una cantidad considerable de datos al gobierno federal para que aparezca en los archivos públicos. Sin embargo, en el caso de grandes "bancos de inversión" como Goldman Sachs, Merrill Lynch, Deutsche Bank o Credit Suisse First Boston, la carga de deuda bien podría ser la misma, aunque lo que es del conocimiento público sea mucho menos.

En 1933, como parte de los esfuerzos de los gobernantes estadounidenses por estabilizar y salvar el sistema capitalista durante la Gran Depresión, el Congreso norteamericano aprobó la denominada Ley Glass-Steagall. Según esta reforma, los bancos debían separar sus operaciones bancarias "comerciales" —es decir, la tenencia de cuentas

---

7. Para finales de 2003, el valor nominal de los derivados a nivel mundial casi alcanzaba los 200 billones de dólares, más de un tercio de los cuales pertenecían a bancos estadounidenses. Al terminar el primer trimestre de 2004, el 94 por ciento de todos los derivados estadounidenses pertenecía a los cinco principales tenedores entre los bancos del país, de los que J.P. Morgan Chase poseía más del 50 por ciento (casi 40 billones de dólares).

corrientes y de ahorros, así como la emisión de hipotecas y préstamos comerciales— de las operaciones bancarias de "inversión", es decir, donde actúan como intermediarios de las grandes empresas al vender sus acciones y bonos. Los bancos comerciales supuestamente extraen la mayor parte de sus ganancias del pago de intereses por préstamos para negocios y casas y préstamos personales, respaldados con los depósitos enormemente apalancados de los bancos. Por otra parte, los bancos de inversión se enriquecen con las cuotas que cobran por el corretaje de transacciones para el gran capital, incluso participando ellos mismos en dichos acuerdos. Según la Glass-Steagall, ninguna institución debía realizar ambos tipos de actividad, que implican obligaciones contradictorias y conflictos de intereses. Eso supuestamente evitaría que los banqueros cayeran en la tentación de verter todo el dinero a disposición del banco —incluidas las cuentas corrientes de trabajadores y de la clase media— en préstamos poco sólidos a empresas en las que tuvieran un interés (por ejemplo, la Enron o la WorldCom en la actualidad), o en "productos financieros" sumamente riesgosos (de los que existen muchísimas más variedades a principios del siglo XXI de las que se había soñado en 1933).

Con el correr de los años, los bancos fueron hallando cada vez más formas de evadir las restricciones Glass-Steagall. Y en 1999 —a iniciativa de la administración Clinton y del jefe de su Departamento del Tesoro, el demócrata liberal compasivo y corredor de bonos de Wall Street Robert Rubin— la ley fue derogada en su totalidad. Así se abrieron más aún las compuertas.

La pirámide de deudas empieza a tambalearse

Cuando la gigantesca pirámide de deudas por fin se empiece a venir abajo, algunas de las instituciones finan-

Derivados en posesión de bancos comerciales estadounidenses (1992–2004)

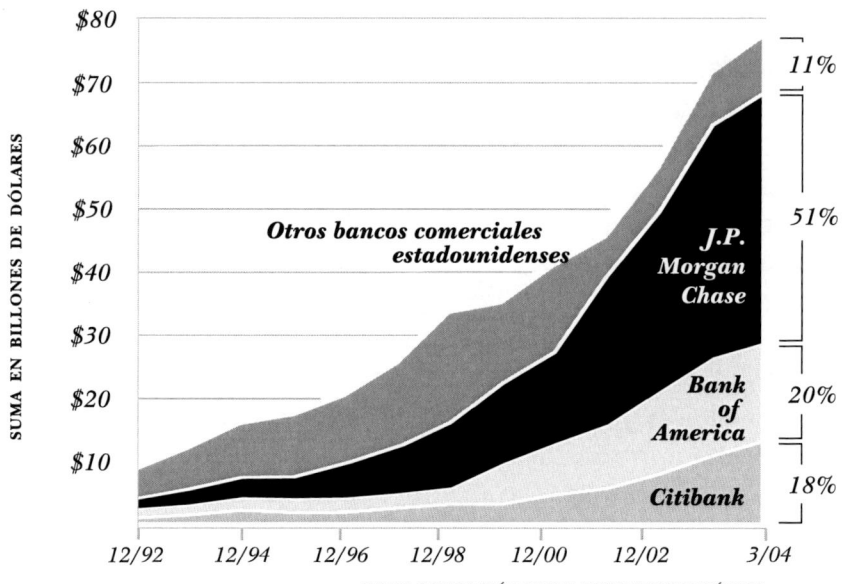

FUENTE: CORPORACIÓN FEDERAL DE SEGUROS DE DEPÓSITOS

cieras más grandes del mundo —bancos, fondos mutuos, aseguradoras, fondos de pensiones— estarán entre los perdedores. El colapso y la reducción parcial de deudas al final tumban a quienes se les debe el dinero. El colapso progresivo de varias de estas masivas instituciones puede paralizar el funcionamiento de las finanzas internacionales. Y el banco central "más sabio" del mundo quedará indefenso —en el mejor de los casos— o, en un arrebato de pánico, empeorará y ampliará más la crisis global.

No es complicado: cada vez que alguno de nosotros oiga hablar de los gigantescos acuerdos de "derivados" de los que hemos venido discutiendo, debemos recordar siempre que en tales negocios hay dos partes, y cuando una parte gana dinero, la otra pierde… y a veces una cantidad mucho mayor.

Los del lado "largo" —quienes apuestan a que subirán los precios de un valor o de una mercancía, y que han pagado por la opción de comprar determinada cantidad a determinado precio y en una fecha determinada— pueden perder todo lo que han "invertido", pero solo esa cantidad, si los precios caen; hay un límite conocido de antemano.

En cambio, los riesgos son mucho mayores para los del lado "corto", quienes toman prestado de los bancos sumas masivas ("margen", como le dicen en Wall Street) para cubrir sus compromisos con la contraparte de la transacción. Si la apuesta se les comienza a agriar —si los precios de las acciones, las tasas de interés, las monedas o los precios de las mercancías comienzan a ir en dirección contraria a la prevista— entonces sus pérdidas pueden ser prácticamente ilimitadas a medida que los bancos comienzan a reclamar el pago de sus préstamos (un "reclamo de margen").

Ese tipo de apuesta "desnuda" o "al descubierto" forma

parte de la sicología del capital durante un auge, cuando se llega a tener confianza casi absoluta de que "es una cosa segura" que los precios de la mayoría de los valores solo pueden seguir subiendo, o que las tasas de interés y los precios de la mayoría de los mercancías (incluidos el oro y el petróleo) solo pueden seguir bajando. Pero cuando esas tasas y esos precios cambian "inesperadamente" de dirección, esa apalancada pirámide de deuda especulativa —la acumulación de préstamos en proporción cada vez mayor al capital subyacente— se comienza a tambalear. Mientras pueden, los bancos otorgan líneas de crédito masivas para ayudar a que las aseguradoras, las casas de corretaje, los fondos de cobertura, los planes de pensiones, los fondos mutuos, los productores de oro muy apalancados y otras instituciones financieras puedan "comerciar su salida" de la crisis. Sin embargo, en determinado momento estas instituciones masivas comienzan a incumplir el pago de sus préstamos, y en el peor de los casos —algo que ya ha ocurrido en más de una ocasión en la historia— de forma catastrófica empiezan a hacer que se desplomen los propios bancos.

Cuando la bolsa de valores inició su declive en 2000, muchos de los comentaristas y las publicaciones financieras en un principio intentaron hacerlo pasar como una simple racha de volatilidad para las acciones en tecnología. "No se preocupen", nos decían. "Las cosas jamás se pondrán tan inestables aquí como en Japón. Japón tiene una masiva burbuja en bienes raíces y en la banca. En Estados Unidos es solamente en computadoras, en los puntocom y cosas por el estilo".

Pero eso es peor que hacerse ilusiones. Es cierto, desde luego, que los precios de las acciones de muchas de las llamadas empresas de alta tecnología —los puntocom de la Internet, entidades de telecomunicaciones como la WorldCom y la Global Crossing, y muchas más— se fueron por las nubes a finales de los años 90, alcanzando niveles que no tenían absolutamente nada que ver con sus activos, ingresos, ganancias o posibilidades. Se produjeron muchas más computadoras y mercancías afines de las que necesitaban las empresas, o de las que se podían vender a precios que los individuos o empresas pudieran o estuvieran dispuestos a pagar. Había una sobrecapacidad masiva que tardará años y años de crecimiento económico para desembrollar, conforme se cierren fábricas, se deseche equipo, se deterioren bienes de capital, se devalúen existencias, y los precios sigan bajando. Por ejemplo, de los 39 millones de millas de cable de fibra óptica tendidos en Estados Unidos durante el último decenio, ¡actualmente se está utilizando menos del 3 por ciento![8]

SIN EMBARGO, no es ni la manía por la alta tecnología, ni las múltiples quiebras, ni los masivos fraudes de contabilidad como los de la WorldCom o la Enron lo que está a la raíz de la actual crisis capitalista. Estos no son más que síntomas diversionistas de la gigantesca burbuja de deudas acumulada por el capital financiero durante casi dos decenios para contrarrestar la creciente sobreproducción mundial y la presión descendente sobre las tasas de ganancia. La mayor vulnerabilidad del capita-

---

8. Según telegeography.com, editora de *International Bandwidth 2004*, "la sobrecapacidad sigue plagando la industria". A finales de 2003, dicen, en Europa y Estados Unidos "solo se estaba utilizando entre el 3 y el 5 por ciento de la capacidad mejorable" del cable de fibra óptica instalado de forma submarina o subterránea.

lismo mundial no tiene que ver con el valor que tengan hoy la WorldCom o la Enron. La burbuja de deudas se concentra en instituciones de "dinero viejo" y respetabilidad. La verdadera interrogante es: ¿Cuánto vale Goldman Sachs? ¿O J.P. Morgan Chase? ¿O Citibank? ¿Cuál es la viabilidad de los bancos y las entidades financieras que emitieron el empréstito, y aun "capitalizando" —lo que Wall Street llama "valorizar"— todas las deudas que ustedes mantienen con sus tarjetas de crédito? (¡Créanlo, hermanos y hermanas! ¡Para ellos, las deudas de vuestras tarjetas de crédito aparecen como activos!) ¿Cuán sólidas son las instituciones que respaldaron todas las formas de capital ficticio que permitieron que los dueños de muchas compañías acumularan ganancias, procedentes de todo el mundo, de una forma totalmente desproporcionada con alguna expansión duradera de capacidad productiva socialmente necesaria?

A RIESGO DE SIMPLIFICAR demasiado, podríamos expresarlo así: cuando bajan las acciones de la Microsoft, se entristecen algunas personas en el estado de Washington. Cuando bajan las acciones de la Apple, se entristece un grupo distinto de personas en California. Cuando bajan las acciones de la IBM, se entristecen algunas personas en Nueva York. Cuando quiebra la Enron, se entristece mucha gente en Texas. Y el Viejo Mississippi llora por la WorldCom. Pero cuando las acciones de J.P. Morgan Chase se vayan para el sur, serán las principales familias del capital financiero estadounidense las que van a temblar.

Por eso el capitalismo mundial se vio sacudido por la crisis financiera en Asia y por el incumplimiento de la deuda en Rusia en 1997–98. Por eso el capital financiero ahora mismo está preocupado y quiere asegurar que Argentina y Brasil paguen sus gigantescas deudas a bancos como J.P. Morgan y Citibank. En 2001 Morgan tuvo que anular 350 millones de dólares en deudas incobrables en Argentina, y hoy día tiene más de 2 mil millones de dólares a riesgo en Brasil.

La institución con el nombre más inapropiado del mundo debió haber sido la Long-Term Capital Management (LTCM, Administración de Capital a Largo Plazo). Era un enorme fondo de cobertura (*hedge fund*) norteamericano, una especie de fondo mutuo exclusivo y no regulado para los muy ricos. En 1998 la LTCM fue a mendigar ante los funcionarios del Banco de la Reserva Federal, afirmando que enfrentaba pérdidas masivas en sus "inversiones", que en realidad eran apuestas en derivados. (Traten de ir a tocarle la puerta a la Fed y digan que *ustedes* finalmente apostaron todo lo que habían conseguido —rogando, tomando prestado o robando— en otra cosa muy segura, y que ahora están metidos en tremendo lío. Vean si los rescatan: o si sus parientes y amigos íntimos tienen que poner fianza.) La LTCM había estado comerciando en apuestas sobre cambios ocurridos minuto a minuto en tasas de interés, tipos de cambio de moneda y quizás oro —de nuevo, derivados—, apuestas que ascendían a 1.25 billones de dólares y que habían fracasado abruptamente. Así es que no pudo cumplir los pagos de empréstitos a muchos de los bancos más grandes del mundo. (Naturalmente, ahí estaba el problema. A los funcionarios de la Fed les importaba un comino la suerte de la LTCM.)

Apenas el año anterior, a propósito, dos de los principales fundadores de la "Administración de Capital a Largo Plazo" —que pronto se convirtió en Desplome Especulativo a Corto Plazo— habían ganado el Premio Nobel de economía por elaborar una fórmula matemática ¡que demostraba cómo minimizar el riesgo en los mercados de derivados! Al contemplar retrospectivamente el colapso del fondo, uno de los galardonados comentó más tarde, "En un sentido estricto, no había riesgo alguno: si el mundo se hubiese comportado como lo hizo en el pasado". ¡Genial! ¡Para lo que sirven las "certezas" matemáticas… y Premios Nobel! Más tontos que un adoquín. Y más codiciosos que el Tío Rico MacPato.

EL JEFE DEL BANCO de la Reserva Federal de Nueva York intervino en septiembre de 1998 y organizó unos 15 de los principales bancos y casas de corretaje —en su mayoría de Wall Street, pero también de Londres y París— para que aportaran 3.5 mil millones de dólares para rescatar a la LTCM. El presidente de la Reserva Federal, Alan Greenspan, dijo después que no consideraba prudente que una sucursal del banco central de Estados Unidos hubiese intervenido tan abiertamente, pero su propia apreciación de la situación difícilmente pudo resultarle muy reconfortante a la clase capitalista a la que sirve. Greenspan dijo que creía que la "probabilidad de que el colapso de la LTCM hubiese desmoronado todo el sistema financiero mundial era significativamente menos del 50 por ciento". ¡Todo el sistema financiero mundial! Hace apenas unos días, Greenspan dijo al Congreso que "una codicia infecciosa pareció apoderarse de gran parte de nuestra comunidad empresarial". Sería difícil discrepar, salvo el calificativo "gran parte" y el uso del pretérito de "parecer". Sin embargo, a pesar del regaño zalamero de Greenspan, en el capitalismo la codicia no es un defecto de carácter, y mucho menos una actitud ajena a los negocios. El presidente de la Reserva Federal, como acólito de Ayn Rand durante décadas, lo sabe bien. La codicia es inherente a la competencia capitalista. El capitalismo es verdaderamente un sistema de sálvese quien pueda, como a menudo dice el presidente cubano Fidel Castro. Esa es la fuerza motriz de las relaciones de mercado. Es la base de los valores de la burguesía y del desdén hacia la solidaridad humana que manifiestan tan campantes. Sus "valores familiares" no van más allá de las Sesenta Familias de Estados Unidos.

La burbuja que aún no se ha tocado en Estados Unidos es la de la vivienda; esa también va a estallar. Puede que no comience con un desplome de los bienes raíces como sucedió en Japón, donde los precios de los inmuebles comerciales han caído más del 80 por ciento durante el último decenio, y donde también ha caído, aunque menos, el costo de las viviendas. Sin embargo, quienes entre ustedes leen los periódicos locales donde viven, saben que los precios de las viviendas se han disparado durante los últimos cinco años o más. Parte del inflamiento de los valores nominales tiene que ver con las hipotecas residenciales que asumen los trabajadores y la clase media: no tanto para comprar casas sino para obtener una refinanciación, para endeudarse aún más a fin de cubrir otros gastos. Desde 1995 los precios de las viviendas han aumentado mucho más rápido —un 30 por ciento más rápido— que la tasa de inflación, mientras que el valor líquido de estas viviendas —el porcentaje de su actual valor de mercado que ya se ha pagado al banco o a la entidad financiera— se encuentra en el punto más bajo desde la Segunda Guerra Mundial.[9] Apenas una baja del

---

9. A mediados de 2004, aún con tasas de interés en aumento, la burbuja de la vivienda seguía creciendo. Los precios de viviendas subieron un 40 por ciento más rápido que la tasa general de

10 por ciento en los precios de la vivienda haría desaparecer más de un billón de dólares en activos correspondientes al valor nominal de las casas. Ya han aumentado las liquidaciones forzosas por los bancos contra familias que no pueden cumplir con los pagos.

Es MÁS, CUANDO se desploma el valor líquido de las viviendas, todas las demás deudas que cargan los trabajadores y la clase media se vuelven tanto más ruinosas, pues también se reduce la capacidad de tomar prestado contra esa casa. El promedio de las deudas personales domésticas está ya a niveles récord.[10]

El pinchazo de la burbuja de la vivienda tendrá graves consecuencias para todo el sistema financiero capitalista. Los bancos y otros prestamistas rebanan las hipotecas que han otorgado, las empaquetan según sus riesgos, y después las venden a grandes instituciones financieras respalda-

---

inflación durante los ocho años anteriores. Para mayo de 2004, los préstamos garantizados por el valor líquido de viviendas se duplicaron llegando a 326 mil millones de dólares en poco más de tres años. El valor líquido de las viviendas de los propietarios de casas era más bajo que nunca, habiendo caído al 55 por ciento del valor de mercado de las viviendas a mediados de 2004, desde un punto máximo del 84 por ciento en 1945; durante esas seis décadas el promedio fue del 67 por ciento.

10. Para finales de 2003, la deuda de los hogares había ascendido al 83 por ciento del producto interno bruto (PIB) de Estados Unidos, desde un 70 por ciento en 1999. Más del 13 por ciento de los ingresos domésticos se dedicó a pagar los intereses y el principal de esas deudas. Ante la presión combinada de las hipotecas y otras deudas personales, 1.6 millones de personas se declararon en bancarrota en Estados Unidos en 2003, casi el doble de 10 años antes.

das por el gobierno, como la Federal National Mortgage Association (Asociación Hipotecaria Nacional Federal) y la Federal Home Loan Mortgage Corporation (Corporación Hipotecaria Federal de Préstamos sobre Viviendas), conocidas popularmente por sus "nombres a la NASCAR" de Fannie Mae y Freddie Mac. Entre las dos, controlan un 40 por ciento del mercado de hipotecas residenciales —unos 3 billones de dólares en hipotecas— por lo que el desplome de la burbuja de la vivienda es un peligro más que acecha al sistema bancario estadounidense.[11]

También las propias Fannie Mae y Freddie Mac poseen grandes cantidades de riesgosos derivados en tasas de interés. ¡Y nadie sabe decir cuán riesgosos! Eso no es por falta de información, sino por el carácter "corto" de tantos de sus derivados, con posibles pérdidas —como indicábamos anteriormente— que no tienen límite fijo preestablecido.[12]

---

11. Para comienzos de 2004, el porcentaje que las dos agencias poseían de todas las hipotecas residenciales pendientes (7.8 billones de dólares) había ascendido al 50 por ciento.

12. En 2003 se reveló que la Fannie Mae había encubierto 7 mil millones de dólares en pérdidas de derivados en 2003 y 12.1 mil millones en 2002. Ese mismo año la Freddie Mac fue expuesta por haber utilizado derivados entre 2000 y 2002 para adulterar sus libros de contabilidad. Nadie de su gerencia fue a la cárcel. ¡No intenten emularlos! Para septiembre de 2004, la agencia federal a cargo de "supervisar" a la Fannie Mae no tuvo más remedio que emitir un informe confirmando que la gerencia había manipulado los documentos financieros para hacer que sus ingresos lucieran bien, que sus posesiones en derivados no parecieran tan arriesgadas y —naturalmente— justificar masivas primas ejecutivas. Dos semanas después, un subcomité de la Cámara de Representantes comenzó vistas públicas. Manténganse en sintonía.

Deuda de los hogares en EE. UU. (1976–2004)

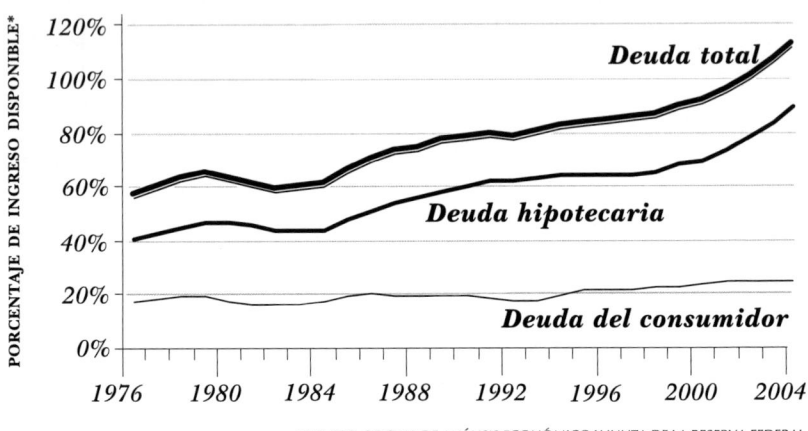

FUENTES: OFICINA DE ANÁLISIS ECONÓMICO Y JUNTA DE LA RESERVA FEDERAL

Pagos por deuda de los hogares en EE. UU. (1980–2004)
Pagos por hipotecas y deuda del consumidor

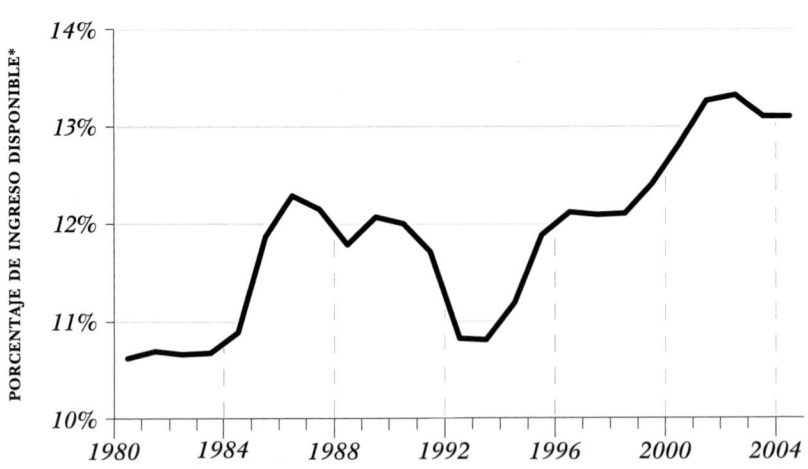

* El gobierno de Estados Unidos define ingreso disponible como el ingreso personal menos impuestos, cuotas y multas.

FUENTE: JUNTA DE LA RESERVA FEDERAL

La aceleración actual de la crisis capitalista mundial también está produciendo una intensificación de los conflictos económicos entre las potencias imperialistas rivales. Con el tiempo éstos pueden desembocar en catastróficas guerras comerciales y monetarias, no solo escaramuzas proteccionistas de las que más y más nos hemos acostumbrado en el último cuarto de siglo. Y así como sucedió al comienzo mismo de la Gran Depresión en 1930, el comercio mundial se podría desplomar, acelerando la devastación de la producción, del empleo, de la productividad y de los salarios no solo en Estados Unidos, sino en el mundo entero.

EL GOBIERNO IMPERIALISTA de Estados Unidos, dándoselas de paladín del "libre comercio", causa estragos entre los trabajadores y agricultores de África, América Latina y Asia al imponer barreras arancelarias y no arancelarias de todo tipo a los tejidos, zapatos y mercancías agrícolas como azúcar, algodón, frutas, vegetales y demás. La Ley Agrícola aprobada por Washington en 2002 —un gigantesco regalo para los agricultores capitalistas— es la más reciente puñalada para miles de millones de personas en el mundo que apenas subsisten con menos de 2 dólares diarios. Esta se añade a los aranceles a la importación de acero y madera que el gobierno estadounidense impuso este año.

Para los gobernantes norteamericanos, el hambre que azota África es un pequeño precio que pagar para impulsar las ganancias de un puñado de *bullion banks* (bancos de lingotes) como J.P. Morgan Chase y de agricultores ricos y monopolios del comercio agrícola como la Cargill y la Archer Daniels Midland. Sin duda uno de los actos de crueldad más gratuitos de reciente memoria tendría que ser la gira que el secretario del tesoro norteamericano Paul O'Neill y la estrella del rock Bono hicieron en mayo por África subsahariana. En una región cuya ya exigua parte del comercio mundial ha sido reducida en dos tercios en los últimos 20 años —al 2 por ciento— por el funcionamiento de las leyes del capital, uno de los principales voceros del capital financiero del país más rico del mundo se paseó por el continente diciendo cuánto le perturbaban las muertes provocadas por el hambre, el agua envenenada, el SIDA y otras enfermedades infecciosas, mientras reprochaba la "corrupción" y la "mala gestión" de los gobiernos africanos. ¡Pero si es la clase a la que pertenece O'Neill la artífice de esta devastación! ¡Es artífice de lo que, en realidad, es homicidio en masa!

El imperialismo no es una 'política'

Lenin dijo que una de las principales ilusiones de Kautsky era que el imperialismo constituía "una política, y una política determinada, la política 'preferida' por el capital financiero",[13] y no un producto inevitable del desarrollo en una fase inicial de la monopolización del sistema económico que estará con nosotros hasta que el capitalismo sea derrocado a nivel mundial. Hasta el día de hoy, esta pretensión aún se usa para justificar la trayectoria de corrientes centristas y otras corrientes de clase media dentro del movimiento obrero. Éstas actúan como si una administración distinta —Wellstone o Gore, en lugar de Bush, o un "tercer partido", un partido con "valores" socialdemócratas— o incluso un senado distinto, un secretario de defensa o del tesoro diferente, o un jefe diferente del Banco de la Reserva Federal cambiarían de manera fundamental la trayectoria del estado imperialista.

---

13. Lenin, *El imperialismo, fase superior del capitalismo*, pág. 37.

Pero ni la estructura de clases ni la inestabilidad de la estructura económica del imperialismo, ni lo que la empuja hacia el fascismo y la guerra, son opciones políticas. Más bien, son producto de las leyes de movimiento del capital que operan sobre una curva histórica del desarrollo capitalista que cambia constantemente. Son plasmadas de maneras concretas por la acelerada disparidad del desarrollo de las relaciones sociales capitalistas en diferentes partes del mundo.

El desarrollo de gigantescos monopolios a finales del siglo XIX y a comienzos del siglo XX no disminuyó la competencia ni mucho menos la eliminó, sino que la elevó a un nivel más violento. Todas sus consecuencias se volvieron más severas, incluso el alcance y la profundidad mundiales de los pánicos financieros, las depresiones económicas y las guerras.

Ningún economista burgués reconocerá la contribución "teórica" de Lenin a la "economía", y los radicales pequeñoburgueses reculan ante ella. El planteamiento principal de Lenin —más acertado hoy que cuando lo escribió hace 85 años— es que, en esta etapa monopolista del capitalismo, la violencia organizada por el estado, las guerras imperialistas, las rebeliones nacionales, las guerras civiles y las revoluciones proletarias son una consecuencia tan inevitable y legítima de ese modo de producción como lo son los ciclos comerciales, la inflación y las depresiones. Todos estos fenómenos sociales y políticos son inherentes a las leyes del capital en la etapa imperialista.

A un nivel "puramente" económico, una gran expansión de préstamos o de emisiones de obligaciones por los principales bancos y empresas, una rebaja temporal de las tasas nominales de interés, un gran aumento en gastos deficitarios estatales, leyes de diversos tipos, y hasta gigantescos gastos de guerra: tales políticas podrán *posponer* una crisis, pero no pueden y no van a *impedir* una crisis.

Todas las formas de deudas nuevamente empaquetadas y cada vez más apalancadas han hecho que las relaciones crediticias sean hoy aún más explosivas. Nuevas formas de seguros (es lo que supuestamente eran los derivados cuando se "inventaron") se convierten en nuevas formas de apuestas. No ha cambiado la relación subyacente, explicada por Marx en *El capital*, entre el sistema de crédito y la producción capitalista. Si bien el crédito engrasa las ruedas en épocas de prosperidad, escribió Marx, en un "período de sobreproducción y estafas despliega al máximo las fuerzas productivas, hasta más allá de los límites capitalistas del proceso de producción… En un sistema de producción en el cual toda la continuidad del sistema de reproducción se basa en el crédito, si el crédito cesa súbitamente y solo vale ya el pago en efectivo" —o sea, el pago redimible en oro— "debe producirse evidentemente una crisis, una violenta corrida en procura de medios de pago".

Y AUNQUE LEYES Y POLÍTICAS estatales "ignorantes y erradas… pueden agravar aun esta crisis de dinero", agrega Marx, no hay nada que "pueda eliminar la crisis".

En una nota a este pasaje en *El capital*, escrita una década después de la muerte de Marx, Federico Engels, el colaborador más cercano de Marx, añadió un punto que anticipa la evolución del capitalismo en los años 80 y 90. "De esta manera, cada uno de los elementos que tiende a oponerse a una repetición de la antigua crisis", escribió Engels, "alberga en su seno el germen de una crisis futura mucho más formidable".

El año pasado, en 2001, el Banco de la Reserva Federal redujo 11 veces la tasa de intereses a corto plazo: desde el 6.5 por ciento hasta su nivel actual del 1.75 por ciento, y la reducirán más. Sin embargo, la economía estadounidense continúa debilitándose, y Greenspan y Cía. saben que solo la pueden reducir un poquito más. Y lo que es más importante, ellos están sumamente conscientes de que el banco central de Japón redujo las tasas de interés a corto plazo sobre el costo de fondos para la industria prácticamente a cero sin provocar una recuperación económica. Ya en Estados Unidos las tasas reales a corto plazo —es decir, cuando se toma en cuenta la inflación— no solo son bajas, ¡son *negativas*!

Jamás olvidemos que los capitalistas no toman dinero prestado porque los bancos ofrezcan tasas de interés bajas. Y tampoco los bancos ofrecen tasas de interés bajas para alentar a los prestatarios a que hagan uso de los fondos. Las empresas toman dinero prestado porque están convencidas que pueden hacer algo con él para convertirlo en ganancias. Y los banqueros prestan a una determinada tasa de interés porque creen que es lo mejor que pueden hacer y aún así cubrir el riesgo de no ser reembolsados. Cuando empiezan a aumentar las probabilidades de incumplimientos, los bancos comienzan a dar menos y menos préstamos, independientemente de la liquidez que tengan, es decir, independientemente de las reservas que controlen. Y cuando los capitalistas se convencen de que no se puede ganar dinero, no adquieren un préstamo por más bajas que sean las tasas. Llega un momento que, como a veces dicen los economistas burgueses, es como empujar un cordel. La economía se convierte en un gigantesco "sifón de liquidez" en que el banco central puede seguir vertiendo más y más dinero a tasas de interés más bajas, pero los banqueros comerciales no lo van a prestar y las empresas no lo van a tomar prestado.

Habrá altibajos en el mercado bajista a largo plazo que comenzó en las bolsas de valores desde mediados de 2000. Sin embargo, en algún momento se dará un pánico, con masivas ventas en que se rematarán los precios de las acciones a niveles tan bajos que hoy nos resultan imposibles de imaginar. Se destruirán cantidades enormes de valores bursátiles, sin ninguna relación aparente a algo que esté sucediendo con los verdaderos hechos de producción y comercio. Marx escribió en *El capital* que para el capitalista, "El proceso de producción se presenta solo como el eslabón intermedio inevitable, como el mal necesario para alcanzar el objetivo: hacer dinero". Por eso, explicó Engels en una nota a este pasaje de Marx, "a todas las naciones con modo de producción capitalista las asalta periódicamente el vértigo de querer hacer dinero sin la mediación del proceso de producción".[14]

Ese vértigo —que condujo a las burbujas de acciones y de crédito de las dos últimas décadas que ahora se están contrayendo— es una manifestación de lo que Marx llamaba el fetichismo de la mercancía, la ilusión de que las mercancías y el capital de alguna forma tienen un significado social en sí, independiente del trabajo social que se empleó para crearlos, una vida propia, independiente del carácter de las relaciones sociales que determinan su uso. "En el capital que devenga interés, la relación del capital alcanza su forma más enajenada y fetichista", escribe Marx en *El capital*. Aun en el caso de gigantescas empresas comerciales, dice, la ganancia "se manifiesta como el

---

14. Carlos Marx, *El capital* (México: Siglo XXI Editores, 1976), tomo II, vol. 4, pág. 64.

producto de una *relación* social" —comprar y vender— y "no como el producto de una mera cosa". Pero en la banca y en las finanzas, la ganancia parece manifestarse "sin la mediación de los procesos de producción y de circulación... La relación social se consuma en la relación de una cosa, del dinero, a sí misma".[15]

El crédito, el papel moneda, los precios de las acciones: todos éstos pueden despegarse de los valores reales subyacentes. Nadie sabe los límites —salvo que siempre se tornan más grandes de lo que suponemos posible— hasta que el "vértigo" se convierte en pánico, mientras toda la estructura comienza a derrumbarse. Cuando todo el mundo corre al mismo tiempo hacia la salida, no sale nadie.

Hace más de 150 años se editó un libro llamado *Extraordinary Popular Delusions and the Madness of Crowds* (Delirios populares extraordinarios y la locura de las multitudes). Describe diversos pánicos y manías en la historia temprana del capitalismo —cuando los tulipanes, por ejemplo, se empezaron a vender más caros que el oro a principios del siglo XVII— y el caos social y político que se dio cuando esos valores ficticios se desplomaron. Los marxistas no negamos "la locura de las multitudes" en el capitalismo. Al contrario, es un producto necesario del fetichismo de la mercancía. Sencillamente insistimos en que la "locura" que ya tenemos en Wall Street, y de la cual vamos a ver mucho más, no es propia de la persona media, ni siquiera del inversor "medio". La mayoría de las acciones en las bolsas de valores en Estados Unidos pertenecen a los llamados inversores institucionales: asegura-

---

15. Marx, *El capital*, tomo III, vol. 7, pág. 500.

doras, fondos mutuos, casas inversoras, fondos de pensiones y médicos, fondos de cobertura, bancos y demás. Es más, hoy día un 90 por ciento de las transacciones en las bolsas de valores y de obligaciones las efectúan estas instituciones (comparado con solo un 10 por ciento en fecha tan reciente como comienzos de los 70); la mitad de estas transacciones las realizan los 50 inversores institucionales más grandes.[16] En tiempos como los actuales, más de estas entidades empiezan a quebrar. ¡Y cada vez más los precios son rehenes de los préstamos, futuros, opciones y otras apuestas astronómicamente apalancadas sobre el rumbo de diversos aspectos de las propias acciones! De hecho, en un verdadero pánico de la bolsa de valores, muchos miles de fondos mutuos se irán a la bancarrota, al igual que decenas de miles de fondos de pensiones y médicos.

Muchos inversionistas menores en la clase media, y hasta algunos trabajadores más acomodados, se aferran a sus acciones cuando empiezan a bajar, creyendo así que podrán capear la tormenta y, si no, podrán venderlas antes que las cosas de veras empiecen a ponerse mal. Pero eso supone que alguien querrá comprar sus acciones en ese momento. Sin embargo, cuando todo el mundo cae presa del pánico, hasta esas gigantescas instituciones capitalistas, los pequeños inversionistas pueden despertar un día y descubrir que hay días —muchos días— en que no hay compradores a ningún precio. Es entonces que el temor vence a la codicia de los más codiciosos y ocurre el último derrumbe.

---

16. Las cifras provienen de *Winning the Loser's Game* (Ganando el juego del perdedor; Nueva York: McGraw Hill, 1998) por Charles D. Ellis. Gerente de inversiones en Wall Street, Ellis es director del Grupo Vanguardia y presidente del comité de inversión de la Universidad de Yale.

Cambio marino en la resistencia obrera

Estamos en las primerísimas etapas de lo que serán décadas de convulsiones económicas, financieras y sociales y de batallas de clases. La inseguridad irá creciendo. Y en cierta etapa se empezará a estremecer la confianza en el orden capitalista. Crecerá una predisposición hacia las soluciones radicales: incluso soluciones "antiimperialistas" y "anticapitalistas" de la derecha radical, que resultarán atractivas a sectores de las clases medias arruinadas, amargadas o amenazadas. Veremos la fruta podrida de la política burguesa del resentimiento y su pornograficación. Veremos el fruto sangriento de la creciente faccionalización política no solo de la policía, sino de la oficialidad militar y de los "profesionales del espionaje".

Al igual que la mayoría de los trabajadores, los comunistas que participamos en este congreso debemos interiorizar el hecho que este mundo —algo que casi ninguno de nosotros ha conocido antes en nuestra vida política— es no solo el que hoy día debemos encarar, sino que es el mundo en el que vamos a vivir y luchar por bastante tiempo. Al *actuar* hoy a partir de esta realidad, no se nos pescará políticamente desprevenidos cuando irrumpan guerras, estallen crisis sociales más profundas, se organicen e intenten pogromos, y los conflictos sindicales se conviertan en batallas de vida o muerte. El partido proletario que exista mañana solo puede crecer del partido proletario que preparemos *hoy*.

La evidencia nos señala que el movimiento comunista se puede fortalecer políticamente si mantenemos constante el rumbo que se describe bajo el título "Un cambio marino en la política obrera", primer capítulo de *El desorden mundial del capitalismo*. Nuestro progreso por esa vía sienta las bases para que los cuadros de nuestras ramas, comités organizadores y fracciones sindicales vuelvan a conquistar las normas proletarias que forjamos durante los primeros años de nuestro viraje a la clase obrera industrial y a los sindicatos. Es el curso que elaboramos como manual y publicamos bajo el título *El rostro cambiante de la política en Estados Unidos*. Como ha hecho el Partido Socialista de los Trabajadores durante toda su historia, este tipo de funcionamiento disciplinado lo captamos con el término *trabajador-bolchevique*, "denominación política cuyo origen fue producto de la admiración entre el pueblo trabajador combativo hacia la Revolución Rusa de octubre de 1917, y que Lenin usó no pocas veces", según explica el prefacio de Mary-Alice Waters a la edición de 1999 de *El rostro cambiante de la política en Estados Unidos*. Cuando hablamos de trabajadores-bolcheviques, estamos hablando de forjar "un cuadro comunista cuya integridad y disciplina, cuyo funcionamiento organizativo, capacitación de clase, entorno y hábitos políticos son proletarios hasta la médula".

EL TIPO DE CAMBIO en la resistencia en el seno del pueblo trabajador como el que hemos estado viviendo en el último lustro puede ser difícil de ver al principio. Es imposible de ver desde fuera de la vanguardia de la clase trabajadora y del movimiento obrero. Pero nosotros no estamos afuera y nuestro movimiento sí lo reconoció. Lo que es más importante aún, respondimos, empezando con las líneas de resistencia obrera según se nos presentaron y con los partidos comunistas que teníamos. Adaptamos nuestras formas organizativas para acometer esas nuevas condiciones. Empezamos a seguir esas líneas de resistencia entre los trabajadores y agricultores. En vez de atrincherarnos en ramas más grandes en unas cuantas ciudades, hemos ampliado nuestra distribución geográfica y nuestro alcance político, profundizando nuestra integración entre capas de vanguardia del movimiento obrero que están ofreciendo resistencia a lo más recio de los crecientes ataques de la clase patronal. Los compañeros que cargan con la responsabilidad de este empeño en las unidades del partido a través de Estados Unidos tienen una creciente importancia en la dirección del Partido Socialista de los Trabajadores.

El trabajo político colectivo y acumulativo de nuestras ramas y nuestros comités organizadores es decisivo para la construcción del partido y el reclutamiento. Son las unidades básicas de un partido comunista. Su actividad se combina con la actividad sindical de nuestras fracciones sindicales —entre obreros de la costura en UNITE, del Sindicato Unido de Trabajadores de Alimentos y del Comercio (UFCW) y del Sindicato Unido de Mineros de América (UMWA)— que funcionan en un campo más estrecho de la política obrera que las ramas y los comités organizadores. Conjuntamente son los instrumentos mediante los que estamos profundizando nuestra integración a lo que serán batallas de clases durante décadas, desde una vanguardia en desarrollo de trabajadores que están utilizando el espacio que se han abierto en el trabajo, en el movimiento obrero y a través de otras formas de resistencia social proletaria. Así vamos transformándonos y vamos transformando nuestras instituciones. Estamos atrayendo a jóvenes, no solo a quienes les repugnan los males del imperialismo sino, más importante aún, a quienes les atraen las batallas de los trabajadores y agricultores. Y estamos atrayendo a jóvenes que, entiéndanlo al principio o no, se los ganamos a una derecha radical combativa de la única forma posible: por la participación en la lucha proletaria. Así estamos fortaleciendo nuestra colaboración con jóvenes y otros de disposición revolucionaria en todo el mundo.

Al salir a vocear nuestros periódicos y libros, los comunistas siempre estamos evaluando los amplios mares de la clase trabajadora. Es decir, somos practicantes permanentes de llegar lo más ampliamente posible al pueblo trabajador con nuestros materiales. Es la única forma de llevar a cabo una actividad propagandística proletaria consecuente: aprender a la vez que vendemos. Un partido revolucionario pequeño siempre desconoce las tendencias que van cambiando lentamente entre amplias capas de la clase trabajadora. No podría ser de otra forma. Cuando en nuestra labor de propaganda nos extendemos sistemáticamente hacia otras personas, percibimos estos cambios un poco antes y tenemos una mejor percepción de ellos.

"Orinar al viento" es el nombre despectivo que al principio de los años 50 aplicaba a esta actividad política la facción de Cochran, la cual se preparaba para escindirse del partido, culpando de su propio declive a la clase trabajadora. Algunos de ustedes recordarán a los cochranistas por haber leído *Speeches to the Party* (Discursos al partido) de Jim Cannon. Nosotros convertimos su epíteto en un tributo, no una injuria. La clase trabajadora sí es nuestro entorno, no "la izquierda" ni "los radicales". Es ahí donde concentramos nuestras ventas del *Militant*, de *Perspectiva Mundial* y de nuestros libros y folletos que orientan a los lectores hacia la trayectoria revolucionaria del proletariado. Siempre estamos trabajando para ampliar nuestro alcance, aprender más y hallar a otros trabajadores a quienes les interese armarse con un análisis concreto del desarrollo de la lucha de clases, así como las lecciones de un siglo y medio de luchas del movimiento obrero moderno.

Este congreso, y las reuniones de ayer de nuestras fracciones sindicales, marcaron avances para el partido en lo que hemos denominado la tercera campaña por el viraje. Desde que lanzamos esa campaña hace cuatro años en una conferencia en Pittsburgh, hemos establecido fracciones donde necesitamos estar: en trabajos de costura en la industria de la ropa y en fábricas textiles para construir una fracción en UNITE; en las labores de matanza y destace de las empacadoras de carne sindicalizadas por el UFCW; y en las minas del carbón sindicalizadas por el UMWA. Continuaremos ayudando a que los compañeros conquisten —y mejoren— las habilidades necesarias para conseguir y conservar estos trabajos. Haremos frente a las cesantías. Trasladaremos a compañeros. Nos empeñaremos en ingresar a talleres de costura, plantas empacadoras de carne y minas que hasta ahora no nos han contratado, minas que están maduras para ser sindicalizadas, y en encontrar otras en nuevas regiones donde queremos construir fracciones. Sin embargo, ahora ante todo podemos cosechar los frutos de este enorme esfuerzo *utilizando* nuestras fracciones para emprender trabajo sindical comunista y llevar a cabo nuestra actividad de propaganda en el trabajo y en el movimiento obrero. Nos podemos concentrar en construir unidades del partido que son políticamente fuertes en regiones donde hemos establecido comités organizadores, así como en distritos obreros en muchos lugares donde ya tenemos ramas. Podemos seguir trabajando con los compañeros en las Ligas Comunistas en otros países para profundizar la convergencia que al respecto se ha acelerado en el último año.

P<small>ODEMOS ACTUAR DE FORMA</small> más eficaz como núcleo de trabajadores-bolcheviques que son cuadros y dirigentes de una organización política comunista. Las ramas y los comités organizadores están empezando nuevamente a llevar a cabo ventas sistemáticas a las entradas de fábricas, actuando con arrojo para involucrar a los compañeros que trabajan en esas plantas y alcanzar así a un mayor número de compañeros de trabajo con nuestra prensa, nuestros candidatos y materiales de la campaña socialista y con nuestros libros y folletos. Estamos haciendo avances hacia nuestra norma de que todo miembro de fracción participe en una venta a la entrada de otra fábrica o mina donde trabajan compañeros.

Apalancar nuestro arsenal político

Estos avances brindan una base sobre la cual estamos reestructurando la labor de los compañeros que están asignados a tiempo completo a las responsabilidades editoriales de preparar los libros y folletos que constituyen nuestro arsenal político y de organizar el trabajo de mantenerlos impresos. Estamos simplificando la estructura de nuestra operación editorial, para que esté acorde con el carácter de las unidades del partido que hemos estado construyendo, a fin de situarnos en la mejor posición posible para mantener la palanca política que nuestros libros le brindan al movimiento comunista a nivel mundial. No hay armas más importantes producidas por la clase trabajadora que la historia documentada de las lecciones políticas, conquistadas con sudor y sangre, que se han generalizado a partir de las luchas de los trabajadores y nuestros aliados durante el último siglo y medio. Las lecciones contenidas en esa historia son la base de una política proletaria eficaz y son una precondición para lograr avances en la comprensión estratégica y en la teoría marxista. Sin una historia precisa y veraz no hay estrategia ni teoría marxistas. Ambas se desvanecerán, suplantadas por falsificaciones abstractas para justificar la vida —y por ende la trayectoria política— de la pequeña burguesía radical y los maldirigentes oportunistas del movimiento obrero. La curiosidad política, y luego la sed por estas lecciones históricas de la clase trabajadora, crecerán entre trabajadores y agricultores así como entre jóvenes que se ven atraídos a sus luchas en este país y alrededor del mundo. Y nadie más que el movimiento comunista está dispuesto a realizar el trabajo necesario para mantener disponibles estas lecciones o, más exactamente, siquiera está interesado en hacerlo: es decir, que piensa que son necesarias para su propia existencia.

Nuestro movimiento no solo mantiene impreso este arsenal comunista básico, sino que le seguimos añadiendo. Publicamos el análisis y orientación políticos que el pueblo trabajador necesita *hoy* para construir un movimiento revolucionario eficaz: libros, folletos y revistas como *El rostro cambiante de la política en Estados Unidos, El desorden mundial del capitalismo, Cuba y la revolución norteamericana que viene, La clase trabajadora y la transformación de la educación*, las ediciones de *Nueva Internacional* y más. Y fundamentamos nuestra política, un elemento tras otro, en 150 años de batallas y lecciones sacadas de la resistencia de lucha de clases y revolucionaria de los trabajadores y agricultores. Al hacerlo estamos cumpliendo una obligación, de la cual todos nosotros —miembros y partidarios— derivamos satisfacción política al trabajar para lograrla. Sin embargo, podremos mantener este esfuerzo únicamente si logramos organizarlo acorde con el tamaño, los recursos y las necesidades actuales de nuestro movimiento. Ese es el requisito para que la organización auxiliar de los partidarios que estamos organizando adquiera la confianza para seguir elevando las normas y aceptando nuevos desafíos en la producción —y ahora más y más en la distribución— de estos libros y folletos.

Es importante apreciar la palanca política que logra el movimiento comunista con el esfuerzo que dedicamos a los prefacios e introducciones que preparamos para los nuevos libros y las nuevas ediciones. Creo que una de las exposiciones que están al fondo de esta sala de conferencias muestra una copia de la carta que Mary-Alice [Waters] recibió hace como una semana de Ramón Labañino Salazar, uno de los cinco revolucionarios cubanos encerrados, con largas condenas, en prisiones federales aquí en Estados Unidos. Fue declarado culpable de cargos fabricados de conspiración para actuar como agente no inscrito de una potencia extranjera y de realizar espionaje, y fue condenado a cadena perpetua.

Ramón había recibido un paquete de libros que le envió Mary-Alice, que incluía *Playa Girón/Bahía de Cochinos: primera derrota militar de Washington en las Américas* por Fidel Castro y José Ramón Fernández. Le escribió a Mary-Alice diciendo cuánto había disfrutado la lectura y destacó en especial lo que él describe como una "gran virtud que tiene este libro", que él —como revolucionario cubano que sabía bastante sobre la derrota de la invasión mercenaria en Playa Girón— "nunca había leído en otro que tratara esta temática". El prefacio que habíamos preparado, dijo Ramón, le dio por primera vez una idea de "la influencia directa de la Revolución Cubana, su ejemplo y su repercusión en el pueblo de Estados Unidos, y en la formación del movimiento revolucionario de izquierda, y de la solidaridad hacia nuestra patria". El prefacio, señaló Ramón, describió el impacto que entre jóvenes y otros en Estados Unidos tuvieron "la batalla, primero, la derrota, después, de la fuerza mercenaria en Playa Girón". Al hacerlo, concluyó, "nos demuestra, una vez más, que nuestros pueblos son hermanos e invencibles".

Es precisamente uno de los objetivos que hemos tenido al escribir prefacios e introducciones a las traducciones de libros por dirigentes de la Revolución Cubana y sobre las lecciones y el ejemplo políticos de dicha revolución. Añadimos algo sobre lo cual los comunistas de este país sabemos bastante: la lucha de clases en Estados Unidos, su verdadera historia y cómo se interrelaciona con sucesos políticos revolucionarios de todo el mundo. Nosotros podemos explicar qué estaban haciendo en ese momento los trabajadores y jóvenes de disposición revolucionaria en este país, a qué estaban respondiendo y las consecuencias políticas de sus acciones. El cuadro político preciso que describimos de las fuerzas de clase en contienda en Estados Unidos es siempre muy distinto —más rico, más completo y contradictorio— del que otros, incluso revolucionarios, han oído antes.

Estos prefacios e introducciones son aún más necesarios aquí: para los trabajadores, agricultores y jóvenes en Estados Unidos. Subrayan la realidad de clase de que en Estados Unidos no existe un "nosotros" que incluya al pueblo trabajador, a los gobernantes acaudalados y a su gobierno y sus partidos políticos. Ya sea que el lector viva aquí o en el exterior, es siempre maravilloso cuando descubre la verdad que los gobernantes norteamericanos se esfuerzan por mantener secreta para los trabajadores aquí: que no hay tal cosa como un "Estados Unidos" homogéneo y sin clases.

Los cuadros del Partido Socialista de los Trabajadores vivimos, trabajamos y llevamos a cabo política entre otros trabajadores. Comprendemos las divisiones políticas radicales y las estratificaciones sociales profundas que hay en el seno de nuestra clase. Conocemos la combatividad y la solidaridad entre los trabajadores de este país, así como el bajo nivel político y la falta de una herencia viva de combate revolucionario de clases a nivel de masas. Nos estamos integrando más a la incrementada resistencia de una vanguardia de trabajadores y agricultores y sabemos de la predisposición que encontramos entre ellos hacia los escritos que ofrecen una perspectiva revolucionaria. Comprendemos la atracción que sienten jóvenes que se radicalizan hacia esta resistencia obrera y las formas en que puede conducirlos al movimiento comunista, a la Juventud Socialista y hacia el partido: y abrir la posibilidad de ganárselos al radicalismo pequeñoburgués. Por todas estas razones, es muy fácil dar por sentadas la producción, reproducción y difusión mundial del historial escrito de la vanguardia combativa de nuestra clase y de sus aliados antiimperialistas.

PERO NO DEBEMOS HACERLO, ni en nuestro trabajo político aquí en Estados Unidos ni en nuestras relaciones con revolucionarios en otros países. Porque estas realidades se pueden apreciar de forma exacta, en toda su riqueza, solo al participar en la resistencia combativa de la clase trabajadora; y aun así, solo los comunistas las podemos comprender y explicar en claros términos de clase. Rectificar el cuadro falso o tergiversado que frecuentemente presentan distintos grupos de "la izquierda" es un requisito para reconstruir un movimiento comunista genuinamente mundial. Los trabajadores, agricultores y jóvenes alrededor del mundo necesitan reconocer a la clase trabajadora de Estados Unidos, no como ayudantes potenciales de las revoluciones de otros pueblos (en el mejor de los casos), sino como la fuerza social que puede y que va a dirigir una lucha revolucionaria exitosa por el poder obrero —el poder estatal— en Estados Unidos. Desde esa óptica los trabajadores y agricultores de vanguardia en este país pueden sacar fuerza política de la lucha de clases a nivel mundial, incluso la que protagoniza la vanguardia comunista en Cuba.

No es éste el punto de partida para la mayoría de los "amigos" de la Revolución Cubana en Estados Unidos, para no decir algo peor. Si alguna vez expresaron de dientes para fuera esta perspectiva, hace muchas lunas que ya no están dispuestos a actuar de una forma consecuente con ello. Puede que "admiren" la determinación de los cubanos que conocen. Pero no tienen el menor interés en compartir una condición común con aquellos que —como explica Enrique Carreras en *Haciendo historia*— se levantan cada mañana, se despiden con un beso de sus seres queridos, y después hacen lo que se necesita hacer, sin saber nunca a ciencia cierta si van a volver a casa esa noche, o jamás.

Es una conquista tremenda que hoy día la gran mayoría de los nuevos libros que editamos, muchas veces casi simultáneamente, salen en inglés y en español y a veces, poco después, también en francés. Además hemos mejorado nuestro uso del "lenguaje universal", lo que podríamos llamar el esperanto obrero: la sección de fotos. Las fotos les cuentan mucho a otros trabajadores acerca del libro, sin importar qué idioma hablen o la experiencia política que hayan tenido. En esas fotos se ven a sí mismos y ven a otros que son como ellos.

Muchos de los delegados y observadores en este congreso han leído los informes en el *Militant* y *Perspectiva Mundial* sobre los recientes viajes que han hecho algunos compañeros a Paraguay, Argentina y Venezuela para hacer reportajes para nuestra prensa y colaborar con trabajadores, mujeres y jóvenes combativos en esos países. No solo llevamos con nosotros periódicos, revistas y libros que ofrecen una visión comunista de la lucha de clases mundial. Estos materiales los producimos y distribuimos nosotros, los cuadros de un partido de trabajadores, frecuentemente en medio de la acción, no en medio del reposo literario.

Cuando hace unas semanas el equipo de reporteros visitó una fábrica de ropa ocupada en Argentina, por ejemplo, los trabajadores se alegraron, naturalmente, de que los partidarios de un periódico en inglés y de una publicación mensual en español con sede en Nueva York les brindaran un poco de solidaridad e hicieran un reportaje. Y les gustó obtener libros, folletos y periódicos que les ayudaran a situar su lucha en un contexto político mundial más amplio. Pero también se dieron una sorpresa —muy grata— al saber que una de las personas que les traían esa solidaridad y esos valiosos materiales escritos era una obrera de la costura en Estados Unidos que operaba una máquina de coser idéntica a la que ellos usaban y que podía explicar cosas acerca de los salarios, la aceleración del ritmo de trabajo y otras condiciones de trabajo que les resultaban completamente familiares a estos trabajadores argentinos. Es el proceso en que los trabajadores de todas partes comenzamos a vernos como parte de una clase obrera mundial: una clase que reconoce no solo los elementos "familiares" de nuestra explotación común, sino la posibilidad de una clase que luche políticamente por sí misma y por el futuro de la humanidad.

Audacia y simplificación

Más adelante en el congreso vamos a debatir y a llevar a votación un informe presentado por Mary-Alice que hemos llamado "Audacia y simplificación". Estos dos desafíos gemelos —audacia y simplificación— son decisivos en estos momentos. Porque debemos seguir avanzando en la producción y la venta de libros y folletos que cada vez más trabajadores y jóvenes exigen, mientras dirigimos simultáneamente un repliegue de ciertos aspectos de nuestras operaciones editoriales que son demasiado grandes, que son anticuados a nivel tecnológico y con relación a nuestro tamaño y posibilidades de técnica, y por tanto se han convertido en obstáculos para nuestros objetivos políticos. Gracias a la "revolución digital" en la impresión y publicación, hoy podemos simplificar de forma radical nuestro aparato de publicación, a la vez que nos organizamos a fin de utilizar nuestros libros y folletos con mayor audacia política.

En la misma conferencia en Pittsburgh hace cuatro años donde lanzamos la tercera campaña por el viraje, Peggy Brundy, miembro del comité timón del recién constituido Proyecto de Reimpresión, hizo la primera presentación pública sobre el esfuerzo internacional realizado por los partidarios del movimiento comunista para organizar el escaneo, la composición y la reconstrucción de los gráficos, las fotografías y las portadas de cada uno de los entonces ya existentes 350 y tantos títulos. Ya para el otoño del año 2000, los partidarios del partido habían asumido no solo la preparación digital inicial de todos esos títulos, sino la labor de corregir y actualizar los archivos electrónicos de cada reimpresión subsiguiente. También comenzaron a componer el texto y hacer lecturas de pruebas de todos los *nuevos* libros, así como organizar el control de calidad de los gráficos, las portadas y las fotografías, tanto de las reimpresiones como de los nuevos libros. Este esfuerzo internacional permitió que estableciéramos un flujo de trabajo digital para ahorrar trabajo y reducir bastante el tamaño del taller donde se imprimen los libros y folletos.

En este congreso del partido, estamos dejando constancia de varias nuevas medidas sobre esa vía:

• La primera semana de septiembre, los partidarios en Atlanta van a asumir la organización cotidiana de almacenar y mantener las existencias de nuestros libros, atender solicitudes de crédito y despachar pedidos, dar mantenimiento a nuestro sitio web, convencer a los clientes de que hagan sus pedidos en línea, empacar y enviar los libros, facturar y cobrar esas facturas, y ayudar a los clientes en caso de dificultades.

• A partir de este mes, el comité timón que supervisa lo que se ha llegado a conocer, por su historia, como el Proyecto de Reimpresión —aunque ya abarca mucho más de lo que ese nombre denota— comenzará a supervisar la labor que realizan los partidarios para mejorar la promoción de libros y organizar el trabajo sistemático y sostenido de ampliar el número de cuentas con librerías y bibliotecas que mantienen en existencia nuestros libros en Estados Unidos y alrededor del mundo.

• Las ramas del partido en Nueva York han asumido el esfuerzo semanal de enviar por correo los paquetes y las suscripciones tanto del *Militant* como de la revista mensual *Perspectiva Mundial*. Es un paso más en la simplificación de nuestros esfuerzos de publicación que ha permitido reducir a ocho el número de miembros del partido que se desempeñan en la imprenta como voluntarios a tiempo completo, comparado con unos 45 antes de la conferencia de Pittsburgh a mediados de 1998.[17]

---

17. En base a esta experiencia, a principios de 2003 se adoptó otra medida para racionalizar la producción de libros y folletos. Dados los avances en la impresión digital, la imprenta, que inevitablemente se habría convertido en un taller *offset* cada vez menos eficiente dedicado a producir libros y folletos, ya no podía ser

En una carta a una partidaria que publicamos en 2000 para todo nuestro movimiento, señalé la importancia a largo plazo de lo que están logrando ellos y los cuadros asignados a la operación de impresión del partido:

> Aparte de cumplir los objetivos de convertir a una forma digital todos los libros, folletos y boletines educativos que ha producido nuestro movimiento, se está preparando un logro mucho más grande. Junto con el taller de imprenta, los partidarios están ayudando a establecer, por primera vez en la historia, una irremplazable infraestructura basada en la web para la producción de propaganda digital, descentralizada para que —sin importar las condiciones financieras, de seguridad o de otra índole que el partido comunista enfrente en las décadas que vienen— el programa y el legado del movimiento obrero revolucionario moderno se puedan preparar más allá de todo aparato físico de "ladrillo y cemento", y luego imprimir en imprentas dondequiera que se encuentren y cuando sea que se puedan pagar. ¡Qué no hubieran dado los bolcheviques por eso!

Como hemos explicado muchas veces, el movimiento de los partidarios es una organización auxiliar no de una

más que un gasto innecesario de cuadros y recursos financieros. Desde entonces, los voluntarios del proyecto han organizado la producción no solo de las reimpresiones sino de las nuevas ediciones, así como la producción —de principio a fin— de nuevos títulos que están completados editorialmente, trabajando con diversas empresas en Estados Unidos y otros países que hacen trabajo de impresión digital. Por consiguiente, los voluntarios se han cambiado el nombre al de Proyecto de Impresión.

rama local determinada, sino del *Partido Socialista de los Trabajadores* (o de una de nuestras ligas comunistas hermanas en otros países). La relación entre los partidarios y el partido es una relación *política* basada en su acuerdo y atracción para con nuestro programa internacional, nuestra estrategia y nuestra línea de conducta en la lucha de clases y la actividad de los cuadros del partido para impulsar esa orientación proletaria. Tal como lo planteó John Benson, de forma concisa y acertada, "Un partidario es alguien que percibe su actividad política a través de los ojos del partido, no como activista político independiente. Un partidario percibe el partido como algo esencial: como su vehículo para llevar a cabo la política".

Los logros que estamos marcando ahora en este congreso hacen posible el próximo paso en la simplificación de nuestra estructura y en la transformación de la organización de nuestro trabajo: trasladar a los miembros del partido que están asignados a tiempo completo en la redacción de los periódicos y en la oficina nacional a una ubicación céntrica en Manhattan que puedan compartir con una rama de un distrito obrero en Nueva York. Podemos comenzar a organizar el centro nacional del partido y las oficinas editoriales del *Militant* y *Perspectiva Mundial* en un local del tamaño y carácter que necesitamos. Será un centro cuyo plano físico esté construido en torno a un salón obrero en que se destaque un foro semanal del Militant Labor Forum, un salón que la rama de la sede del partido en Nueva York pueda costear, mantener y *usar* para el avance del partido. Tener cuadros asignados a estas responsabilidades nacionales que trabajen desde una sede compartida con una rama de un distrito obrero a la que la mayoría de ellos pertenezca y ayude a dirigir será un avance tanto en la construcción de una organización proletaria en Nueva York como en el cumplimiento de las responsabilidades nacionales e internacionales del partido. Empezaremos a vernos como lo que somos: lo que ves es lo que es.[18]

Estamos alcanzando un logro histórico que todo miembro del partido, Joven Socialista y partidario del movimiento comunista, aquí y alrededor del mundo, ha contribuido a realizar en los cuatro años desde que emprendimos este camino, junto con la tercera campaña por el viraje, en la conferencia de Pittsburgh.

Un cuadro de trabajadores-bolcheviques

Al cierre de este congreso, los delegados elegirán al Comité Nacional, el componente de más autoridad del liderazgo del partido. Dotados de esta visión del mundo al que hemos entrado y de las tareas de nuestro movimiento, es importante decir unas palabras sobre lo que estamos buscando al elegir un liderazgo del partido, ya que es también lo que buscamos en los cuadros del partido en su conjunto.

Me pidieron que hablara en un mitin hace poco más de una semana en St. Paul, Minnesota, para celebrar los 65 años de actividad política comunista de Charlie Scheer, un amigo y miembro fundador del Partido Socialista de los Trabajadores que falleció el mes pasado. En ese mitin hablamos de lo que determina que alguien sea comunista. ¿Cómo explicamos lo que lleva a una persona a tomar esta decisión vitalicia?

No hay tal cosa como un "tipo comunista". Si reco-

---

18. En marzo de 2004, el movimiento comunista celebró la inauguración de una nueva sede combinada del tipo aquí descrito en el 306 de la Calle 37 Oeste, 10o piso, un edificio repleto de talleres de costura ubicado en medio del Distrito de la Costura de Nueva York.

nocemos este hecho, el reclutamiento se facilita mucho. Hay una maravillosa variedad de "tipos", desafortunadamente todos manufacturados en el mundo burgués, que encuentran su camino hacia el movimiento comunista. Los que pueden devenir y devienen personas profundamente políticas no están cortados por un patrón, mucho menos un patrón común. Lo que compartimos los comunistas no son nuestras personalidades, nuestros orígenes genéticos, nuestros diversos intereses, etcétera. De hecho, los comunistas nos inquietamos más que cualquiera con los "ingenieros sociales" que tratan de homogenizar, "mejorar" y canalizar al pueblo trabajador: ya sea los del sabor liberal burgués de Hillary Clinton, los de la variedad socialdemócrata sueca, los del tipo del amor matón estalinista, o los de los policías ashcroftianos de "hazlo-al-modo-de-Jesús". Somos enemigos a muerte del concepto de la perfectibilidad de la humanidad. Conocemos las consecuencias reaccionarias de tales conceptos, desde la Alemania de Hitler, hasta la Revolución Cultural de Mao Zedong, la Kampuchea de Pol Pot y el Partido Revolucionario de los Trabajadores de Gerry Healy. Esos son los conceptos de intelectuales y burócratas de clase media y sus matones, no de trabajadores de disposición revolucionaria. No confiamos en gente que pregona esos conceptos, ya sean burócratas, redentores, o redentores en vías de convertirse en burócratas-redentores.

Sí confiamos en la fuerza de personas *políticas* que trabajan conjuntamente, como parte organizada de la vanguardia proletaria, sin que nos aten ni el capital ni la coacción. Los revolucionarios proletarios trabajamos juntos por convicción, no por la fuerza. Lo hacemos al tiempo que descubrimos que es la única forma posible de que los trabajadores forjemos un partido de combate: un instrumento *político* capaz de resistir las presiones más difíciles, acoger nuevos desafíos y llevar a cabo sus tareas revolucionarias. Actuamos juntos en base a la política y al respeto mutuo, no a la autoridad, que es algo muy distinto. Tenemos confianza en nuestra clase. Nuestra confianza surge de la experiencia: al convertirnos en ciudadanos del tiempo, del mundo y de la historia. "Somos herederos de las revoluciones del mundo", según lo explicó tan elocuentemente Thomas Sankara.[19]

No tenemos "fe" en el socialismo. No tenemos revelaciones. No imponemos ideas brillantes. No creamos un nuevo mundo de nuestra mente. En la práctica, promovemos la marcha de la clase trabajadora según se desarrolla a través de una lucha de clases compleja y permanente hacia la dictadura del proletariado. En la práctica, transformamos las condiciones que dan forma a nuestra vida y esa lucha a su vez nos transforma. Y lo hacemos todo de forma voluntaria.

A medida que logramos más experiencia en el movimiento comunista, no cambiamos nuestra personalidad, nuestro "tipo". Pero sí nos esforzamos en desarrollar hábitos proletarios. Llegamos a comprender mejor la importancia central de la solidaridad humana para la marcha de la clase trabajadora. Cuán ajena es la solidaridad a las relaciones sociales de la sociedad capitalista: a todas las normas, valores, actitudes y fetiches que crea. Ante todo, los patrones dependen de una fuerza laboral que no tenga confianza en la propia clase trabajadora ni confianza mutua.

---

19. Ver el discurso que dio Sankara en octubre de 1984 ante la Asamblea General de Naciones Unidas, en *Somos herederos de las revoluciones del mundo* (Nueva York: Pathfinder, 2004, 2007), pág. 75.

Los comunistas no somos "deterministas", al contrario de lo que a la mayoría de nosotros se nos dice antes de unirnos al movimiento. "Los hombres hacen su propia historia", nos enseñó Marx en *El dieciocho de brumario de Luis Bonaparte*, "pero no la hacen a su libre arbitrio, bajo circunstancias elegidas por ellos mismos".[20] Somos creyentes en la realidad del azar, en la interacción de la causalidad y del accidente, incluso en la suerte (aunque tratamos de influenciar las probabilidades). ¿Qué es suerte? Suerte es estar preparado. Forjamos un partido proletario disciplinado, de modo que estemos políticamente listos para responder a las oportunidades para el combate de clases y la actividad revolucionaria intensificados cuando ocurran de forma rápida e inesperada. A Jim Cannon le gustaba decir: si vives debidamente, a veces te sonríe la suerte.[21] Prepárense.

No presumimos predecir los giros y vuelcos por los que marchará la clase trabajadora. Nadie puede trazar *a la vez* el rumbo y el ritmo, el *qué* y el *cuándo*. Analizamos cuidadosa y honestamente la lógica de la lucha de clases, así como las vías concretas por las que fluyen el curso actual del desarrollo capitalista y las líneas de resistencia entre los trabajadores y agricultores ante los ataques intensificados

---

20. Carlos Marx, *El dieciocho de brumario de Luis Bonaparte*, en Marx y Engels, *Obras escogidas* (Moscú: Editorial Progreso, 1973), tomo 1, pág. 408.

21. "Si uno vive bien y se comporta como debe, de vez en cuando le sonríe la suerte", dijo Cannon en una de las 12 charlas públicas que dio en 1942 sobre el esfuerzo de forjar un partido comunista en Estados Unidos. "Y cuando a uno se le presenta un accidente —uno de los buenos— debe aprovecharlo y usarlo al máximo". James P. Cannon, *La historia del trotskismo americano, 1928–38: Informe de un partícipe* (Nueva York: Pathfinder, 2002), pág. 202.

de los explotadores. Nos organizamos y actuamos de forma centralizada a partir de esos criterios, sopesando esos hechos, debatiéndolos con esos militantes.

Charlie Scheer y Helen Scheer, también veterana cuadro del partido quien falleció unos años antes que Charlie, fueron compañeros por 50 años. Cada uno de ellos era de un "tipo" bastante diferente. A la vez, cada uno de ellos era un comunista, cada uno era un trabajador, y cada uno era una persona muy política. Cuando Charlie o Helen te escribían una carta sobre una u otra cosa, sus cartas eran muy distintas en cuanto a tono y estilo. Pero casi sin excepción, hacia el final de la nota cada uno añadía la frase, "¿Qué estás leyendo?" Y esperaban una respuesta. Cada uno habría sido un activo participante en las escuelas socialistas de verano que acabamos de completar, así como partidario entusiasta de organizar una escuela para estudiar a fondo *El imperialismo* de Lenin de la misma forma seria y sistemática.

Los comunistas vivimos en el presente, no en el futuro. Lo hacemos en la práctica, así como "en nuestra mente". Para nosotros, nada es más ajeno que la noción de una utopía. Los verdaderos utopistas son tipos peligrosos, y a fin de cuentas antihumanos. Tienen un "plan", una "visión", un "plano" para la sociedad del futuro y proceden a imponérselo a los demás. ¿Ves la luz? ¡Paf! ¿Ahora sí ves la luz? En realidad, el movimiento obrero revolucionario moderno nació al romper con todos los tempranos movimientos socialistas utópicos pequeñoburgueses.

En cambio, los comunistas comprendemos el presente; lo comprendemos no como un grupo de episodios, sino como parte de la historia. El *Minneapolis Star-Tribune* publicó un artículo necrológico sobre Charlie que decía que él "estaba convencido que a la larga sus criterios iban a prevalecer". Sin embargo, si ustedes conocieron a Charlie, saben que él —como todo comunista, como todo revolucionario— no hizo lo que hizo con su vida por fe en que algún día sus "criterios" fueran a prevalecer. Al contrario, Charlie sabía que nuestro programa *prevalece todos los días*. Nos guía para tomar acción comunista eficaz, acción con la que nuestros esfuerzos colectivos dan el máximo de frutos. Los comunistas tejemos una red de experiencias de lucha de clases a través de las generaciones, de modo que todo lo que sucede en el presente, y todo lo que hacemos al respecto, se guía por el decurso de la historia.

Otro artículo sobre Charlie en un periódico comentaba sobre la gran biblioteca, los numerosos estantes llenos de libros que había tenido, llamándolo "un trabajador intelectual". Pero ese escritor también comprendió mal a Charlie. (Proyectar un poco puede ser peligroso.) Los comunistas como Charlie saben que los trabajadores-bolcheviques están mejor informados, y mejor equipados para llegar a decisiones y juicios políticos, que los llamados "trabajadores-intelectuales". Los trabajadores-bolcheviques interiorizan lo que han leído, junto con lo que han aprendido *con otros* mediante experiencias de lucha de clases. Les gusta leer y estudiar *junto* con otros que combaten por objetivos comunes. Leen más, no menos, cuando se intensifica el ritmo de la lucha de clases y de la actividad política. Están convencidos de que la actividad revolucionaria centralizada, como cuadros de un partido revolucionario a cuya disciplina se someten con gusto, abre el camino a la obra de una vida realizada. Es lo que significa ser político.

Sentar un ejemplo revolucionario

En los meses y años que vienen, los trabajadores y jóvenes comunistas apreciaremos más y más los beneficios del hecho de que comenzó un ascenso en la resistencia entre nuestra clase y sus aliados —tanto aquí como en muchas partes del mundo— antes de los choques iniciales más duros del período de depresión y guerras al que ya hemos entrado. Entenderemos más concretamente la importancia del espacio político que los trabajadores se abren al luchar, y lo que está en juego al usar ese espacio si no se ha de perder. Veremos más ejemplos de que la experiencia lograda en una u otra batalla —incluso batallas con la clase enemiga que terminan en punto muerto, o en reveses temporales— no se disipa así no más; de que los trabajadores individuales asimilan lecciones y un poco más adelante vuelven a aparecer, ya sea en ese mismo frente de batalla o en otro. Que no olvidan a los militantes, a las organizaciones o los periódicos en los cuales —según aprenden por experiencia propia— se puede confiar por su integridad proletaria y porque están en las primeras filas de una batalla justa.

Una de las contribuciones políticas más importantes que hacemos en nuestro movimiento hoy a través de nuestra labor propagandística —en el *Militant*, en *Perspectiva Mundial*, en los libros y folletos que decidimos imprimir— es la de señalar los magníficos ejemplos de los trabajadores y agricultores que se yerguen y luchan sin temor, que muestran desdén hacia los gobernantes y que tienen confianza en la victoria. Ponemos de relieve la historia del pueblo trabajador de Cuba y de su dirección revolucionaria, quienes durante más de 40 años han estado listos para cualquier cosa que venga a amenazar su soberanía y su revolución socialista. Esa actitud revolucionaria intransigente la captan las palabras de Fidel Castro y Osvaldo Dorticós en una declaración que concluye el próximo libro de Pathfinder, *October 1962: The 'Missile' Crisis as Seen from Cuba* (Octubre de 1962: la crisis 'de los misiles' vista desde Cuba). Al responder a las renovadas provocaciones de la nueva administración demócrata hacia el final de esa crisis en noviembre de 1962, los dos dirigentes cubanos hablaron en nombre de la mayoría de los trabajadores y campesinos cubanos al decir: "En las palabras del presidente Kennedy tenemos tan poca fe, como poco es el temor que nos infunden sus veladas amenazas".

Celebramos la combatividad y la resistencia de los palestinos. En la portada de uno de nuestros folletos, Pathfinder presenta con orgullo una fotografía de unos jóvenes palestinos resueltos que tienen de trasfondo una consigna que engalana una pared: "¡Combatimos a Israel porque ocupa nuestra tierra!"

Esta voluntad de luchar, esa falta de miedo acobardante, este odio de clase hacia los opresores y explotadores, es el elemento necesario que antecede a todo renovado movimiento revolucionario internacional. Al integrarnos en la lucha de los militantes que están infundidos con este ánimo tanto en Estados Unidos como en el resto del mundo, nuestro movimiento tiene la capacidad de discutir simultáneamente sobre una perspectiva política comunista arraigada en la experiencia y en las lecciones de más de 150 años de lucha revolucionaria.

Con la desintegración irreversible del movimiento estalinista mundial, hay menos obstáculos en el movimiento obrero para hablar con trabajadores, agricultores y jóvenes de disposición revolucionaria —y poner publicaciones comunistas en sus manos— de los que se han visto desde finales de los años 20. Se verán atraídos a la fibra política revolucionaria de trabajadores-bolcheviques como Charlie Scheer.

Charlie ya vivía en una residencia para mayores cuando ocurrieron los ataques del 11 de septiembre, y su salud había decaído al punto que a veces le costaba seguir el hilo de las cosas. Su hijo Bill se sentó con Charlie ese día y comenzó a contarle acerca del ataque contra el World Trade Center en Nueva York. Charlie parecía escuchar, comprender, pero no respondía. Entonces Bill añadió que otro avión se había estrellado contra el Pentágono.

En ese momento, Charlie volteó la cabeza, lo miró directamente a Bill, sonrió y dijo en voz alta, para que le pudieran oír todos los demás pacientes, "¡Eso sí es bueno, no!"

RESUMEN DEL CONGRESO

Es IMPORTANTE SER concreto sobre dónde nos encontramos hoy día en la curva del desarrollo capitalista a largo plazo a nivel mundial, así como en la política de clases en Estados Unidos. De lo contrario, hablaremos en fórmulas en vez de presentar un análisis nítido y claro, un programa comunista. No sabremos explicar con exactitud qué necesitamos hacer para construir un partido proletario en este país. Esta dialéctica entre el programa internacional y el terreno nacional de la marcha de los comunistas hacia el poder estatal es aplicable a la construcción del partido en todas partes del mundo. Pero las consecuencias de no actuar a partir de esa realidad de clases en ninguna otra parte son más perjudiciales para las perspectivas revolucionarias y la integridad proletaria que en el baluarte más fuerte del imperialismo mundial, Estados Unidos de América.

En los párrafos finales del proyecto de informe político ante este congreso, tratamos esta cuestión directamente. Afirmamos que pensar y actuar de acuerdo a una orientación proletaria internacionalista es y seguirá siendo no solo una responsabilidad sino un desafío especial de los revolucionarios que vivimos y trabajamos en Estados Unidos:

> Llevamos a cabo nuestra actividad política no solo en el país más rico del planeta, sino en un país que desde 1865 no ha experimentado guerras en su propio suelo. Es un país donde han habido sangrientas batallas de clases y movimientos sociales proletarios, pero donde jamás se ha dado una situación revolucionaria o una insurrección obrera. Es un país que ha visto el trato genocida de las poblaciones indígenas y durante muchas décadas la violencia asesina organizada por grupos reaccionarios como el Ku Klux Klan, así como la brutalidad sistemática de la policía, la Guardia Nacional y los matones patronales, pero que solo ha experimentado combate limitado en las calles y en las líneas de piquete entre bandas fascistas y guardias de defensa del movimiento obrero y de los oprimidos.[22]

En el camino hacia una situación revolucionaria, la clase trabajadora en Estados Unidos, junto a su amplia vanguardia política, pasará por todas estas experiencias de combate. Cada una asumirá formas concretas, que no serán idénticas a lo que ha sucedido en algún otro sitio o en algún momento anterior en la historia. Habrá combinaciones únicas. Ciertas etapas de la política de clases quedarán truncas y se combinarán, otras se prolongarán. Algunas se acelerarán "con una celeridad verdaderamente americana", usando la frase de

---

22. Jack Barnes, "Nuestra política empieza con el mundo", en *Nueva Internacional* no. 7 (Nueva York, 2005), pág. 106.

Trotsky.[23] Pero los trabajadores comunistas en Estados Unidos van a experimentar todas estas formas de lucha política antes de que se plantee la batalla revolucionaria por el poder.

L A CLASE TRABAJADORA en este país enfrentará intentos de los gobernantes capitalistas, de su gobierno y de fuerzas ultraderechistas de aplastar al movimiento obrero. Regímenes bonapartistas, ya sean instalados con una pantalla electoral o a través de golpes militares abiertos, usarán el poder del estado imperialista y mayores niveles de demagogia contra las organizaciones de los trabajadores y agricultores. Para mantener el dominio capitalista, las familias acaudaladas de la burguesía aceptarán métodos que ellos mismos temen y tratan de evitar en tiempos más tranquilos. Promoverán el ascenso de demagogos y movimientos fascistas, incluida su forma más virulenta: organizaciones nacional-socialistas que busquen una base de masas entre las clases medias inseguras y capas de trabajadores desmoralizados, al combinar una palabrería anticapitalista radical con llamamientos a los más reaccionarios —y mortíferos— prejuicios y supersticiones nacionalistas, racistas, antisemitas y antimujer.

En *El desorden mundial del capitalismo* abordamos bastante sobre lo que la clase trabajadora ha aprendido en el último siglo acerca del fascismo y cómo combatirlo, incluidas las diversas formas que acabamos de observar, así como las formas en que se pueden manifestar y se manifestarán en la lucha de clases en Estados Unidos. Señalamos lo que el veterano dirigente del PST Farrell

---

23. Trotsky, *Europe and America* (Europa y América; Nueva York: Pathfinder, 1971, 2009), pág. 101.

Dobbs solía decir: si alguien piensa que al calentarse las batallas de clases en Estados Unidos no vamos a ver todas estas formas de reacción, "están totalmente errados y jamás van a construir un partido obrero revolucionario en este país. Sí, vamos a ver cómo ponen a prueba cada una de esas opciones [de la clase dominante]": desde un estado represivo hasta regímenes militares y los intentos de movimientos de masas fascistas radicales y anticapitalistas para salvar al régimen capitalista.[24]

Esto subraya por qué es tan importante que los trabajadores comunistas juzguemos de forma concreta y precisa dónde nos encontramos en el desarrollo de la lucha de clases. Planteo esto porque ayer durante la discusión en el congreso un delegado propuso que, junto a *El imperialismo, fase superior del capitalismo*, la escuela de invierno se enfocara en varias otras obras políticas de Lenin de la misma época. Sin embargo, eso nos haría desviarnos políticamente. La razón por la que escogimos este tema no tiene nada que ver con alguna semejanza entre las condiciones políticas que actualmente enfrentamos y las que Lenin estaba preparando a los cuadros del Partido Bolchevique para enfrentar cuando escribió *El imperialismo* en la primera mitad de 1916, en medio de la Primera Guerra Mundial.

Más o menos al mismo tiempo que Lenin estaba completando *El imperialismo*, escribió que "la revolución estaba en el orden del día en 1914–16": no solamente en Rusia, sino también en Alemania y en el resto de Europa. Estaba "oculta en las entrañas de la guerra, *emergiendo* de ella... Había que *'proclamarlo'* así en nombre de la clase revolucionaria enunciando completamente y sin temor

---

24. Jack Barnes, *El desorden mundial del capitalismo: política obrera al milenio* (Nueva York: Pathfinder, 2000), pág. 367.

su programa: el socialismo, en tiempos de guerra, es imposible sin una guerra civil contra la archirreaccionaria y criminal burguesía que condena al pueblo a indecibles calamidades".[25] Los bolcheviques pusieron en el primer renglón la perspectiva de transformar la guerra, a la que los imperialistas estaban arrastrando a pelear a los trabajadores y agricultores, en una guerra civil para derrocar a las clases acaudaladas.

Por supuesto que es importante leer y discutir estos escritos políticos. Lo hicimos durante el estudio intensivo de Lenin que nuestro movimiento organizó a principios de los años 80, por ejemplo, y lo haremos en ocasiones futuras. Pero Lenin no derivó el análisis de la fase superior del capitalismo que presentó en *El imperialismo* a partir de la coyuntura que el pueblo trabajador estaba viviendo —por más importante que considerara esas cuestiones políticas—, y en esa época no consideraba *nada* más importante, ya que eran los problemas de revolución versus contrarrevolución.

Lo que lenin presentó en *El imperialismo* se basaba en un análisis objetivo de la estructura y la evolución de la economía capitalista mundial durante varias décadas. "Querría abrigar la esperanza de que mi folleto ayudará a orientarse en el problema económico fundamental… el problema de la esencia económica del imperialismo", escribió en abril de 1917 en la conclusión de su prefacio a la primera edición, "sin cuyo estudio es imposible comprender nada cuando se trata de emitir un juicio sobre la guerra y la política actuales".[26]

Lo que los miembros del Partido Socialista de los Tra-

---

25. Lenin, "Sobre el folleto de Junius", *Obras completas*, tomo 30, pág. 14.

26. Lenin, *El imperialismo, fase superior del capitalismo*, pág. 3.

bajadores, los Jóvenes Socialistas y nuestros contactos necesitan estudiar ahora mismo no es la época durante la cual Lenin escribió *El imperialismo*: época en que el partido que él dirigía contaba con algo más de 20 mil miembros y estaba a un poco más de un año de tomar el poder. Eso en nada se parece a las condiciones políticas en las cuales estamos trabajando hoy día, ni en Estados Unidos ni en ningún otro país.

EN VEZ DE ESO, necesitamos desafiarnos a leer y estudiar *El imperialismo* a fin de entender y explicar a otros por qué la presentación que hace Lenin de las tendencias inherentes al sistema mundial de explotación y opresión capitalistas sigue siendo válida hoy día en lo fundamental: *a pesar* de que las condiciones que predominaban en la política mundial en 1916–17 eran muy distintas, una fase diferente, de las condiciones de los primeros años del siglo XXI. La enorme expansión y propagación internacional del sistema de mercado desde que se escribió *El imperialismo*; las constantes transformaciones en las técnicas de producción y circulación; la contrarrevolución estalinista que traicionó al estado obrero soviético y destruyó a la Internacional Comunista como instrumento revolucionario; el ascenso del fascismo y una segunda guerra mundial; las victorias de los movimientos de liberación nacional por todo el Caribe, África, el Medio Oriente, Asia y el Pacífico; el derrocamiento revolucionario de las relaciones capitalistas de propiedad en Yugoslavia, China, Corea, Vietnam y Cuba; la inundación a nivel mundial de la moneda norteamericana como primera divisa internacional de reserva que no es canjeable ni por oro ni por plata; y otros innumerables sucesos trascendentales. Todas son manifestaciones concretas de la fase del capitalismo explicada en *El imperialismo*; todas agravan las tensiones que el análisis de Lenin subraya.

Vamos a leer *El imperialismo* hoy por las mismas razones que Lenin explicó en abril de 1917: "sin [su] estudio es imposible comprender nada cuando se trata de emitir un juicio sobre la guerra y la política actuales". Las contradicciones fundamentales del imperialismo no van a superarse. Este sistema o será derrocado o creará un infierno aquí en la Tierra. No se acostumbren a él. Acostúmbrense a hacerle frente y combatirlo.

Los gobernantes no están 'explotando el 11 de septiembre'

Un par de delegados hicieron comentarios en el sentido de que los gobernantes estadounidenses, al impulsar su campaña de guerra y ataques contra los derechos obreros, todavía están "explotando el 11 de septiembre". Que todavía están luchando con el "11-S" inscrito en sus banderas.

No es así; la evaluación que presentamos ante el congreso es distinta. Desde los primeros meses de 2002, los sucesos del pasado 11 de septiembre han tenido cada vez menos que ver con los pretextos de los gobernantes para sus políticas y metas declaradas. Los gobernantes no justifican estas políticas —ya sea desechar el Tratado Anti–Misiles Balísticos, preparar un ataque contra Iraq, establecer el Comando Norte (comando de "defensa del suelo nativo"), rechazar la Corte Penal Internacional o socavar el derecho de hábeas corpus— principalmente, o a veces ni siquiera, evocando los ataques al World Trade Center. Eso es cada vez menos el punto focal de su "guerra global contra el terrorismo". Es más bien un chillido patriótico periódico: una parte de sentimiento,

"Todos los ataques militares de Washington y demás potencias imperialistas han sido 'preventivos'. Cuba no amenazó ni invadió a Estados Unidos en 1961 o en 1962. Vietnam no lanzó armas contra ciudades norteamericanas".

ARRIBA: Brigadistas mercenarios capturados, a quienes Washington había organizado para invadir Cuba por Playa Girón (Bahía de Cochinos), abril de 1961. El ejército revolucionario y las milicias populares los derrotaron en menos de 72 horas. **ABAJO**: Transporte blindado y helicóptero del ejército estadounidense en operativos contra fuerzas de liberación en Vietnam, 1968.

"Para aumentar ganancias, los patrones están recortando salarios y prestaciones, prolongando horas e intensificando el trabajo. Esta extensión e intensificación es el 'secreto' de los logros en productividad de los que hacen alarde los patrones".

ARRIBA: Empacadora de carne en Plainview, Texas, 2003. Desde comienzos de los años 80, los patrones han acelerado las líneas de producción —a menudo en más del doble—, recortado salarios y beneficios y arreciado sus ataques antisindicales. **ABAJO**: Mil mineros del carbón y familiares en protesta organizada por el sindicato UMWA en Lexington, Kentucky, 20 de julio de 2004, exigiendo que la Horizon Natural Resources respete los contratos. Dos semanas después, la compañía eliminó el seguro médico de mil mineros y 2300 jubilados.

SERVICIO DE NOTICIAS DEL UFCW

PRENSA ASOCIADA

dos partes de nacionalismo imperialista, todas las partes de demagogia.

Más bien, dicen que "nosotros" —un "nosotros" que abarca al primer ministro británico Tony Blair y a otros aliados imperialistas de Washington— debemos perseguir el "eje del mal" y pararlos "a ellos" mientras "nosotros" aún podamos. Cuando Bush afirmó en su discurso del Estado de la Unión ante el Congreso, a finales de enero de 2002, que Iraq, Irán y Corea del norte constituyen tres puntos en un "eje del mal", no era una continuación de la demagogia del 11-S del otoño pasado. De hecho, el discurso sobre el "eje del mal" marcó una ruptura con el uso del "11-S" para justificar la trayectoria de Washington. ¿Por qué se ha ido desvaneciendo Osama bin Laden de la propaganda de los gobernantes norteamericanos? ¿Por qué se ha bajado de importancia la atención a Afganistán?

Primero, como dijimos en el informe, Washington ha pasado a *nombrar* y a prepararse para ir tras los países que han demostrado que pueden desarrollar la capacidad militar defensiva para asestar golpes devastadores en respuesta a los ataques del imperialismo norteamericano: Iraq, Irán y Corea del norte. Eso es independiente de que realmente tengan o no esa capacidad en la actualidad. Washington no está limitando las justificaciones de sus actuales preparativos para una guerra contra Iraq a la necesidad de impedir nuevos ataques terroristas. Está organizando una guerra imperialista clásica para afianzar su dominación de esa región —y su petróleo— y fortalecer la posición de su fuerza militar con respecto a sus rivales imperialistas.

Los gobernantes reconocen que no pueden aguardar "otro 11-S", el cual no tienen forma de predecir. Podría ser una larga espera. Y no necesitamos ninguna teoría de conspiración que afirme que ellos mismos están planeándolo. Los gobernantes estadounidenses tienen mucha necesidad de lo que no lograron durante su asalto a Afganistán: una oleada de patriotismo autoalimentada en respuesta a la sangre derramada por soldados norteamericanos en *el campo de batalla de una guerra*. La necesitan para poner la iniciativa en sus manos. Para poner las movilizaciones patrióticas bajo su control. Eso es lo que procuran. Y tienen la ilusión de que pueden disparar una rápida salva inicial en el Medio Oriente para preparar mejor una larga lucha a escala mundial.

Simultáneamente, el gobierno de Estados Unidos está pasando a institucionalizar la opción de usar fuerzas federales dentro del país, bajo un mando militar centralizado, en algún momento futuro. Esto va acompañado de las acrecentadas sondas para tratar de legitimar la opción de usar detenciones "preventivas" sin cargos (e incluso sin derecho a consultar a un abogado), tribunales secretos y más interceptación electrónica y otras formas de espionaje y hostigamiento. Si bien hay divisiones dentro de la clase gobernante sobre cuán lejos ir y cuán rápido, y aunque tendrán que retroceder en uno que otro aspecto de su curso, hay respaldo entre ambos bandos en el Congreso para sentar las bases que permitan a cualquier administración avanzar en esta dirección, a su discreción.

Actualmente la Ley de la Seguridad del Suelo Nativo está recibiendo publicidad en la prensa burguesa. Y lo que afianzará incluso la Seguridad del Suelo Nativo, como señalamos al comienzo del informe, es el Comando Norte del Pentágono, que se lanzará en octubre con el objetivo de legitimar más, como último recurso, el uso de las fuerzas militares estadounidenses contra el pueblo trabajador en Estados Unidos —¡en toda Norteamérica!—, donde el ejército estadounidense será la fuerza de último recurso cuando se decida que hay que suprimir rápidamente el desorden civil para evitar que los "terroristas" se aprovechen de las "oportunidades".

Curva del desarrollo capitalista

Las contradicciones subyacentes del capitalismo mundial que están empujando hacia la depresión y la guerra no empezaron el 11 de septiembre de 2001. Algunas se vieron aceleradas por estos sucesos, pero todas tienen sus raíces en el viraje descendente en la curva del desarrollo capitalista hace un cuarto de siglo, seguido por el fenómeno interrelacionado del debilitamiento y posterior colapso de los aparatos estalinistas en la Unión Soviética y a través de Europa oriental y central a principios de los años 90. Hemos seguido estas tendencias durante todo ese período: en *El rostro cambiante de la política en Estados Unidos,* en los principales artículos de varias ediciones de la revista *Nueva Internacional*—"Lo que anunció la caída de la bolsa de valores de 1987", "Los cañonazos iniciales de la tercera guerra mundial", "La marcha del imperialismo hacia el fascismo y la guerra" y "El imperialismo norteamericano ha perdido la Guerra Fría"—, en *El desorden mundial del capitalismo* y en *Cuba y la revolución norteamericana que viene.*

Es provechoso volver ahora a *El desorden mundial del capitalismo* y releer "Tan lejos de Dios y tan cerca del Condado de Orange: el lastre deflacionario del capital financiero", una charla que se presentó en una conferencia socialista regional en Los Ángeles a comienzos de 1995. Los rudimentos de la inesperada y violenta contracción de crédito que hoy nuevamente nos amenaza se podían percibir a finales de 1994 con el colapso del peso mexicano y el incumplimiento de obligaciones —opción escogida como preferible a aumentar los impuestos— por el gobierno de un rico condado en el sur de California. En aquel momento dijimos:

> Ante las presiones sentidas desde mediados de los setenta sobre las utilidades de las inversiones en fábricas y equipo que aumenten la capacidad, los dueños del capital no solo han estado reduciendo costos; sino que los obligacionistas han estado tomando prestadas sumas cada vez mayores para comprar y vender con ganancias formas de valores diversas. Durante varios años en el Condado de Orange inflaron un gigantesco globo de deuda [apostando a que las tasas de interés seguramente continuarían bajando a comienzos de los noventa. Esto demostraba una "perspicacia" casi metafísica que Dios solo había dado a los codiciosos administradores del condado y a los corredores de obligaciones de la Merrill Lynch; ¡la masiva venta en corto y al descubierto estaba protegida por el alineamiento de los astros!]. Los obligacionistas creyeron que se habían muerto y que estaban en el cielo. Entonces el globo se comenzó a desinflar... Cuando se comenzó a venir abajo el globo que los banqueros internacionales habían inflado en México durante los ochenta, entraron los obligacionistas y volvieron a inflarlo por un tiempo. Pero en el Condado de Orange, mientras los funcionarios locales más tomaban prestado a fin de sacar ganancias bárbaras, utilizando fondos públicos para hacer apuestas [en contubernio] con los mercaderes de bonos, más vulnerables se volvían...
>
> Ahora los capitalistas y sus representantes públicos —y no solo en México o en el Condado

de Orange— han recibido otra advertencia acerca de las posibilidades a largo plazo de una deflación incontrolable. Durante las últimas dos décadas, los períodos alcistas en el ciclo comercial han dependido de la circulación de grandes cantidades de capital ficticio: la acumulación de grandes deudas y otros valores. Los capitalistas ahora están pagando por la falta, durante ese período, de crecimiento económico suficiente para poder seguir refinanciando préstamos.[27]

Los capitalistas aplazaron la crisis por otro lustro después de mediados de los 90, inventando e inflando más instrumentos de crédito y activos de papel. La bolsa de valores, si se mide con el Promedio Industrial Dow Jones y el S&P 500, creció en más del triple. Durante ese período de cinco años los préstamos corporativos en Estados Unidos hicieron más que cuadruplicarse: no para ampliar la capacidad productiva, sino a menudo para volver a comprar sus propias acciones infladas, inflarlas más aún y guardar lo que más y más constituye una reserva de efectivo.[28] En Estados Unidos entre 1995 y 2000,

---

27. Barnes, *El desorden mundial del capitalismo*, págs. 75-76.

28. Las cifras del gobierno indicaron un declive de inversiones de capital durante los años 2001 y 2002. Incluso la modesta alza que comenzó a mediados de 2003 se concentró en reemplazar equipo gastado, deprimir los costos de la mano de obra intensificando el ritmo de trabajo y prolongando la jornada de trabajo, en vez de expandir la capacidad y la producción. En un artículo en la edición del 19 de julio de 2004 de la revista *Business Week*, titulado "Las arcas corporativas están atiborradas de plata", se señalaba que "hasta el momento al menos, en vez de poner a trabajar toda esta artillería —acrecentando presupuestos de capital, acelerando el ritmo de contratación, reabasteciendo existencias

las empresas fueron los principales compradores netos de acciones: a menudo eran las acciones infladas de las mismísimas empresas que las habían emitido. Y ya hemos comentado la explosión del apalancamiento en Wall Street de las fichas de casino llamadas derivados.

Por eso, en esta fase temprana del comienzo de una depresión mundial, necesitamos mantener la vista puesta en la crisis *financiera* de la burguesía que se está desarrollando. Necesitamos mantener la vista puesta en los crecientes desequilibrios en las finanzas estatales, incipientes liquidaciones de monedas, el peligro de controles de capital, el ogro deflacionario que acecha detrás de cada alza en las tasas de interés, la creciente monetización de metales preciosos y las presiones adicionales que esto ejerce sobre la fuerza relativa de las "monedas internacionales de reserva" que son rivales. En la historia del capitalismo moderno, y sobre todo en la época imperialista, las primeras sacudidas gigantescas que comienzan a desmoronar la confianza de sectores de los propios gobernantes se concentran en instituciones financieras —en los bancos y en las bolsas de monedas, deudas y valores— y no en las fábricas, minas y plantas. La devastación de la producción y el empleo viene después, con cierto retraso.

DURANTE LA GRAN DEPRESIÓN, la bolsa de valores cayó en octubre de 1929 y continuó bajando —con numerosos repuntes alcistas grandes y abruptos— hasta que perdió más del 85 por ciento de su valor para me-

---

o repartiendo mayores dividendos— las compañías están manteniendo seca gran parte de su pólvora". Las empresas, dijo *Business Week*, están invirtiendo su efectivo en fondos del mercado monetario y en la recompra de valores de sus propias acciones.

diados de 1932. (Es casi seguro que algunos individuos que actuaron con credulidad casi religiosa durante el "repunte de los crédulos" de 1930 —la codicia todavía vence al temor— perdieron más dinero de lo que se perdió en la caída de 1929). El primer pánico bancario y la primera racha de quiebras de bancos se dio a finales de 1930, con 10 mil instituciones clausuradas para 1932: el 40 por ciento del total de 1929. El desempleo subió más lentamente, con las cifras del gobierno aumentando al 8.7 por ciento en 1930, al 16 por ciento en 1931, y a una cuarta parte de la fuerza laboral en 1933. Para entonces había empezado a cundir una amplia desesperación casi de masas, reflejada en la suposición de que la economía —y el propio Estados Unidos capitalista— no se podrían recuperar jamás.

En cierto momento a mediados de los años 70 entramos en un segmento descendente en la curva del desarrollo capitalista, y es ese el período que aún estamos viviendo hoy día. Lenin y Trotsky nos dotaron de las herramientas políticas necesarias para analizar estas tendencias a largo plazo en la historia del capitalismo y sus consecuencias para la estrategia y construcción del partido comunista. Algunas de las más útiles fueron sus informes y escritos de la época del tercer y cuarto congresos de la Internacional Comunista en 1921–22.[29] Trotsky resumió estas conclusiones en una breve carta de 1923 que publicamos en el número 4 de *Nueva Internacional,*

---

29. Estos informes se pueden encontrar en la colección de dos tomos por León Trotsky titulada *The First Five Years of the Communist International* (Los primeros cinco años de la Internacional Comunista; Nueva York: Pathfinder, 1972), y en Lenin, *Obras completas*, tomos 41 y 44. Fragmentos importantes de dos de esos informes se reproducen en este número, págs. 239–327.

bajo el título de "La curva del desarrollo capitalista".[30]

A diferencia de los ciclos comerciales capitalistas de recesión y recuperación, con sus tendencias trazables y recurrentes, dijo Trotsky, en el desarrollo a largo plazo del capitalismo mundial no hay un "ritmo rígidamente legítimo". En la carta de 1923, Trotsky contrastó esta conclusión con la de un académico soviético llamado Nikolai Kondratiev. Presumiendo formalizar algo que no se podía formalizar —la dialéctica materialista de la historia moderna— Kondratiev aburguesó la obra que Lenin y Trotsky habían presentado en el tercer y cuarto congresos de la Comintern. Sostenía que además de los ciclos comerciales y de existencias más cortos, también había ciclos regulares de aproximadamente 50 años que se podían trazar a través de la historia del capitalismo al menos desde el comienzo de la revolución industrial en la segunda mitad del siglo XVIII.

LA PROPIA TABLA EMPÍRICA de Kondratiev era un bosquejo más o menos acertado de las tendencias que habían ocurrido en el desarrollo capitalista durante el siglo y medio anterior, dijo Trotsky. Sin embargo, si uno examinaba cuidadosamente sus puntos críticos —y la duración e inclinación de sus distintos segmentos ascendentes, descendentes y más planos— era obvio que éstos correspondían a sucesos importantes en la política y la lucha de clases, y no solamente a lo que normalmente se entiende como factores "económicos". Un *repunte* en esta curva más amplia no tenía nada de "automático" o "cíclico" como sucede en cierto momento en la destruc-

---

30. Trotsky, "La curva del desarrollo capitalista", en el número 4 de *Nueva Internacional* (Nueva York, 1995), págs. 269–81.

ción de valor y el agotamiento de existencias durante una recesión capitalista.

"Respecto a los segmentos largos de la curva del desarrollo capitalista", escribió Trotsky, "su carácter y duración están determinados no por la interacción interna de las fuerzas capitalistas, sino por las condiciones externas por las cuales pasa el desarrollo capitalista. La adquisición por parte del capitalismo de nuevos países y continentes, el descubrimiento de nuevos recursos naturales y, como consecuencia de esto, hechos mayores de orden 'superestructural' como guerras y revoluciones, son lo que determina el carácter y la substitución de las épocas ascendentes, estancadas, o declinantes del desarrollo capitalista".[31]

Kondratiev sí empleó una metáfora que es útil para describir esta curva a largo plazo, cuyo carácter y dinámica él no comprendía. Él, y sus redescubridores y vulgarizadores actuales, se refieren al comienzo paulatino de una recuperación como la "primavera", a los segmentos de ascenso agudo como el "verano", al comienzo estancado de un segmento declinante como el "otoño" y al segmento de descenso más agudo como el "invierno". Hemos estado en otoño desde mediados de la década de 1970; ahora ha comenzado uno de los infrecuentes inviernos largos del capitalismo. Dado que no hay límites aparentes a la tendencia de la Reserva Federal y del Departamento del Tesoro de inflar todo globo que puedan encontrar, y ahora acompañado de la marcha acelerada del imperialismo hacia la guerra, va a ser un invierno largo y caliente. Y, lo que es más importante aun, será un invierno que, de forma lenta pero segura y explosiva, engendrará una resistencia de un alcance y profundidad

---

31. Ibíd., pág. 276.

no antes vistos por militantes de disposición revolucionaria por todo el mundo actual.

Durante este "otoño" del capitalismo mundial que ha durado un cuarto de siglo, el ciclo comercial continuó oscilando, incluyendo dos largas recuperaciones capitalistas: una de casi ocho años después de 1982 en casi todos los países imperialistas salvo Nueva Zelanda; la segunda que se extendió toda una década, desde 1991 hasta 2001, el ascenso cíclico más largo en la historia de Estados Unidos, con un crecimiento relativamente constante durante todo ese período en la mayoría de los demás países imperialistas, con la importante excepción de Japón. Sin embargo, ambas recuperaciones se limitaron a la mayoría de los países imperialistas y a una minoría de países semicoloniales relativamente desarrollados económicamente. Ambas fueron alimentadas por una masiva inflación de deudas y valores, agregando poco a la capacidad productiva en comparación con las expansiones posteriores a la Segunda Guerra Mundial en Estados Unidos y luego en Europa y Japón. En el afán de aumentar su margen de ganancias, la situación de más y más patrones es que no pueden recurrir a otra cosa que no sea intentar reducir salarios y prestaciones, prolongar las horas e intensificar el trabajo. Esta extensión e intensificación es el "secreto" del aumento de productividad que Greenspan exagera y del que hace alarde con miras a reconfortar a la clase capitalista de que está ocurriendo algo más que una expansión adicional de la masiva deuda gubernamental y su contraparte privada en valores corporativos, hipotecas y tarjetas de crédito. Sin embargo, según las cifras del propio gobierno norteamericano, incluso de la Reserva Federal, durante estos dos auges más recientes ni la producción económica ni la productividad laboral se aproximaron en lo más mínimo al aumento de las tasas de crecimiento registradas desde finales de los años 40 hasta principios de los 70.

AL MISMO TIEMPO, vale la pena repetir lo que un delegado de Washington, D.C., Sam Manuel, nos recordara durante la discusión. Jamás basta con observar únicamente las estadísticas del gobierno, ni siquiera ver cómo le está yendo al sector promedio o a la mediana de la clase trabajadora a lo largo de unos cuantos años. Tenemos que mantener la vista puesta en distintas capas de la clase trabajadora, y en las *consecuencias* sociales diferenciales de los "auges" de este tipo. En el último cuarto de siglo, no solo *aumentó* la desigualdad salarial en el seno de la clase trabajadora, sino que, ante todo, creció explosivamente la brecha de ingresos entre todos los trabajadores y las capas más acomodadas de la clase media y sectores profesionales, por no decir nada de las más ricas familias acaudaladas (cuyos astronómicos ingresos anuales —ya no digamos su riqueza acumulada— ni siquiera se incluyen en las estadísticas del gobierno). Los salarios reales, los beneficios médicos y de pensiones de jubilación, el valor y la duración del seguro por desempleo, la disponibilidad y el valor real del seguro por accidentes y enfermedades de trabajo, la asequibilidad de la vivienda, la alimentación y la educación universitaria: todo esto decayó, en muchos casos de forma abrupta, para la mayoría de los trabajadores y pequeños agricultores. Si bien a finales de los 90 el salario neto subió para ciertas capas durante varios años, hoy, nuevamente, hasta ese alivio ha dado marcha atrás.[32]

---

32. A finales de 2003, según Goldman Sachs, el banco de inversiones de Wall Street, en Estados Unidos la tasa anual de cre-

Mientras la economía capitalista continúa subiendo, mientras las tasas reales de interés siguen estables o bajen, mientras el dólar se mantiene fuerte respecto a las monedas de los rivales imperialistas de Washington, este castillo de naipes plagado de deudas sigue en pie: y se yergue más aún (¡en términos de dólares!). Pero a medida que todo esto comienza a cambiar, como ha sucedido desde cierto momento a finales de 2000, la estructura entera se vuelve cada vez más inestable. Nuevamente se está confirmando con creces la observación de Marx de que "el capital que devenga interés es, en general, la madre de todas las formas absurdas" de capital.[33]

Ni nosotros ni nadie más puede predecir exactamente cuánto tardará para que estos globos gigantescos se desinflen: precios de acciones, deuda de consumidores, costos de bienes raíces, el "valor" relativo del dólar. Pero ya que todo el mundo puede percibir que eso viene, parecerá natural decir: "¡Seguramente los capitalistas van a hacer algo para frenarlo!"

Sin embargo, la ley del valor no funciona así. No es así como opera un sistema de mercado impulsado por la competencia de capitales en la época imperialista, en base a una competencia más y más violenta de capitales cada vez más grandes y una especulación cada vez más apalancada. El capital financiero desde mediados de los 70 ha pospuesto la crisis y moderado la frecuencia y volatilidad de las oscilaciones del ciclo comercial. Sin embargo, lo hizo solo a costa de inflar más y más los globos de deudas, aumentando su variedad a la vez que se degrada el

---

cimiento de ingresos por hora bajó "al ritmo más lento jamás registrado". Y hasta mediados de 2004, los ingresos reales semanales incluso cayeron.

33. Marx, *El capital*, libro tercero, tomo VII, pág. 600.

poder adquisitivo de la moneda, haciendo el futuro estallido del globo más destructivo aun para la estabilidad, la seguridad y las alianzas del imperialismo.

Las clases medias son sacudidas primero

Los trabajadores con conciencia de clase reconocen que la historia enseña que el impacto más directo de la crisis *financiera* capitalista al comienzo de un período de depresión le puede tocar a las clases medias, inicialmente más que a la clase trabajadora.

En Estados Unidos tardó mucho desarrollar lo que Marx y Engels llamaban un "proletariado hereditario", una clase cuyos miembros en su gran mayoría siguen siendo proletarios sin propiedad de una generación a la siguiente. Sin tierra, sin herramientas, sin capital. Aquellos que sobrevivimos solo al vender por un salario nuestra capacidad de usar los músculos y la mente para trabajar para otra persona: nuestra fuerza de trabajo. Marx y Engels estudiaron este fenómeno de cerca durante la segunda mitad del siglo XIX y escribieron extensamente al respecto. Hasta que se aboliera la esclavitud —señalaron— y hasta que se agotara la tierra que se podía tomar gratuitamente a medida que el capitalismo norteamericano se expandía hacia el oeste, no podría existir una clase trabajadora hereditaria a nivel nacional en Estados Unidos. Y hasta que no se formara este proletariado hereditario, eran limitadas las posibilidades de organizar una resistencia obrera a la burguesía industrial emergente o un partido de masas con conciencia de clase que pudiera hablar y actuar resueltamente a nombre de los intereses de los trabajadores, otros productores explotados, y hermanos y hermanas sometidos a todo tipo de servidumbre.

Durante gran parte del siglo XIX, lo que llegó a ser

Estados Unidos permaneció como una inmensa masa de tierra mayormente sin desarrollar que se extendía del Atlántico al Pacífico. Para beneficio de los ricos terratenientes, comerciantes, constructores de canales y luego los grandes intereses ferroviarios y mineros, el gobierno estadounidense llevó a cabo brutales y masivos traslados de población y ataques genocidas contra los indígenas.

Sin embargo, también emigraron trabajadores, y en números crecientes. Cuando en las ciudades del este las condiciones de vida y de trabajo se hacían demasiado onerosas, los trabajadores podían seguir el consejo "Ve hacia el Oeste, joven", a buscar una nueva vida, y eso hacían. Los trabajadores se escapaban de los talleres y las fábricas para hacerse pequeños agricultores. Después de la Guerra Civil de Estados Unidos, cientos de miles de personas aprovecharon la Homestead Act (Ley de Granjas) para obtener una parcelita de tierra. Aún en el día de hoy, entre muchos trabajadores norteamericanos persiste el sueño de ahorrar un poquito de dinero para empezar su propio negocio. Más aún, sueñan con hacer algo para que sus hijos puedan ascender a la clase media. Sin embargo, para la inmensa mayoría de los trabajadores, hace mucho que la realidad pasó a ser una condición proletaria de carácter hereditario.

LOS TRABAJADORES no acumulan riqueza neta en el transcurso de una vida. A menudo se ven referencias al "hecho" de que la mayoría de los norteamericanos son accionistas. Pero estas afirmaciones sencillamente disfrazan la dura realidad de clase de que un creciente número de empresas se está deshaciendo de los fondos de pensiones de beneficios definidos, financiados por la patronal —los cuales no tienen nada de "garantizado", según se están percatando ahora millones de trabajadores que tienen estas pensiones "protegidas"—, y las está reemplazando con "planes de jubilación" de contribuciones definidas, los cuales dependen completamente de la suerte de acciones, obligaciones y fondos mutuos. Aunque los trabajadores no tenemos control alguno sobre estos planes, el hecho que podamos "tener" un llamado plan 401k supuestamente nos convierte en jugadores en la bolsa de valores. En realidad, estos planes nos convierten en *víctimas* de la bolsa de valores. La verdad es que en apenas una tercera parte de los hogares en Estados Unidos hay individuos que poseen siquiera una sola acción más allá de un plan de jubilación, y esa cifra no ha subido, sino que ha bajado en el último lustro. Un 85 por ciento del valor de las acciones están en manos de aquellos cuyos ingresos representan el 10 por ciento más alto en Estados Unidos. La tenencia de obligaciones gubernamentales y corporativas está aún más concentrada en manos de las familias gobernantes acaudaladas y de los profesionales bien remunerados, quienes invierten mucho más de sus riquezas en obligaciones que en acciones. Las familias gobernantes del último imperio consideran que ser dueños de una parte de las ganancias extraídas de la esclavitud por deudas a nivel mundial es su derecho de nacimiento.

Los pocos ahorros, incluso el valor líquido de sus casas, que los trabajadores a duras penas logran acumular al alcanzar la mediana edad, comúnmente se ven más que contrarrestados por el endeudamiento progresivo y los gastos ruinosos de la edad creciente. Así que cuando se desploman las bolsas de valores y de obligaciones, la mayoría de los trabajadores no sufren, o apenas sufren, un impacto directo e inmediato en su nivel de vida.

Es menos el caso para millones de personas de las

clases medias... al principio. Mientras el desarrollo de la crisis capitalista sea más fuerte en la banca y las finanzas que en la producción y el empleo, no será la clase trabajadora la que primero empiece a radicalizarse en respuesta a estos sucesos. Serán los números crecientes de personas cuyas familias habían escapado la condición proletaria durante más o menos la última generación —ellos esperaban que sería para siempre— pero cuyas ilusiones de seguridad y estabilidad comienzan a hacerse añicos.

En los primeros años del milenio, muchos individuos de las clases medias se sienten como si unos patos los estuvieran picoteando a muerte, sin respiro a la vista. Cuando los precios de las acciones comenzaron a bajar en 2000, les "aconsejaron" que esperaran a que el mercado repuntara, como había sucedido en 1987 y de nuevo en 1991. La mayoría hizo así: y así vieron evaporarse una parte importante de sus acciones, hasta que cayeron en la cuenta de que nadie sabe cuánto tardará hasta que los índices de acciones recuperen sus niveles anteriores, o si ellos o sus herederos estarán solventes para entonces, ¡o siquiera vivos! Entonces ¿qué van a hacer ahora? ¿Vender con una pérdida grande, o esperar un día más soleado? La bolsa baja. Después sube por unos días, o unas semanas, o unos meses, o un año. ¡Ten esperanzas! Más que simple codicia, la esperanza —alimentada por la desesperación y un miedo transformador— brota de nuevo. Las ovejas compran mientras sube, y son trasquiladas sin piedad cuando sigue cayendo. Cada nuevo punto alto es más bajo que el anterior; cada nuevo punto bajo es más bajo que el anterior. Pero aún queda un largo trecho —años y años de descenso— hasta "el fondo".

El miedo que acompaña la anticipación de otras caídas es palpable entre crecientes capas medias, así como capas de trabajadores más acomodados que se han creído el mito de que lograron ingresar a la clase media. Al no existir una voz obrera independiente que pueda polarizar y atraer sectores de la pequeña burguesía, los más asustados por lo que está sucediendo se volverán más propensos al radicalismo y a la violencia de los llamamientos de derechistas radicales. La propaganda que fomente las teorías de conspiración tendrá más resonancia. Proliferarán conceptos excéntricos, predicando exactamente lo opuesto de las realidades de clase que explica Lenin en *El imperialismo*. Se propagarán las llamadas "teorías" populistas, pretendiendo diferenciar entre las clases trabajadoras y empresariales "productivas" y los "usureros" y "especuladores" (los términos más sencillos y tranquilos que no tardarán en ser remplazados con "los judíos"). Y estas panaceas a menudo llegarán vestidas de retórica antiimperialista, antiguerra e incluso anticapitalista. Nos iremos topando más con el eco de tales opiniones entre agricultores que luchan por frenar las liquidaciones forzosas de sus tierras, como también entre algunos compañeros de trabajo, sus amigos y familiares: trabajadores que carecen de explicación para lo que está empezando a sucederles a ellos y a todo su alrededor. Solo ven que se va derrumbando como escenas de una película en cámara lenta.

LOS TRABAJADORES COMUNISTAS necesitamos estar políticamente preparados para responder a la demagogia radical de las fuerzas ultraderechistas y fascistas incipientes. Explicaremos al pueblo trabajador: ¡No! No hay necesidad de conjuras. Por al menos un siglo, los capitales bancario, industrial y comercial, todos monopolizados, se han fusionado tanto en Estados Unidos como en otros países imperialistas bajo la propiedad y el control de un puñado de acaudaladas familias gobernantes parásitas, las familias del capital financiero. Los nombres de las familias gobernantes de Estados Unidos no son un secreto. Son los dueños de estos monopolios: los bancos, las firmas corredoras, las aseguradoras, las empresas industriales, las distribuidoras al por mayor y al detalle, los trusts inmobiliarios, los principales periódicos, revistas, emisoras de radio y televisión y compañías de entretenimiento. Son los obligacionistas. Dominan las bolsas de valores, de mercancías y de toda forma de deuda que existe. Son los propietarios de las franquicias del deporte profesional y financian la ópera, los museos más grandes, las bibliotecas, las fundaciones, los tanques de cerebros de todas las creencias. Financian y controlan los partidos Demócrata y Republicano. Dirigen el gobierno capitalista a nivel federal, estatal y local. Son a quienes sirven y protegen los tribunales, la policía y las fuerzas armadas. Podemos nombrar los clubes a los que pertenecen, las juntas de las que son miembros, las universidades a las que asisten y que auspician y las escuelas a las que van sus hijos. La tarea consiste en dirigir a la vanguardia de la clase trabajadora para derrocar a los gobernantes y llevar al poder a un gobierno de trabajadores y agricultores, estableciendo así la solidaridad en el seno de la sociedad.

Un programa comunista

Al ahondarse la depresión capitalista, un descenso de la producción conducirá a un creciente desempleo, a fuertes reducciones de salarios, a condiciones de trabajo cada vez más brutales y a brotes inflacionarios ruinosos conforme los capitalistas impriman dinero para tratar de reactivar sus motores.

Los trabajadores de vanguardia comenzarán a mostrarse más receptivos a un programa comunista. Al atravesar luchas cada vez más intensas, buscarán las maneras de luchar con eficacia y vencer. Se verán atraídos a las ideas que explican otros militantes que son comunistas sobre cómo fortalecer la solidaridad y la capacidad combativa de la clase trabajadora y de nuestros aliados y, sobre todo, de nuestros sindicatos. Nos ganaremos un público amplio al plantear la necesidad de transformar el seguro social para que abarque una atención médica universal, educación vitalicia universal, indemnización universal por incapacidad y pensiones de jubilación universalmente garantizadas. Explicamos que éstas no son prestaciones que "le regalan" a la clase trabajadora los patrones y su gobierno; la nueva riqueza producida por el trabajo del pueblo trabajador se debe usar para garantizar las condiciones de una vida productiva —durante toda la vida— para las clases trabajadoras. Tendremos más éxito en contrarrestar los esfuerzos de la clase patronal para oponer entre sí a generaciones del pueblo trabajador, o para dividir y conquistar en torno al empleo, color de la piel, género, idioma, estado de residencia, u origen nacional.

Para muchos trabajadores, gran parte de nuestro programa tiene sentido cuando se los explicamos, pero no parece emanar de una lucha en la que estén involucrados que tenga una importancia fundamental en su vida. No ha parecido ni urgente ni práctico. Y no lo será, en tanto persistan ilusiones sobre la estabilidad a largo plazo del sistema capitalista, o, más importante aún, sobre la falta de capacidades políticas y el asentimiento permanente del pueblo trabajador a nivel mundial, de nosotros. Al principio muchos ven nuestro programa solo como un conjunto de ideas, o hasta como una proyección utópica, y no como una línea de marcha por el combate de clases hacia la lucha organizada por la dictadura del proletariado. No han tenido suficiente combate político bajo un liderazgo proletario para desarrollar confianza en sí mismos y en la capacidad de su clase de organizar y administrar la economía y "guiar la nave del estado".

Todos hemos escuchado por muchos años el mismo tipo de cosas de muchos compañeros de trabajo y familiares. "A mí me va a cuidar la Administración de Veteranos". "Yo tengo una pensión del ferrocarril, y hasta está 'garantizada' por una agencia federal". "Yo he estado aquí 20 años. En este trabajo me jubilo". En la última década y pico, a estos viejos refranes se les han sumado otros: "Yo no podía vivir de mi seguro social y de la pensión de la compañía, pero ahora hemos hecho que la compañía nos dé un plan 401k y estoy ahorrando un poquito más cada mes". Todos estos mitos cómodos —y pasajeros— los promueve la cúpula sindical colaboradora de clases: una capa pequeñoburguesa con valores y aspiraciones burgueses y en el fondo con un egocentrismo matón.

Hoy día no solo le están prolongando la semana laboral y el año laboral a la clase obrera (para millones de trabajadores están disminuyendo las vacaciones pagadas y los días feriados), sino la *vida laboral*.[34] El número de años

---

34. El año laboral medio en Estados Unidos fue más largo en 2003 que 50 años antes. La semana laboral media en las minas y en la manufactura sobrepasa las 40 horas, y el número promedio de horas y de horas extras ha aumentado de forma aguda desde 1955. Los obreros de producción que laboran horas extras tienen una semana laboral media de más de 50 horas: y casi 60 horas para los mineros. Según las cifras del gobierno, el porcentaje de los trabajadores que no tienen vacaciones pagadas saltó del 3 por ciento a comienzos de los 90 al 13 por ciento en 2003 en centros de trabajo medianos o grandes (más de 100 empleados) y del 12 por ciento al 27 por ciento en centros de trabajo pequeños.

que el trabajador medio en Estados Unidos pertenece a la fuerza laboral, que había bajado hasta mediados de los 80, ha comenzado a subir de nuevo en los últimos 15 años.[35] La edad de jubilación oficial para recibir los beneficios completos del Seguro Social será incrementada en etapas a partir de 2003, de 65 a 67 años. Y esto es solo el comienzo, conforme los gobernantes arrecien sus ataques contra el salario social en los años venideros. Esto no tiene nada que ver con tender un puente entre las generaciones y asegurar una vida entera de educación y trabajo social productivo para cada ser humano, como planteamos en *La clase trabajadora y la transformación de la educación*. Al contrario, tiene que ver con una vida más larga de *explotación* para acrecentar las ganancias de un patrón. Y eso conlleva un incremento de lesiones y muertes en el trabajo. Esto ocurriría aún sin acelerar el ritmo de trabajo. Y, como lo saben y lo sienten todos aquí, sí están acelerando el ritmo de trabajo, y es *salvaje*.

PRESENTAMOS ASPECTOS CENTRALES de nuestro programa el año pasado de una manera popular en *Cuba y la revolución norteamericana que viene*. Podemos usar ese libro de forma eficaz al hablar de socialismo con jóvenes y trabajadores. Algunas de nuestras presentaciones más claras y extensas se encuentran en los documentos

---

35. Según el Buró de Estadísticas Laborales de Estados Unidos, el porcentaje de los trabajadores entre las edades de 65 y 74 años que aún están en la fuerza laboral ascendió del 16.7 por ciento en 1990 al 19.1 por ciento en 2000, y se proyecta que crezca al 22.1 por ciento en 2010. El porcentaje de hombres en ese grupo que está en la fuerza laboral creció del 21.4 por ciento en 1990 al 24.2 por ciento en 2000, y se proyecta que alcance el 27.7 por ciento para 2010.

pioneros del viraje del partido a la industria, a finales de los 70 y principios de los 80, que aparecen en *El rostro cambiante de la política en Estados Unidos*, como también en *El desorden mundial del capitalismo*. Por ejemplo, en "Conducir el partido a la industria" —el informe de febrero de 1978 que lanzó el viraje— explicamos cuán lejos había avanzado la clase patronal, con ayuda de la cúpula sindical, en destruir las propias bases de la solidaridad obrera durante el "verano" posterior a la Segunda Guerra Mundial, un prolongado segmento ascendente de la curva del desarrollo capitalista.

Más y más "de los llamados beneficios colaterales —pensiones, planes médicos, suplementos al seguro por desempleo— [se vieron] condicionados a las ganancias del patrón" para el cual uno trabaja, indicaba el informe de 1978. "Lo vemos generalizarse en las industrias del carbón, del acero, automotriz y otras más. Estas prestaciones no fueron conquistadas para la clase en su conjunto, ni siquiera para un sector de la clase". El informe continuaba:

> Estos beneficios colaterales son buenos en tiempos buenos —para los trabajadores que los tengan— porque son un complemento importante de todo lo demás con lo que cuentan los obreros industriales. Pero cuando llega la crisis, todo empieza a desmoronarse. Las pensiones se ven amenazadas. Los planes médicos son desmantelados. Los suplementos por desempleo se agotan…
>
> Este es el precio del sindicalismo empresarial. Este es el precio de la política colaboracionista de clases, de la negativa a luchar por las auténticas necesidades de la clase obrera: por el seguro

social para toda la clase, por un sistema nacional de salud pública, por un seguro nacional por desempleo verdadero y lo suficientemente alto, por una semana laboral más corta sin disminución del salario, por la protección contra la inflación, y por una acción política independiente de la clase obrera. Este es el precio que se paga por una burocracia que afirma que las luchas sociales y políticas independientes son secundarias, que afirma que las promesas patronales en los contratos son decisivas.

Este es el precio a pagar por el hecho de que la burocracia sindical rehúsa luchar por las necesidades sociales más amplias de la clase obrera y forjar un instrumento político que luche por ellas.[36]

Aprender a hablar concretamente

Cuando hablamos de las condiciones de depresión en las que estamos entrando, esa palabra en sí —*depresión*— fácilmente se puede volver una abstracción vacía si no tenemos cuidado, si no somos concretos. Trotsky advirtió de tales riesgos en la carta de 1923 sobre la curva del desarrollo capitalista que citamos anteriormente. Durante un largo período de estabilidad capitalista, dijo Trotsky, es natural reducir distintos fenómenos políticos y tendencias económicas "a un tipo social familiar", ya que eso permite comunicarse y actuar. "Sin embargo, cuando ocurre un cambio serio en la situación", dijo, "tales explicaciones generales revelan su completa insu-

---

36. Barnes, *El rostro cambiante de la política en Estados Unidos: la política obrera y los sindicatos* (Nueva York: Pathfinder, 1997, 1999), pág. 188.

ficiencia, y se ven transformadas totalmente en verdades vacías".[37]

Si uno vuelve a leer la serie sobre los Teamsters, por ejemplo, notará que Farrell [Dobbs] siempre habla de períodos distintos, concretos, dentro de la depresión y de sus consecuencias políticas, no simplemente de la "Gran Depresión".

Farrell describe los cuatro años posteriores a 1929, cuando la producción bajó en un tercio y el desempleo subió hasta finalmente alcanzar el 25 por ciento. "Al comienzo los trabajadores aceptaron estos golpes más o menos pasivamente", dice. "Habían quedado aturdidos por el descalabro económico y necesitaron tiempo para recuperarse del impacto del choque".[38]

Después Farrell señala lo que empezó a suceder entre la clase trabajadora y el movimiento sindical en 1933, cuando la producción comenzó un ascenso de cuatro años, recuperándose en más de un tercio, y el desempleo se redujo en casi la mitad, hasta un 14 por ciento. Durante ese año, dice, "fueron estallando huelgas en un sector industrial u otro", y siguieron durante 1934. Ese año estallaron luchas sindicales de un nuevo tipo en Minneapolis, San Francisco y Toledo, y luego continuaron, pasando por las huelgas de brazos caídos y otras batallas en 1935–37 en las industrias automotriz, siderúrgica y otras: huelgas y campañas de sindicalización que forjaron los sindicatos industriales, el CIO. "Estos paros", escribe Farrell, "fueron producto de la interacción de dos factores básicos: la voluntad de los trabajadores

---

37. Trotsky, "La curva del desarrollo capitalista", en *Nueva Internacional* no. 4, pág. 272.

38. Farrell Dobbs, *Política Teamster*; (Nueva York: Pathfinder, 1975), pág. 73.

de recuperar terreno perdido durante la depresión y su creciente confianza —estimulada por la recuperación económica parcial durante el Nuevo Trato— de que podían lograr su objetivo".

Por último, Farrell relata el impacto de la renovada recesión capitalista en 1937–38, incluida una deceleración de las batallas del CIO y el comienzo por parte del gobierno demócrata de la acelerada marcha hacia la segunda guerra imperialista mundial. "Cuando la economía nacional empezó a decaer nuevamente a mediados de 1937", escribe Farrell, "los patrones intentaron utilizar la nueva situación para lanzar una ofensiva contra el movimiento sindical... Se sentían envalentonados a seguir ese camino porque la caída de la producción tendía a debilitar un tanto la combatividad de las filas".[39] Durante este período, fue echado atrás el ímpetu político muy real que existía para avanzar hacia un partido obrero independiente, impulso que había ganado terreno entre los trabajadores de vanguardia comprometidos en las batallas para forjar el movimiento sindical industrial. En vez de eso, la maldirigencia estalinista del Partido Comunista logró que más trabajadores escucharan su llamado a favor de su curso del frente popular, de enganchar al movimiento sindical más estrechamente aún al Partido Demócrata, y del curso de la gran mayoría del CIO y un número importante de los altos funcionarios de la AFL.

JAMÁS PODRÍAMOS ver acontecimientos revolucionarios en ninguna parte del mundo si la actividad económica, la vida política y la lucha de clases avanzaran todas en línea

---

39. Ibíd., pág. 189.

recta. Si la producción solo siguiera bajando durante una depresión, la clase trabajadora finalmente quedaría tan apabullada que el combate de clase eficaz, ya no digamos la lucha revolucionaria, se vendría a pique. Son los bruscos altibajos, la creciente violencia de las fluctuaciones, las promesas y esperanzas truncadas lo que transforma la conciencia de los trabajadores. Es eso lo que permite que entre muchos trabajadores se acumule la determinación de luchar. Y es lo que lleva a muchos más a orientarse a esos combatientes hasta que, o a menos que, se demuestre que no puedan hacer corresponder los hechos con las palabras.

Nuestros cinco compañeros cubanos

Este congreso no debe clausurarse sin antes hacernos recordar que nuestro movimiento tiene nuevas obligaciones de trabajar políticamente con cinco comunistas de Cuba quienes están cumpliendo condenas en prisiones federales en Estados Unidos. Naturalmente, estos compañeros se orientan hacia Cuba para las líneas estratégicas fundamentales de su labor y de su perspectiva mundial, como deben hacerlo. Sin embargo, hoy están envueltos —por el tiempo que sea— en una esfera de la lucha de clases donde la dirección de la Revolución Cubana tiene poca experiencia directa o hasta indirecta: dentro de Estados Unidos mismo. Aunque su participación en este frente es de carácter involuntario, mientras estén desplegados así, están decididos a ahondar su comprensión científica de la política de clases aquí y a realizar un curso de acción disciplinado. Y los acogemos como una brigada de refuerzo del movimiento obrero revolucionario en este país.

Encarcelados en el sistema deshumanizante de prisiones en Estados Unidos, entre sus muchas experiencias, estos cinco compañeros se están topando con las distintas formas en que las ideas derechistas y fascistas logran cierto punto de apoyo entre capas de trabajadores y agricultores en Estados Unidos.[40] En realidad están aprendiendo por qué no es correcto decir que, debido a las tradiciones democráticas de este país, en Estados Unidos nunca se podrá captar a un número importante de personas a un movimiento fascista. Esas tradiciones son tradiciones *democrático-burguesas*, hay que recordar siempre. Y serán trituradas como pedazos de papel si la clase trabajadora en este país no logra forjar un liderazgo capaz de organizar a los trabajadores, agricultores y nuestros aliados en una revolución exitosa cuando una fuerte aceleración del combate de clases plantee la cuestión de qué clase ha de gobernar.

Nuestros compañeros cubanos no solo están observando sino aprendiendo en la práctica acerca del papel y la importancia de los trabajadores que son negros en el proceso de forjar una vanguardia social y política de la clase trabajadora en Estados Unidos. Están aprendiendo por qué al leer y asimilar los discursos del último año de Malcolm X se abre un camino a la política y a la organización revolucionarias. Están aprendiendo acerca de la utilidad del *Militant* y de *Perspectiva Mundial*, y de los libros

---

40. Ramón Labañino había expresado, en una carta a Mary-Alice Waters, su interés de obtener un ejemplar del libro *Behold a Pale Horse* (He allí un caballo pálido) por William Cooper, que le habían recomendado compañeros reclusos. El libro es una presentación ultraderechista de teorías de conspiración sobre todo tipo de cuestiones, desde los ovnis hasta el asesinato del presidente John F. Kennedy. Incluye el texto íntegro de la notoria falsificación antisemita del régimen zarista ruso, *Los protocolos de los sabios de Sión*. Un asistente de alguacil mató a Cooper a tiros en Arizona en noviembre de 2002.

de Pathfinder —incluidos los libros y folletos sobre la Revolución Cubana— en la lucha de clases en este país.

Cuadros profundamente políticos

Para la contraportada de *Su Trotsky y el nuestro*, preparamos una breve descripción de lo que trata el libro. "La historia demuestra que organizaciones revolucionarias pequeñas van a enfrentar no solo la prueba severa de guerras y represión", comienza, "sino también oportunidades potencialmente devastadoras que emergen de forma inesperada al estallar huelgas y luchas sociales".

Es ahí donde llega a ser decisivo no solo el azar sino la preparación que puede ayudar a tornar lo inesperado en buena suerte.

"Al suceder esto", sigue el texto, "los partidos comunistas no solo reclutamos muchos nuevos miembros". Y sí reclutan bajo esas condiciones, más rápidamente y en cantidades más grandes de las que cualquiera de nosotros aquí en esta sala podemos imaginar por nuestra propia experiencia en el movimiento obrero revolucionario. Además del reclutamiento individual directo, decimos, los partidos comunistas en esas circunstancias también convergen *políticamente* con otras fuerzas combativas. "Se fusionan con otras organizaciones obreras que siguen el mismo rumbo, y crecen hasta convertirse en partidos proletarios de masas que contienden por dirigir a los trabajadores y agricultores al poder".

Entonces llegamos a la parte que tiene la importancia práctica más grande para los trabajadores comunistas en este momento.

Esto presupone, ante todo, "que desde mucho antes" los cuadros de tales partidos "han asimilado y se sienten cómodos con un programa comunista mundial". Que una perspectiva comunista internacional se ha vuelto un hábito político, se ha interiorizado, se ha convertido en una cuestión de aparente reflejo.

Segundo, presupone que la orientación política revolucionaria de tales partidos se basa en la actividad cotidiana de cuadros que "son proletarios en su vida y su trabajo". Ambos aspectos son igualmente importantes: en la *vida* y en el *trabajo*. De eso se tratan nuestro viraje a la industria y a los sindicatos industriales hace un cuarto de siglo, y nuestros esfuerzos constantes para fortalecer esa trayectoria desde entonces. Es lo que hace posible el centralismo revolucionario. No es una caricatura organizativa de hábitos proletarios. Se trata de situarnos donde necesitamos estar, en el seno de una vanguardia de nuestra clase, y de estar allí de una forma estructurada, disciplinada.

Tercero, los núcleos de partidos comunistas necesitan estar compuestos de aquellos que "derivan una satisfacción profunda de la actividad política". Eso podría parecer una exageración. Pero no lo es. Sí, los revolucionarios pueden tener y tendrán un mes malo, un período de tres meses malo, hasta un año malo. Es parte de la condición humana en el capitalismo. Quienquiera que afirme que nunca ha tenido una mala racha da miedo; será alguien que nunca parpadea. Ninguno de nosotros quisiera tener un ángel en nuestro flanco. Pero si a mediano o a largo plazo un cuadro del partido no deriva una profunda satisfacción de su participación en la labor política comunista, entonces no puede vivir de acuerdo a los estatutos de fundación de la Liga de los Comunistas, redactados por Marx y Engels en 1847. Una de las "condiciones para ser miembro" planteadas en esos estatutos era "energía y celo revolucionarios en la propaganda".[41] Esas

---

41. "Estatutos de la Liga de los Comunistas", en Marx y Engels,

fueron las palabras que Marx y Engels escogieron para un documento sometido a votación ante los delegados al mismo congreso que les asignó redactar el Manifiesto Comunista. Ser miembro significaba conducir una labor de propaganda con *"energía y celo revolucionarios"*.

Y cuarto, decimos que, mucho antes de un ascenso en las luchas revolucionarias, un partido comunista necesita haber forjado una "dirección con un agudo sentido de lo próximo que toca hacer". Qué hacer ahora. *Hoy*. No pasado mañana. Y siempre *concretamente*.

Eso es lo que esperamos de la dirección del movimiento comunista.

Pensé en ese resumen sobre el tipo de movimiento que estamos forjando cuando preparábamos la reunión para celebrar la vida y la labor políticas de Charlie Scheer. He hablado en más de una reunión conmemorativa en el último año, y antes en muchas otras, para rendir tributo a la vida y a las contribuciones de compañeros que han muerto. Lo que más me llamó la atención cuando estaba pensando en Charlie, y al discutir su vida con otros, fue que lo que tenían en común todos estos compañeros —cada uno maravillosamente distinto de los demás de muchas formas— era el hecho que eran personas profundamente *políticas*. No solo personas a quienes les interesaba la política. Sino personas que organizaban su vida dentro del movimiento proletario y para quienes la política brindaba el eje práctico de su vida: la base del placer y la satisfacción que extraían de vivir. Era la fuente de sus logros.

Su Trotsky y el nuestro es sobre la obra vitalicia de esos cuadros.

Collected Works (Obras completas; Moscú: Editorial Progreso, 1976), tomo 6, pág. 633.

Mantener el rumbo

En los últimos días de este congreso, hemos llegado a un entendimiento común de la importancia política del ejemplo que los comunistas en Estados Unidos podemos sentar y sentamos para otros trabajadores y revolucionarios. La política de clase que hemos conquistado y los pasos que estamos dando a través de nuestras ramas, comités organizadores y fracciones sindicales conforman el fundamento sobre el cual le prometemos al mundo que nunca demostraremos miedo ante un acto del imperialismo norteamericano. Lo único comparable al poderío de los gobernantes de Estados Unidos son sus pretensiones. Las consecuencias no controladas y no intencionadas de su poderío económico y militar deshacen las propias condiciones que ellos pretenden usar parar estabilizar, apuntalar su sistema de explotación y opresión plagado de crisis.

La respuesta del Partido Socialista de los Trabajadores a los sucesos del 11 de septiembre y a la reacción de los gobernantes estadounidenses no fue bravuconería. Tampoco lo es nuestra decisión de mantenernos firmes ante la marcha del imperialismo norteamericano hacia la guerra, y ante la fuerte lluvia que ha empezado a caer a lo largo y ancho del sistema de mercado mundial. Lo que los trabajadores-bolcheviques hacemos en Estados Unidos le da mayor confianza a todo trabajador, agricultor o joven en cualquier parte del mundo que rehúse ponerse de rodillas. Les da mayor confianza a los militantes que descubren al leer un número del *Militant* o de *Perspectiva Mundial*, o un libro o folleto de Pathfinder —o al ver a trabajadores de vanguardia en una planta, en un barrio, en una lucha común— que hay otros como ellos que están haciendo lo mismo.

No tenemos una imagen inflada de nosotros mismos, o de lo que el pueblo trabajador en Estados Unidos puede y va a lograr. Simplemente resulta un hecho que, si bien el último imperio del mundo jamás va a caer por su propio peso muerto, sí será derribado por una lucha revolucionaria de los trabajadores y agricultores en este país, que lucharán hombro a hombro con trabajadores y agricultores internacionalistas por todo el mundo.

La profunda satisfacción que derivamos al hacer política surge del conocimiento que nace de la historia y de las experiencias concretas de las clases trabajadoras de que esta meta es palpable y real. Y cuando se cumpla el hecho, la energía y el celo revolucionarios que han de brotar de trabajadores y agricultores por todo el mundo es algo que apenas podemos empezar a imaginarnos.

Aquí hemos dado un paso más en ese camino.

LA REVOLUCIÓN SOCIALISTA DE CUBA

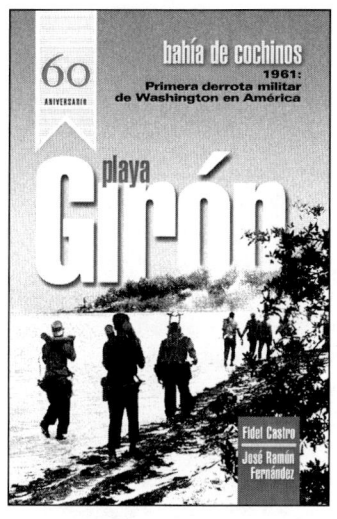

Playa Girón/Bahía de Cochinos
Primera derrota militar de Washington en América

FIDEL CASTRO
JOSÉ RAMÓN FERNÁNDEZ

En abril de 1961 las fuerzas armadas revolucionarias de Cuba derrotaron, en menos de 72 horas, una invasión de 1,500 mercenarios organizada por Washington. El pueblo cubano dio un ejemplo a los trabajadores, agricultores y jóvenes del mundo: de que dotados de conciencia política, solidaridad de clase, valentía y una dirección revolucionaria, es posible enfrentar a un poder enorme y vencer. US$17. También en inglés.

October 1962
The 'Missile' Crisis as Seen from Cuba
(Octubre de 1962:
La crisis de los 'misiles' vista desde Cuba)
TOMÁS DIEZ ACOSTA

En octubre de 1962, Washington llevó al mundo al borde de una guerra nuclear. Un relato a fondo de ese momento histórico desde la perspectiva del pueblo cubano, cuya disposición de defender su soberanía y su revolución socialista frenó los planes de Washington de lanzar un ataque militar devastador. En inglés. US$17

Aldabonazo
En la clandestinidad revolucionaria cubana, 1952–58
ARMANDO HART
US$20. También en inglés.

PATHFINDERPRESS.COM

LA REVOLUCIÓN CUBANA Y SU IMPACTO, DE ÁFRICA A EEUU

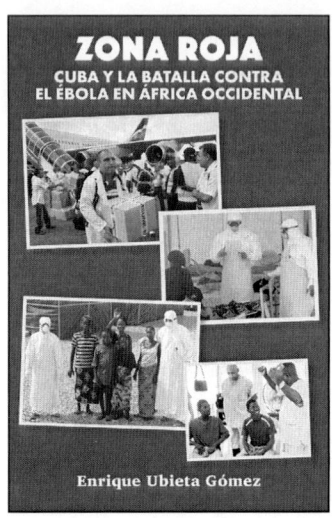

Zona Roja
Cuba y la batalla contra el ébola en África Occidental
ENRIQUE UBIETA GÓMEZ

Cuando tres naciones africanas fueron asoladas en 2014–15 por una epidemia de ébola, el gobierno revolucionario de Cuba brindó lo que ningún otro país intentó aportar: más de 250 médicos, enfermeros y especialistas de salud pública voluntarios. Este recuento testimonial de sus actividades demuestra el tipo de hombres y mujeres que solo una revolución socialista puede producir. US$17. También en inglés y francés.

¡Qué lejos hemos llegado los esclavos!
Sudáfrica y Cuba en el mundo de hoy
NELSON MANDELA, FIDEL CASTRO

Mandela y Castro, hablando juntos en Cuba en 1991, abordan el papel decisivo de Cuba en la historia africana y la victoria en Angola contra el ejército invasor sudafricano, y cómo impulsó la lucha que derrocó el sistema racista del apartheid. US$7. También en inglés y persa.

De la sierra del Escambray al Congo
En la vorágine de la Revolución Cubana
VÍCTOR DREKE

Dreke, segundo al mando de la columna internacionalista dirigida por Che Guevara en el Congo en 1965, describe el júbilo creativo con que el pueblo trabajador ha defendido su trayectoria revolucionaria: desde la sierra del Escambray hasta África y más allá. US$15. También en inglés.

Cuba y Angola: La guerra por la libertad
HARRY VILLEGAS ("POMBO")

Cuba y Angola
Luchando por la libertad de África y la nuestra
FIDEL CASTRO, RAÚL CASTRO
NELSON MANDELA

Dos libros que narran la historia del inédito aporte que Cuba hizo a la lucha para liberar a África del flagelo del apartheid. Y de cómo, al hacerlo, la revolución socialista en Cuba se vio fortalecida. US$10 y US$12. También en inglés. *Cuba y Angola: La guerra por la libertad* está disponible en persa y griego.

Cuba y la revolución norteamericana que viene
JACK BARNES

Sobre las luchas del pueblo trabajador en el corazón del imperialismo, sobre los jóvenes atraídos a ellas y el ejemplo del pueblo cubano, el cual muestra que una revolución no solo es necesaria: se puede hacer. Trata sobre la lucha de clases en Estados Unidos, donde hoy las fuerzas dominantes descartan las capacidades revolucionarias de los trabajadores y agricultores tan rotundamente como descartaron las del pueblo trabajador cubano. Y de forma igualmente errada. US$10. También en inglés, francés y persa.

Che Guevara: Economía y política en la transición al socialismo
CARLOS TABLADA

Este libro, que cita extensamente los escritos y discursos de Guevara sobre la construcción del socialismo, presenta la interrelación entre el mercado, la economía planificada, los estímulos materiales y el trabajo voluntario. Y por qué las ganancias y demás categorías capitalistas no pueden servir para medir los avances en la transición al socialismo. US$17. También en inglés, francés y griego.

PATHFINDERPRESS.COM

'LA HISTORIA DE LA SOCIEDAD EXISTENTE ES LA HISTORIA DE LAS LUCHAS DE CLASES'

El trabajo, la naturaleza y la evolución de la humanidad
La visión larga de la historia
FEDERICO ENGELS
CARLOS MARX, GEORGE NOVACK
MARY-ALICE WATERS

Sin comprender que el trabajo social, al transformar la naturaleza, ha impulsado la evolución de la humanidad durante millones de años, los trabajadores no podremos ver más allá de la época capitalista de explotación de clases que deforma todas las relaciones, ideas y valores humanos. Solo la conquista revolucionaria del poder estatal por la clase trabajadora podrá abrir la puerta a un mundo libre de la explotación capitalista, degradación de la naturaleza, subyugación de la mujer, racismo y guerras. Un mundo basado en la solidaridad humana. Un mundo socialista. US$12. También en inglés y francés.

La evolución de la mujer
Del clan matriarcal a la familia patriarcal
EVELYN REED

Un viaje desde la prehistoria hasta la sociedad de clases que revela los aportes de la mujer, aún muy desconocidos, a la civilización. Reed señala los factores históricos que llevaron a la discriminación generalizada de la mujer como sexo. Ofrece perspectivas frescas sobre la lucha contra su opresión y por la liberación de la humanidad. US$18. También en inglés, persa e indonesio.

Understanding History
Marxist Essays
(Para comprender la historia: Ensayos marxistas)
GEORGE NOVACK
En inglés. US$15

LA EMANCIPACIÓN DE LA MUJER Y LA REVOLUCIÓN SOCIALISTA

Los cosméticos, las modas y la explotación de la mujer

Joseph Hansen, Evelyn Reed, Mary-Alice Waters

Explica cómo los capitalistas refuerzan la posición de segunda clase de la mujer para extraer ganancias. De dónde proviene la opresión de la mujer. Y cómo la integración de millones de mujeres a la fuerza laboral fortalece la batalla por su emancipación. US$12. También en inglés, persa y griego.

Las mujeres en Cuba: Haciendo una revolución dentro de la revolución

Vilma Espín, Asela de los Santos, Yolanda Ferrer

La integración de las mujeres a las filas y a la dirección de la Revolución Cubana fue parte inseparable de la trayectoria proletaria de esta desde el principio. Esta es la historia de esa revolución y cómo transformó a las mujeres y los hombres que la hicieron. US$17. También en inglés, persa y griego.

PATHFINDERPRESS.COM

DE LA DICTADURA DEL CAPITAL A LA DICTADURA DEL PROLETARIADO

El Manifiesto Comunista
CARLOS MARX
Y FEDERICO ENGELS

El comunismo, según explican los dirigentes fundadores del movimiento obrero revolucionario, no es un conjunto de ideas o "principios" preconcebidos sino el camino de la clase obrera hacia el poder, que surge de un "movimiento que se desarrolla ante nuestros ojos". US$5. También en inglés, francés, persa y árabe.

The History of the Russian Revolution
(La historia de la Revolución Rusa)
LEÓN TROTSKY

Cómo el Partido Bolchevique, bajo el liderazgo de Lenin, dirigió a millones de trabajadores y campesinos a derrocar el poder estatal de los latifundistas y capitalistas en 1917, y a llevar al poder un gobierno que promovía sus propios intereses de clase a nivel nacional y mundial. Escrito por uno de los dirigentes centrales de esa revolución socialista. Edición completa en inglés, tres tomos en uno. US$30. También en francés y ruso.

El imperialismo, fase superior del capitalismo
V.I. LENIN

"Espero que mi folleto ayude al lector a orientarse en el problema económico fundamental: la esencia económica del imperialismo", escribió Lenin en 1917. Sin estudiar eso "es imposible comprender y emitir un juicio sobre la guerra y la política moderna". US$5. También en inglés, persa y griego.

La última lucha de Lenin
Discursos y escritos, 1922–23
V.I. LENIN

En 1922 y 1923, V.I. Lenin, dirigente central de la primera revolución socialista, libró su última batalla política, lucha que tras su muerte se perdió. Lo que estaba en juego era si esa revolución, y el movimiento comunista internacional que esta dirigía, mantendría el curso proletario que había llevado al poder a los trabajadores y campesinos en octubre de 1917. US$17. También en inglés, persa y griego.

What Is to Be Done?
(¿Qué hacer?)
V.I. LENIN

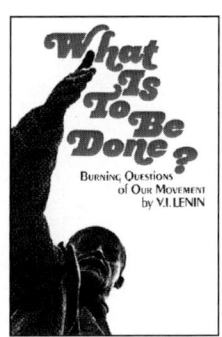

La decisiva importancia de crear una organización disciplinada de revolucionarios proletarios capaces de actuar como "el tribuno popular, que sabe reaccionar ante toda manifestación de arbitrariedad y de opresión, dondequiera que se produzca, para explicar a todos y cada uno la importancia histórica universal de la lucha emancipadora del proletariado". Escrito en 1902. En inglés. US$20

La revolución traicionada
¿Qué es y adónde va la Unión Soviética?
LEÓN TROTSKY

En 1917 los trabajadores y campesinos de Rusia hicieron una de las revoluciones más profundas de la historia. Sin embargo, al cabo de 10 años, una capa social privilegiada, cuyo principal vocero era José Stalin, ya consolidaba una contrarrevolución política. Este estudio ilumina el origen del desmoronamiento de la burocracia soviética y los conflictos que se van agudizando en las ex repúblicas de la Unión Soviética. US$17. También en inglés, persa y griego.

PATHFINDERPRESS.COM

APÉNDICE

CRISIS, AUGE Y REVOLUCIÓN

INFORMES DE 1921 POR V.I. LENIN
Y LEÓN TROTSKY

Este apéndice de "Ha comenzado el invierno largo y caliente del capitalismo" contiene informes de los dirigentes bolcheviques V.I. Lenin y León Trotsky que fueron debatidos y aprobados por el Tercer Congreso de la Internacional Comunista, celebrado en Moscú en 1921. En "En este número" al comienzo de la revista, Jack Barnes explica las razones por las que los directores de *Nueva Internacional* consideraron valioso incluirlos como apéndice.

Aquí se reproducen fragmentos mayores del informe de Trotsky de 1921. El texto en español se basa en la traducción al inglés por John G. Wright, publicada originalmente al final de la Segunda Guerra Mundial en el libro de Pathfinder *The First Five Years of the Communist International* (Los primeros cinco años de la Internacional Comunista); ha sido cotejado con el original ruso y corregido. La traducción al español del informe de Lenin, que se encuentra en el tomo 44 de sus *Obras completas,* también fue revisada y corregida.

La publicación de estos dos informes de 1921 amplía un paquete de materiales afines que ahora se pueden obtener de Pathfinder, en especial la carta de Trotsky de 1923, "La curva del desarrollo capitalista", que aparece en el número 4 de *Nueva Internacional.* Además, dos discursos pronunciados por Trotsky en 1924 y 1926 aparecen juntos en el folleto *Europe and America: Two Speeches on Imperialism* (Europa y América: dos discursos sobre el imperialismo).

LA CRISIS ECONÓMICA MUNDIAL Y LAS TAREAS DE LOS COMUNISTAS

por León Trotsky

23 de junio de 1921

1917-21

CON LA GUERRA IMPERIALISTA entramos a una época revolucionaria, es decir, una época durante la cual los pilares mismos del equilibrio capitalista se estremecen y se desploman. El equilibrio capitalista es un fenómeno en extremo complicado. El capitalismo produce ese equilibrio, lo perturba, lo restaura de nuevo para de nuevo perturbarlo, ensanchando a la vez los límites de su dominación. En la esfera económica, las crisis y los auges son la forma que adoptan estas rupturas y restablecimientos constantes del equilibrio. En la esfera de las relaciones entre las clases, la ruptura del equilibrio consiste en huelgas, cierres patronales, lucha revolucionaria. En la esfera de las relaciones entre los estados, la ruptura del equilibrio significa guerra o, en una forma más débil, guerra arancelaria, guerra económica o bloqueo. El capitalismo tiene, pues, un equilibrio dinámico, que está siempre en proceso de ruptura o de restauración. Pero al mismo tiempo, este equilibrio posee una gran fuerza de resistencia, la mejor prueba de lo cual es el hecho que el mundo capitalista aún no se ha desplomado.

La última guerra imperialista constituyó un acontecimiento que acertadamente consideramos un golpe colosal, sin precedente histórico, contra el equilibrio del mundo capitalista. Es así que de la guerra ha surgido, de hecho, la época de los más grandes movimientos de masas y luchas revolucionarias. Rusia, el eslabón más débil de la cadena capitalista, fue el primero en perder su equilibrio, y el primero en ingresar a la vía revolucionaria: en 1917, en el mes de febrero.

NUESTRA REVOLUCIÓN de Febrero tuvo enormes repercusiones entre las masas trabajadoras de Inglaterra. En Inglaterra el año 1917 fue el de las mayores luchas huelguísticas, mediante las cuales el proletariado inglés logró frenar el proceso de deterioro del nivel de vida de las masas trabajadoras que había sido provocado por la guerra.[1] En octubre de 1917, la clase trabajadora de Rusia tomó el poder. Se extendieron luchas huelguísticas por todo el mundo capitalista, empezando por los países neutrales. En el otoño de 1918, Japón atravesó un período de tumultuosos motines "del arroz" que, según ciertos datos, incorporaron hasta un 25 por ciento de la población y fueron cruelmente reprimidos por el gobierno del

---

1. En mayo de 1917, los metalúrgicos y otros trabajadores en Gran Bretaña lanzaron una ola de huelgas de protesta contra el alza de los precios de los alimentos y el deterioro, acentuado por la guerra, de otras condiciones económicas y sociales. Al no poder derrotar las huelgas con arrestos, los patrones y el gobierno hicieron algunas concesiones a las reivindicaciones de los huelguistas. Unos 872 mil trabajadores se sumaron a las huelgas en Gran Bretaña en 1917, y más de un millón cien mil lo hicieron el año siguiente.

Mikado.² En enero de 1918, estallaron huelgas masivas en Alemania. Hacia finales de 1918, tras el derrumbe del militarismo germánico, acontecieron revoluciones en Alemania y en Austria-Hungría.³ El movimiento revolucionario se sigue extendiendo.

---

2. En el verano de 1918, se propagaron por Japón rebeliones contra el alza vertiginosa del precio del arroz. El régimen del Mikado, el emperador, respondió con una salvaje represión, matando a más de un centenar de trabajadores y campesinos, y encarcelando a miles. El gabinete del emperador cayó tras la rebelión.

3. Una rebelión de marineros en octubre de 1918 dio inicio a una ola de acción revolucionaria por toda Alemania, la cual derrocó a la monarquía de los Hohenzollern y llevó a la formación de consejos de trabajadores y soldados. El Partido Social Demócrata, que había apoyado el esfuerzo bélico del régimen imperialista alemán, intervino para formar un gobierno con el centrista Partido Social Demócrata Independiente; Friedrich Ebert encabezó el régimen. Si bien reconocieron formalmente a los consejos de trabajadores y soldados como la base del poder gubernamental, los socialdemócratas en realidad rigieron mediante el aparato estatal heredado de la monarquía, buscando estabilizar el dominio burgués. En enero de 1919, el nuevo gobierno desató unidades militares dirigidas por derechistas, los *Freikorps*, contra el movimiento obrero en ascenso, imponiendo un reino de terror en el que cientos de personas fueron masacradas, entre ellas los dirigentes revolucionarios Rosa Luxemburgo y Carlos Liebknecht. Los socialdemócratas después se unieron abiertamente a los partidos burgueses para formar un régimen de coalición.

Los levantamientos obreros ocurridos por todo el imperio austro-húngaro en 1918 llevaron al derrumbe de la monarquía en noviembre de ese año, al establecimiento de gobiernos independientes en Checoslovaquia, Hungría y los Balcanes, y a la formación de un régimen dominado por los socialdemócratas en la propia Austria.

Delegados al Tercer Congreso de la Comintern, 1921, en desfile de bienvenida en Moscú. León Trotsky, organizador del Ejército Rojo (de uniforme), está en el centro al frente.

"El equilibrio capitalista es un fenómeno en extremo complicado", explicó Trotsky en su informe al congreso. "El capitalismo produce ese equilibrio, lo perturba, lo restaura de nuevo para de nuevo perturbarlo, ensanchando a la vez los límites de su dominación. En la esfera económica, las crisis y los auges son la forma que adoptan estas rupturas y restablecimientos constantes del equilibrio. En las relaciones entre las clases, la ruptura del equilibrio consiste en huelgas, cierres patronales, lucha revolucionaria. En las relaciones entre los estados, significa guerra o, en una forma más débil, guerra arancelaria, guerra económica o bloqueo".

Llega el año más crítico para el capitalismo, en todo caso para el capitalismo europeo: el año 1919. En marzo de 1919 se proclama en Hungría una República Soviética.[4] En enero y marzo de 1919 se desatan en Alemania cruentos combates entre los trabajadores revolucionarios y la república burguesa. En Francia se siente la tensión en el aire durante la desmovilización, pero la ilusión de la victoria y la esperanza de sus frutos de oro siguen siendo demasiado fuertes; la lucha ni siquiera comienza a semejar la magnitud adquirida en los países vencidos. En Estados Unidos, hacia finales de 1919 las huelgas alcanzan una gran envergadura, e integran a los trabajadores ferrocarrileros, a los mineros, a los siderúrgicos, etcétera. El gobierno [del presidente Woodrow] Wilson desata una salvaje represión contra la clase trabajadora.[5]

---

4. La inexperta dirección del Partido Comunista en el gobierno revolucionario de Hungría, que recién había logrado la independencia, tomó una decisión fatal al fusionarse en un partido único con las organizaciones socialdemócratas reformistas y centristas. El gobierno también intentó pasar rápidamente al establecimiento de granjas estatales colectivizadas, haciendo caso omiso de los anhelos de los campesinos pobres y medios por una parcela de tierra para labrar. Su dirección ultraizquierdista rehusó llevar a cabo una reforma agraria profunda como habían hecho los bolcheviques en Rusia. Al afrontar una rebelión en el campo y el sabotaje abierto por parte del centro y el ala derecha del nuevo partido, el gobierno revolucionario fue derrocado después de 133 días. Miles de personas fueron asesinadas en Hungría, entre ellas muchos judíos, en el posterior Terror Blanco contrarrevolucionario.

5. En 1919, una ola de huelgas de trabajadores textiles, mineros del cobre y estibadores, entre otros, culminó en un paro de 365 mil trabajadores siderúrgicos en 10 estados a finales de septiembre, y de medio millón de mineros del carbón a comienzos de

En la primavera de 1920, una tentativa en Alemania de instalar la contrarrevolución con el *putsch* de Kapp moviliza e impulsa al combate a la clase trabajadora. El intenso pero amorfo movimiento de los trabajadores alemanes de nuevo es aplastado despiadadamente por la república de Ebert, que ellos acababan de salvar.[6] En Francia la situación política alcanzó la máxima intensidad en mayo del año pasado, durante la proclamación de la huelga general que, dicho sea de paso, distó mucho de ser general, y estuvo mal preparada y fue traicionada por los jefes oportunistas, quienes jamás quisieron la huelga

---

noviembre. Los patrones del acero, respaldados por los gobiernos estatales y federal, se organizaron para romper las huelgas, matando a 18 trabajadores e hiriendo a muchos más. Los mineros del carbón retornaron a sus puestos a mediados de noviembre, habiendo ganado algunas de sus reivindicaciones salariales pero sin lograr la reducción de la jornada laboral. Maldirigida por funcionarios en diversos gremios de oficios en la industria del acero, y traicionada por los funcionarios de los gremios ferrocarrileros, la lucha de los obreros del acero fue derrotada en enero de 1920.

En los años 1919 y 1920 el gobierno de Estados Unidos realizó una ola de redadas. Arrestó a miles de trabajadores, acusándolos de actividades comunistas, y deportó a cientos de ellos. Esos ataques llegaron a conocerse como las Redadas Palmer, ya que fueron organizadas por el fiscal general norteamericano A. Mitchell Palmer. Durante varios años después de estas redadas, las organizaciones comunistas en Estados Unidos se vieron obligadas a irse a la clandestinidad.

6. En marzo de 1920, los trabajadores en Alemania organizaron una masiva huelga general para detener un golpe de estado dirigido por el político derechista Wolfgang Kapp. Tras el fallido golpe, el régimen dirigido por los socialdemócratas, que había sido salvado por la acción de los trabajadores, arreció sus ataques contra la clase trabajadora y el movimiento obrero revolucionario.

aunque no osaron confesarlo.[7]

En agosto, la marcha del Ejército Rojo sobre Varsovia —también parte de la lucha revolucionaria internacional— termina en fracaso.[8] En septiembre los trabajadores

---

[7]. En mayo de 1920, los funcionarios colaboracionistas de clases de la Confederación General del Trabajo (CGT) en Francia, temerosos de la creciente combatividad entre las filas, emitieron un llamado poco entusiasta para una huelga general y paros rotativos de solidaridad en apoyo a los trabajadores ferrocarrileros en huelga, quienes exigían la restitución de sindicalistas despedidos. Ante los arrestos de dirigentes sindicales y las amenazas del gobierno de tomar medidas judiciales contra la CGT, los funcionarios cancelaron la huelga a finales de mayo, causando un revés desmoralizador para el movimiento obrero. El número de miembros de sindicatos decayó, desde 2.5 millones a comienzos de 1920 hasta menos de un millón para la primavera de 1921.

[8]. En abril de 1920, el régimen capitalista de Polonia, tras rechazar una oferta de paz del gobierno soviético que incluía importantes concesiones territoriales por parte del régimen de trabajadores y campesinos, lanzó una invasión a Rusia soviética. El ataque se realizó con la participación directa de oficiales franceses y con apoyo militar del capital financiero británico y estadounidense. Al tiempo que el Ejército Rojo respondió al ataque, el gobierno soviético emitió un llamado a los trabajadores y campesinos polacos a unirse en una lucha común contra los terratenientes y capitalistas de ese país y sus partidarios imperialistas. Para julio, cuando las tropas soviéticas entraban a Polonia y comenzaban a marchar hacia Varsovia, los comunistas polacos establecieron un comité revolucionario detrás de las líneas del Ejército Rojo.

El avance del Ejército Rojo alarmó a los gobernantes burgueses en toda Europa. A la vez impulsó brotes de resistencia entre campesinos y trabajadores en Alemania, quienes sufrían las consecuencias de la esclavitud de las deudas impuestas como "reparaciones" de guerra bajo las condiciones del Tratado de Versalles por los imperialistas vencedores de la Primera Guerra Mundial. Cuando los gobernantes británicos amenazaron con tomar acción militar contra Rusia soviética, los trabajadores en

italianos, tomando en serio la agitación revolucionaria puramente verbal del Partido Socialista, ocupan talleres y fábricas, pero, traicionados vergonzosamente por el partido, sufren derrotas en toda la línea y entonces son sometidos a una contraofensiva implacable por la reacción unificada.[9] En diciembre se desarrolla una masiva

---

el Reino Unido formaron a nivel nacional los Consejos de Acción, los cuales frenaron la mano de Londres. No obstante, para finales del verano el ejército polaco había echado atrás a los soldados del Ejército Rojo.

En octubre de 1920, al evaluar el desenlace en Polonia, Lenin dijo, "No tuvimos fuerza suficiente para tomar Varsovia y liquidar a los terratenientes, guardias blancos y capitalistas polacos, pero nuestro ejército le mostró al mundo entero que el Tratado de Versalles no tiene la fuerza que se dice, que cientos de millones de seres están condenados a pagar los empréstitos durante decenios… para que los imperialistas ingleses, franceses y otros se enriquezcan. [Cuando Londres envió un comunicado al gobierno soviético amenazando con mandar su flota para atacar a Petrogrado], al día siguiente de este telegrama, en toda Inglaterra hubo mítines y asambleas y surgieron Comités de Acción. Los trabajadores se unieron… He ahí por qué esta guerra polaca ha terminado como no lo esperaba ninguno de los estados imperialistas". ("Discurso en la conferencia de presidentes de comités ejecutivos de *Uyezds* [condados], *Volosts* [distritos rurales], de la *Gubernia* [provincia] de Moscú", en Lenin, *Obras completas,* tomo 41, págs. 351–68.)

En marzo de 1921, los gobiernos soviético y polaco firmaron un acuerdo de paz, con condiciones más favorables para la república de trabajadores y campesinos que las que ésta le había ofrecido a Varsovia el año anterior.

9. En septiembre de 1920, unos 600 mil trabajadores ocuparon fábricas por toda Italia en respuesta a un conato de cierre patronal. La ola de ocupaciones coincidió con un auge de luchas por campesinos y trabajadores agrícolas ese año. Sin embargo, en vez de utilizar esa situación prerrevolucionaria para organi-

huelga revolucionaria en Checoslovaquia. Por último, a comienzos de este año, en Alemania central estallan batallas revolucionarias con un enorme saldo de víctimas; en Inglaterra se presencia el reinicio de una tenaz huelga de mineros,[10] que hasta la fecha no ha concluido; y en Noruega estalla una huelga general.

Cuando durante el período inicial de la posguerra observamos el crecimiento del movimiento revolucionario, muchos de nosotros podríamos haber creído —con amplias justificaciones históricas— que este movimiento, cada día más extenso y más fuerte, inevitablemente de-

---

zar a los trabajadores y campesinos hacia la toma del poder, la dirección colaboracionista de clases del Partido Socialista y de los sindicatos dirigidos por el PS en Italia desmovilizaron la lucha, abriendo las puertas a salvajes represalias por parte de los patrones y las pandillas fascistas nacientes dirigidas por Benito Mussolini. Tras esta derrota, el movimiento de Mussolini tomó el poder en 1922 y aplastó al movimiento obrero en Italia en los años siguientes.

10. En 1920, los mineros del carbón sindicalizados en Gran Bretaña organizaron una breve huelga que logró aumentos salariales. En marzo de 1921 el gobierno anunció que devolvería las minas —manejadas por el estado desde la Primera Guerra Mundial— a los dueños capitalistas. Los dueños propusieron un convenio que no solo reduciría los salarios sino que eliminaría escalas salariales fijadas a nivel de toda la industria y vincularía los salarios de los mineros a las ganancias de los patrones para quienes trabajaban. Cuando los mineros rechazaron esa propuesta, los empresarios del carbón iniciaron un cierre patronal el 1 de abril. Los mineros sufrieron un duro revés cuando las cúpulas sindicales de los trabajadores ferrocarrileros y del transporte cancelaron una huelga de solidaridad programada para el 15 de abril y le dieron la espalda a la lucha. Los mineros se vieron forzados a retornar a sus labores en julio de 1921, bajo condiciones que recortaban sus salarios a casi la mitad.

bía conducir a la clase trabajadora a la conquista del poder. No obstante, ya han transcurrido casi tres años desde la guerra. En el mundo entero, con la singular excepción de Rusia, el poder sigue en manos de la burguesía. Cierto es que, entretanto, el mundo capitalista no quedó inmutable. Ha ido experimentando cambios. Europa y el mundo entero han vivido un período de desmovilización de posguerra, un período extremadamente agudo y peligroso para la burguesía —la desmovilización de hombres y desmovilización de cosas, es decir, de la industria—, período de un impetuoso auge comercial de posguerra seguido de una crisis que aún no termina.

Ahora se nos plantean estos problemas en toda su magnitud: ¿Realmente tiende este desarrollo, aun ahora, hacia la revolución? ¿O es necesario reconocer que el capitalismo ha logrado sortear las dificultades surgidas de la guerra y que, si aún no ha restablecido el equilibrio capitalista sobre nuevas bases —de posguerra— al menos está restableciendo o está por restablecer ese equilibrio?

La burguesía gana confianza

Si antes de analizar las raíces económicas de este problema, lo enfocamos desde el punto de vista puramente político, tendremos que establecer toda una serie de síntomas, hechos y declaraciones que den testimonio de esto, que la burguesía, como clase gobernante, se ha fortalecido y se restablece, o en todo caso, así lo cree. En 1919 la burguesía europea se hallaba en un estado de extrema confusión. Eran días de pánico, días de un temor realmente demente ante el bolchevismo, que entonces se vislumbraba como una aparición en extremo nebulosa y, por consiguiente, tanto más aterradora, y que en los afiches de París se le solía mostrar como un asesino con una daga entre los dientes y así por el estilo. En realidad, encarnado en ese fantasma del bolchevismo con un cuchillo estaba el miedo de la burguesía europea de ser castigada por sus crímenes de guerra. En todo caso, la burguesía estaba consciente de lo poco que los resultados de la guerra correspondían a las promesas que había hecho. Conocía el costo exacto en vidas y en riquezas. Temía un ajuste de cuentas.

El año 1919 fue indudablemente el más crítico para la burguesía. En 1920 y en 1921 se ve que la burguesía va adquiriendo gradualmente confianza, y junto a ello una innegable consolidación de su aparato estatal, el cual inmediatamente después de la guerra se encontraba al borde de la desintegración en ciertos países, por ejemplo en Italia. La recuperación de la confianza de la burguesía asumió una forma especialmente gráfica en Italia, después de la traición cobarde del Partido Socialista en septiembre. La burguesía había imaginado que enfrentaba a bandidos y asesinos terribles; en cambio, lo que encontró fue un atajo de cobardes...

La situación objetiva de los partidos socialdemócratas respecto al estado y a los partidos burgueses también ha cambiado de forma correspondiente. En todas partes se está expulsando a los socialdemócratas del gobierno. Si se les incorpora de nuevo al gobierno, es solo de forma temporal y debido a presiones externas, como sucedió en Alemania. El Partido [Social Demócrata] Independiente [de Alemania] ha virado completamente hacia la derecha, también bajo la influencia directa o indirecta de la nueva situación, cuyo significado tiende a exagerar sobremanera. A los independientes de todos los países y a los socialdemócratas de todos los países, que tanto parecían diferir un año o año y medio atrás, hoy día se les ve más acercados, con la cooperación de Amsterdam.[11]

De modo que es absolutamente innegable que la burguesía, como clase, ha adquirido más confianza en sí misma, como también es innegable la consolidación real de los aparatos policiaco-estatales después de la guerra. Pero este hecho en sí —por importante que sea— dista mucho de resolver el problema. En todo caso, nuestros enemigos tratan prematuramente de deducir de ello que nuestro programa ha fracasado. Claro está, nosotros habíamos esperado que la burguesía sería derrocada en 1919. Pero no estábamos seguros de ello, ni tampoco elaboramos o fundamos nuestro programa de acción en torno a esa fecha. Cuando el señor Otto Bauer[12] y otros teóricos de la Segunda Internacional y de la Internacional Dos y Media dicen que ha quedado demostrado el fracaso de nuestros pronósticos, se podría pensar que se trataba de pronósticos de un suceso astronómico. Es como si nos hubiésemos equivocado en nuestros cálculos matemáticos de que se iba a producir un eclipse solar en tal y tal fecha, y por tanto quedó demostrado que éramos malos astrónomos.

Sin embargo, eso no tiene nada que ver con la realidad. Nosotros no habíamos predicho un eclipse solar, es decir, un fenómeno más allá de nuestra voluntad y totalmente

---

11. La Federación Internacional de Sindicatos, dirigida por la socialdemocracia, se conocía como la Internacional de Amsterdam, por tener allí su sede.

12. Otto Bauer, autor de varios trabajos antimarxistas sobre el problema nacional, fue uno de los dirigentes del Partido Socialdemócrata en Austria. Al final de la Primera Guerra Mundial, con la caída de la monarquía de los Habsburgo, Bauer fue nombrado ministro del exterior del gobierno capitalista de Austria, cargo al que renunció en 1919. En 1921 ayudó a formar la centrista Internacional Dos y Media con sede en Viena, la cual se reintegró a la Segunda Internacional dos años después en 1923.

independiente de nuestras acciones. Se trata de un suceso histórico que puede ocurrir, y va a ocurrir, con nuestra participación. Cuando hablábamos de la revolución que debía resultar de la guerra mundial, significaba que estábamos, y estamos, intentando utilizar las consecuencias de la guerra mundial para acelerar la revolución por todos los medios posibles. El que la revolución no haya ocurrido hasta la fecha en el mundo entero, o al menos en Europa, de ninguna manera significa la "bancarrota de la Internacional Comunista", ya que el programa de la Comintern no se basa en datos astronómicos. Todo comunista que en alguna medida haya analizado cuidadosamente sus ideas comprende esto. Sin embargo, en tanto que la revolución no ha seguido inmediatamente a la guerra, es absolutamente evidente que la burguesía ha aprovechado el respiro que se le concedió, si no para superar y eliminar las consecuencias más espantosas y terribles de la guerra, al menos para disfrazarlas, para remendarlas.

¿Lo ha logrado? En parte, sí. ¿Hasta qué punto? Aquí tocamos la esencia misma del problema, que implica el restablecimiento del equilibrio capitalista.

¿Se ha restablecido el equilibrio mundial?

¿Qué significa el equilibrio capitalista del que el menchevismo internacional[13] habla hoy día con absoluta certeza?

---

13. En el congreso de 1903 del Partido Obrero Socialdemócrata de Rusia, el movimiento se dividió en dos alas: los bolcheviques (que significa "mayoría" en ruso), dirigidos por V.I. Lenin, y los mencheviques ("minoría" en ruso). Durante la Primera Guerra Mundial, los mencheviques rechazaron la trayectoria internacionalista proletaria trazada por Lenin y se opusieron a la conquista del poder por los trabajadores y campesinos, dirigida por los bolcheviques en octubre de 1917. Tras la Revolución de Octubre, la mayoría de la dirección menchevique se unió a los

Por su parte, los socialdemócratas no ofrecen análisis alguno de este concepto del equilibrio. Ni lo desglosan ni ofrecen una exposición clara. El equilibrio del capitalismo encierra una gran cantidad de factores, sucesos y hechos: algunos básicos, otros secundarios, y otros más de tercer orden. El capitalismo es un fenómeno mundial. El capitalismo ha logrado abarcar todo el globo terráqueo. Esto se manifestó de la forma más aguda durante la guerra y durante el bloqueo, cuando un país, privado de un mercado, producía excedentes, mientras que otro, que necesitaba productos, carecía de acceso a ellos. Y hoy esta interdependencia del mercado mundial desarticulado se manifiesta aquí y en todas partes.

EL CAPITALISMO, en la etapa que alcanzó antes de la guerra, se basa en la división del trabajo a nivel mundial y en el intercambio mundial de productos. América [Estados Unidos] tiene que producir determinada cantidad de granos para Europa. Francia tiene que producir determinada cantidad de objetos de lujo para América. Alemania tiene que producir para Francia cierto número de enseres domésticos baratos. A su vez, esta división del trabajo no es algo constante, no es algo establecido de una vez por todas. Adquiere forma históricamente. Constantemente la perturban las crisis y la competencia, ya no se diga las guerras arancelarias. Y se restaura una y otra

---

grandes terratenientes y capitalistas de Rusia, y a los gobiernos imperialistas de toda Europa y de Estados Unidos, en la guerra civil y demás esfuerzos contrarrevolucionarios dirigidos a derrocar la república soviética. Al hacerlo, se les unió la dirección de la Segunda Internacional, que los bolcheviques llegaron a denominar el "menchevismo internacional".

vez, solo para ser perturbada de nuevo. Sin embargo, el conjunto de la economía mundial se basa en una menor o mayor división entre los diversos países de la producción de las necesidades correspondientes. Esta división mundial del trabajo es la que hoy se ha visto cortada de raíz por la guerra. ¿Se ha restaurado o no? He aquí un aspecto del asunto.

En cada país la agricultura provee a la industria de productos de primera necesidad para los trabajadores y de bienes de uso productivo (materias primas), mientras que la industria provee al campo de enseres domésticos y bienes de consumo, así como medios de producción agrícola. Aquí también se establecen ciertas relaciones recíprocas. Por último, en el seno de la propia industria asistimos a la producción de los medios de producción y a la producción de los medios de consumo, y entre estas dos principales ramas de la industria se establece cierta interrelación, la cual experimenta trastornos constantes solo para ser regenerada una y otra vez sobre nuevas bases. La guerra ha perturbado de manera drástica todas estas interrelaciones y proporciones, aunque solo haya sido en virtud del siguiente hecho: que durante la guerra, las industrias de Europa —y en gran medida también las de América y de Japón— produjeron no tanto bienes de consumo ni medios de producción, sino más bien medios de destrucción. En la medida que se siguieron produciendo bienes de consumo, los utilizaban no tanto los trabajadores que producen como los que destruyen: los soldados de los ejércitos imperialistas. Bien, esta armoniosa relación perturbada entre la ciudad y el campo, entre las distintas ramas de la industria dentro de cada país, ¿se ha restaurado o no?

Luego viene el equilibrio de clases que descansa sobre el equilibrio económico. En el período anterior a la guerra, en lo que se refiere a las relaciones internacionales, prevalecía una llamada tregua armada. Pero no solo allí, porque entre la burguesía y el proletariado también reinaba en gran medida una tregua armada, gracias a un sistema de convenios colectivos de salarios acordado entre los sindicatos centralizados y el capital industrial cada vez más centralizado. Este equilibrio también ha sido totalmente perturbado por la guerra, y fue esto lo que condujo a un movimiento colosal de huelgas en el mundo entero. El relativo equilibrio de clases de la sociedad burguesa, sin el cual la producción resulta inconcebible, ¿se ha restablecido o no? Y de ser así, ¿sobre qué bases?

El equilibrio de clases guarda un vínculo estrecho con el equilibrio político. La burguesía, durante la guerra y antes de la guerra, mantenía en equilibrio su mecanismo —aunque esto no lo percibimos en aquel momento— mediante los socialdemócratas, los social-patriotas, que eran los principales agentes de la burguesía y ceñían a la clase trabajadora en los límites del equilibrio burgués. Fue únicamente gracias a esto que la burguesía pudo aventurarse a hacer la guerra. ¿Ha reconstruido hoy de nuevo el equilibrio de su sistema político? ¿Y hasta qué punto los socialdemócratas conservaron o despilfarraron la influencia que tenían sobre las masas, y por cuánto tiempo más podrán representar su papel de guardianes de la burguesía?

Luego viene la cuestión del equilibrio internacional, es decir, de la coexistencia de los estados capitalistas, sin la cual la restauración de la economía capitalista se hace, por supuesto, imposible. ¿Se ha alcanzado ya el equilibrio en esta esfera, o no?...

Auge y crisis

Los economistas burgueses y reformistas que tienen un interés ideológico en engalanar la situación del capitalismo dicen: la crisis actual en sí no prueba nada. Por el contrario, es un fenómeno normal. Después de la guerra, presenciamos un auge industrial, y ahora una crisis, de lo que se deduce que el capitalismo vive y prospera.

En efecto, el capitalismo sí vive de crisis y auges, lo mismo que un ser humano vive aspirando y espirando. Primero se da un auge en la industria, después un paro, luego una crisis, seguida de un alto en la crisis, entonces viene una mejoría, otro auge, otro paro y así por el estilo.

La crisis y el auge se conjugan con todas las fases de transición para conformar un ciclo o uno de los grandes círculos del desarrollo industrial. Cada ciclo dura de ocho a nueve o de diez a once años. A fuerza de sus contradicciones internas, el capitalismo no se desarrolla de forma rectilínea, sino zigzagueante, pasando por altibajos. Es precisamente este fenómeno el que permite decir a los apologistas del capitalismo: ya que después de la guerra observamos una sucesión de auge y crisis, de ello se deduce que todo anda de lo mejor en el mejor de los mundos capitalistas.

Sin embargo, la realidad es otra. El hecho que el capitalismo sigue oscilando cíclicamente después de la guerra indica, sencillamente, que el capitalismo aún no ha muerto, que no estamos tratando con un cadáver. Hasta que el capitalismo no sea derrocado por la revolución proletaria, seguirá viviendo en ciclos, oscilando entre alzas y bajas. Las crisis y los auges han sido propios del capitalismo desde que nació, y le van a acompañar hasta la tumba. Pero para definir la edad del capitalismo y su condición general —para determinar si se sigue desarrollando, si ha madurado, o si está en declive— hay que diagnosticar el carácter de los ciclos en cuestión. De forma muy parecida se puede diagnosticar el estado del organismo humano, a partir de si su respiración es regular o entrecortada, profunda o superficial, etcétera.

La esencia del asunto, camaradas, se puede presentar de la siguiente manera: tomemos el desarrollo del capitalismo (el crecimiento de la producción del carbón, de textiles, de hierro colado, de acero, del comercio exterior, etcétera) y tracemos una curva que delinea ese desarrollo. Si en las desviaciones de esta curva hemos expresado la verdadera trayectoria del desarrollo económico, observamos que esta curva no *asciende* sobre un arco ininterrumpido, sino en zigzagueos, con altibajos: de arriba abajo en correspondencia con los auges y crisis respectivos. En consecuencia, la curva del desarrollo económico está compuesta de dos movimientos: un movimiento primario que expresa el ascenso general del capitalismo y un movimiento secundario que consiste de las fluctuaciones periódicas constantes, correspondientes a los diversos ciclos industriales.

En enero de este año, el *Times* de Londres publicó una tabla que abarcaba un período de 138 años: desde la guerra de las 13 colonias americanas por la independencia hasta nuestros días. En ese intervalo ha habido 16 ciclos, es decir, 16 crisis y 16 fases de prosperidad... Si analizamos la curva del desarrollo más detenidamente, vemos que se divide en cinco segmentos, cinco períodos diferentes y distintos. Desde 1781 hasta 1851 el desarrollo es muy lento, apenas se percibe movimiento alguno. Vemos que en el curso de 70 años el comercio exterior per cápita solo sube de 2 a 5 libras esterlinas. Después de la revolución de 1848, que ensanchó los límites del mercado europeo, aparece un punto crítico. Entre 1851 y 1873, la curva del desarrollo asciende agudamente. En

22 años, el comercio exterior per cápita sube de 5 a 21 libras esterlinas, mientras que en ese mismo período la cantidad de hierro per cápita sube de 4.5 a 13 kilogramos. Luego, a partir de 1873 ocurre una época de depresión. Desde 1873 hasta aproximadamente 1894, notamos un estancamiento en el comercio inglés (aun si tomamos en cuenta el interés devengado por el capital invertido en empresas extranjeras); ocurre una baja de 21 a 17.4 libras esterlinas: en el curso de 22 años. Luego viene otro auge, que dura hasta 1913: el comercio exterior sube de 17 a 30 libras esterlinas. Por último, con 1914 comienza el quinto período: el período de la destrucción de la economía capitalista.

¿Cómo se combinan las fluctuaciones cíclicas con el movimiento primario de la curva del desarrollo capitalista? Es muy sencillo. Durante los períodos de rápido desarrollo capitalista, las crisis son breves y de carácter superficial, en tanto que los auges son prolongados y de mucho alcance. En períodos de decadencia capitalista, las crisis tienen un carácter prolongado mientras que los auges son fugaces, superficiales y de carácter especulativo. En los períodos de estancamiento, las oscilaciones se producen alrededor de un mismo nivel.

Esto solo significa que es preciso determinar el estado general del organismo capitalista por la forma particular en que respira y por su pulso.

El auge de la posguerra

Inmediatamente después de la guerra surgió una situación económica indefinida. Sin embargo, para la primavera de 1919 comenzó un auge; se activaron las bolsas de valores: los precios se dispararon como una columna de mercurio metida en agua hirviente, la especulación se arremolinaba en una turbulencia de torbellinos. ¿Y la industria? En el centro, este y sur de Europa la baja seguía... En Francia hubo cierta mejoría, debido ante todo al saqueo de Alemania. En Inglaterra fue en parte estancamiento, en parte baja, con la sola excepción de la flota mercante, cuyo tonelaje ha subido en proporción a la baja del comercio real. De ahí que, en su conjunto, el auge en Europa tuvo un carácter semificticio y especulativo, lo que no significa progreso sino un mayor declive de la economía.

En Estados Unidos, después de la guerra, la industria desaceleró su producción militar e inició la reconversión a la industria de tiempos de paz. Se vio una mejora notable en las industrias del carbón, petrolera, automotriz y de construcción naval.

Año	Petróleo en millones de barriles	Automóviles en unidades	Construcción naval en miles de toneladas
1918	356	1 153 000	3 033
1919	378	1 974 000	4 075
1920	442	2 350 000	2 746

El camarada Varga,[14] en su valioso folleto, observa acertadamente:

> El hecho que el auge de la posguerra ha tenido carácter especulativo se revela de la forma más clara en el caso de Alemania. Mientras los precios se septuplicaron en el curso de 18 meses, la industria alemana sigue retrocediendo... Su

---

14. Eugen Varga, comunista húngaro que había participado en el gobierno de trabajadores y agricultores en Hungría en 1919, más tarde escribió sobre cuestiones económicas para las publicaciones de la Internacional Comunista.

coyuntura económica fue una coyuntura de ventas de liquidación: los excedentes de las reservas de mercancías para el mercado interno se descargaban en el extranjero a precios fabulosamente bajos.

El alza mayor de los precios se dio en Alemania, donde la industria continuó descendiendo. Los precios obtuvieron su menor aumento en Estados Unidos, donde la industria sigue en ascenso. Francia e Inglaterra se sitúan entre Alemania y Estados Unidos.

¿Cómo explicar estos hechos y el propio auge? En primer lugar, por causas económicas: después de la guerra se reanudaron las conexiones internacionales, aunque de manera en extremo reducida, y hubo una demanda universal para todo tipo de mercancías. En segundo lugar, por causas político-financieras: los gobiernos europeos le tenían un pánico mortal a la crisis que debía venir después de la guerra y tomaron todas las medidas posibles para prolongar, durante el período de desmovilización, el auge artificial creado por la guerra. Los gobiernos continuaron poniendo en circulación grandes cantidades de papel moneda, emitieron nuevos empréstitos, regularon las ganancias, los salarios y el precio del pan, echando mano a los fondos nacionales básicos a fin de subvencionar los ingresos de los trabajadores desmovilizados y creando así una reactivación económica artificial en el país. De este modo, durante todo este intervalo, el capital ficticio se seguía expandiendo, especialmente en los países donde continuaba la recesión industrial.

No obstante, el auge ficticio de la posguerra tuvo grandes consecuencias políticas: puede decirse, fundadamente, que salvó a la burguesía. Si desde el principio los trabajadores desmovilizados se hubieran topado con el desempleo, con un nivel de vida inferior al de antes de la guerra, los resultados podrían haber sido fatales para la burguesía. Al respecto, el profesor inglés Edwin Cannan escribió en el balance de fin de año del *Guardian* de Manchester: "La impaciencia de los hombres que vuelven de los campos de batalla es muy peligrosa". Y pasa a explicar muy acertadamente la transición favorable del período más grave de la posguerra, el año 1919, por el hecho que el gobierno y la burguesía, aunando esfuerzos, habían postergado y atrasado la crisis al crear una prosperidad artificial por una mayor destrucción del capital básico de Europa. Dice Cannan, "Si la situación económica de enero de 1919 hubiera sido la misma que la de 1921, quizás habría caído el caos sobre Europa occidental".

La violenta fiebre de la guerra se prolongó por año y medio más y la crisis irrumpió solo después que las masas de trabajadores y campesinos desmovilizados habían sido más o menos encasilladas en sus pequeñas celdas.

La crisis actual

Habiendo lidiado con la desmovilización y resistido el primer ataque de las masas trabajadoras, la burguesía salió de su estado de confusión, alarma y hasta pánico, y recobró su confianza. Quedó presa de la alucinación de que finalmente había llegado una época de la más grande prosperidad, una época que no terminaría jamás. Eminentes personalidades de la política y de las finanzas inglesas propusieron emitir un empréstito internacional de 2 mil millones de libras esterlinas para las obras de reconstrucción. Parecía que una lluvia de oro empaparía a Europa, para crear un bienestar universal. De este modo la devastación de Europa, la ruina de sus ciudades y sus pueblos se transmutaba en riquezas gracias a las fabulosas cifras de empréstitos, que en sí no eran sino la gigantesca sombra de la miseria. Sin embargo, la realidad no tardó en sacar a la burguesía de su mundo de sueños. Ya he descrito cómo empezó la crisis en Japón (en marzo) y en Estados Unidos (en abril), que luego saltó hasta Inglaterra, Francia, Italia, y para finales del año se había esparcido por todo el mundo. Con toda mi presentación previa queda evidente que no estamos tratando con meras fluctuaciones de un ciclo industrial recurrente, sino con un período de saldo de cuentas por los estragos y desolación de toda la época de guerra y posguerra.

En 1913 las importaciones netas de todos los estados se calculaban entre 65 y 70 mil millones de marcos oro. De esa suma, Rusia compró 2.5 mil millones; Austria-Hungría, 3 mil millones; los Balcanes, mil millones; y Alemania, 11 mil millones de marcos oro. Por tanto, la parte correspondiente a Europa central y oriental constituía un poco más de un cuarto de las importaciones totales del mundo. Actualmente todos esos países importan menos de la quinta parte de su cantidad previa. Esta última cifra basta para caracterizar el actual potencial de compra de Europa.

Europa ha decaído, su aparato productivo se ha encogido bastante desde antes de la guerra. El centro de gravedad económico se ha trasladado a América, no por una evolución gradual sino por la explotación que América ha hecho del mercado bélico europeo y la exclusión de Europa del comercio mundial.

Por tanto América logró la oportunidad de experimentar un período pasajero del más grande florecimiento. Sin embargo, este fenómeno es irrepetible, ya que por su retroceso Europa creó un mercado absolutamente artificial para América que hoy día no puede ser reemplazado por ningún otro. Habiendo cumplido su papel, Europa desde entonces ha perdido completamente su capacidad de repetir algo similar. Antes de la guerra el mercado europeo solía absorber más de la mitad, casi el 60 por ciento de todas las exportaciones de la industria americana; en el transcurso de la guerra Europa devino más importante aún para América, en tanto que las importaciones de Europa casi se triplicaron comparadas con las de los días de la preguerra. Sin embargo, Europa salió de la guerra como un continente muy empobrecido, y se ve totalmente privado de la posibilidad de obtener bienes de América por carecer de equivalentes en forma de oro u otros bienes. La explicación de la crisis que comenzó en Japón y en América se encuentra justo en esta circunstancia.

Después de una coyuntura breve y muy favorable que duró casi dos años, ha llegado una crisis totalmente genuina, que para Europa significa lo siguiente: "Estás pobre, debes ajustar tus gustos según tu bolsillo; ya no estás en condiciones de importar de América los bienes que necesitas". Para América esta mismísima crisis significa lo siguiente: "Te has enriquecido porque quedaste bien situada para extraerle la riqueza a Europa. Eso duró cuatro, cinco o seis años, en tanto continuó la guerra. Pero ahora este opulento estado de cosas ha llegado a su fin".

Algunos países están completamente arruinados, sus aparatos productivos deben ser reconstruidos de raíz. Entre cada pueblo se debe reanudar la división del trabajo. Las economías francesa y alemana aún siguen funcionando mecánicamente gracias al impulso que recibieron antes y durante la guerra. Sin embargo, Alemania se debe echar atrás para introducir concordia y orden a su aparato económico; y así como fue necesario organizar la economía durante la guerra para mitigar las privaciones resultantes, hoy día Alemania debe seguir la misma política, a menos que intervenga la revolución. Si los sucesos continúan desarrollándose de la manera actual, será necesario iniciar la organización en la vida económica del país y establecer, primero y ante todo, la proporción necesaria entre los medios de producción y los medios de consumo. En otras palabras, la relación recíproca necesaria y correcta se va a crear mediante nuevas guerras y todo tipo de medidas paliativas, a menos que estalle la revolución.

Lo mismo corresponde a Francia y a Europa en su conjunto, en tanto continúe este período de regresión en la vida económica, un período en el que los países capitalistas tienden a bajar al nivel de los que han sufrido más y se han vuelto los más pobres. Durante este proceso de nivelación, América tendrá que olvidarse de mantener sus mercados más grandes y más importantes a su nivel anterior. Y esto significa que la crisis antes mencionada no es una crisis transitoria normal para América, sino el comienzo de una prolongada época de depresión.

Volvamos a nuestra tabla en la que se trazan los distintos períodos: primero, la época de estancamiento, que duró 70 años, seguida de la época de auge entre 1851 y 1873. Estos 22 años de expansión turbulenta se vieron marcados por dos crisis y dos períodos coyunturales favorables, y además estas coyunturas fueron realmente favorables, mientras que las crisis fueron de un carácter muy débil. Luego, desde 1873 hasta mediados de 1890, nuevamente se impone el estancamiento, o en todo caso el desarrollo se desacelera enormemente. Entonces de nuevo se da una expansión sin precedentes. Todo esto es un proceso de adaptación, un proceso de nivelación. Siempre que el capitalismo se topa en cualquier país con la saturación de este o aquel mercado, se ve obligado a buscar otros mercados. Importantes sucesos históricos —crisis económicas, revoluciones y demás— decidirán si en dichos períodos vamos a observar un estancamiento, auges o regresiones. He aquí los principales rasgos del desarrollo capitalista.

En este momento el capitalismo ha entrado a un período de depresión prolongada y profunda. Hablando con propiedad, esta época debió haber comenzado ya —en tanto se puede profetizar el pasado— en 1913, cuando el mercado mundial, como resultado de 20 años de desarrollo turbulento, ya se había vuelto inadecuado para el desarrollo del capitalismo alemán, inglés y norteamericano. Estos gigantes del desarrollo capitalista lo sopesaron a fondo. Se dijeron a sí mismos: para evitar esta depresión, que va a persistir por muchos años, vamos a crear una aguda crisis de guerra, destruir a nuestro rival y lograr la dominación indiscutida del mercado mundial, que ha quedado demasiado estrecho. Sin embargo, la guerra duró más que demasiado, provocando una crisis no solo aguda sino prolongada; destruyó completamente el aparato económico capitalista de Europa, facilitando así el desarrollo febril de América. No obstante, luego de agotar a Europa, la guerra también condujo, a la larga, a una gran crisis en América. Una vez más somos testigos de esa misma depresión de la que estaban tratando de escapar, pero se ha intensificado muchas veces debido al empobrecimiento de Europa.

Y entonces, ¿cuáles son las perspectivas económicas inmediatas?

Es muy evidente que América deberá sufrir una reducción, ya que se ha perdido el mercado bélico europeo sin posibilidad de recuperarlo. Por otro lado, también Europa tendrá que reducirse al nivel de sus regiones más atrasadas, es decir, de las zonas y ramas más devastadas de la industria. Esto supondrá una nivelación económica a la inversa y, consecuentemente, una crisis prolongada: en algunas ramas de la economía y en algunos países, el estancamiento; en otros, un desarrollo débil. Las oscilaciones cíclicas seguirán ocurriendo, pero en general la curva del desarrollo capitalista tenderá no a subir, sino a bajar.

Crisis, auge y revolución

La relación recíproca entre auge y crisis en la economía y en el desarrollo de la revolución es para nosotros de mucho interés no solo en lo teórico, sino sobre todo en lo práctico. Muchos de ustedes recordarán que Marx y Engels escribieron en 1851 —cuando el auge estaba en su ápice— que en ese momento era necesario reconocer que la revolución de 1848 se había acabado, o en todo caso se había interrumpido hasta la crisis siguiente. Engels escribió que mientras que la crisis de 1847 fue la madre de la revolución, el auge de 1849–51 fue la madre de la contrarrevolución triunfante.[15] No obstante, sería una

---

15. Trotsky se refiere a la introducción de 1895 por Federico Engels a *Las luchas de clases en Francia de 1848 a 1850*, escrito por Carlos Marx en 1850. Marx explicó "que la crisis del comercio mundial producida en 1847 había sido la verdadera madre de las revoluciones de febrero y marzo [en Francia y Alemania]", dijo Engels, "y que la prosperidad industrial, que había vuelto a producirse paulatinamente desde mediados de 1848, y que en 1849 y 1850 llegaba a su pleno apogeo, fue la fuerza animadora que dio nuevos bríos a la reacción europea otra vez fortalecida". Sacando las conclusiones políticas de este cambio, dijo Engels, Marx había escrito en aquel momento: "Una nueva revolución solo es posible como consecuencia de una nueva crisis. Pero es tan segura como ésta". En "Introducción de Federico Engels a *Las luchas de*

interpretación muy unilateral y completamente falsa de estos juicios afirmar que una crisis invariablemente engendra la acción revolucionaria, mientras que un auge, en cambio, apacigua a la clase trabajadora. La revolución de 1848 no nació de la crisis. Ésta no hizo más que darle el impulso final. En esencia, la revolución surgió de las contradicciones entre las necesidades del progreso capitalista y las trabas del sistema social y estatal semifeudal. Sin embargo, la revolución de 1848, indecisa y parcial, borró los vestigios del régimen de gremios y servidumbre y amplió así el marco del desarrollo capitalista. Bajo estas condiciones, y únicamente bajo estas condiciones, el auge de 1851 señaló el principio de toda una época de prosperidad capitalista que duró hasta 1873.

Al citar a Engels es muy peligroso pasar por alto estos hechos fundamentales. Pues fue precisamente después de 1850, cuando Marx y Engels hicieron sus observaciones, que se estableció, no una situación normal sino una época de *Sturm und Drang* capitalista para la cual había allanado el terreno la revolución de 1848. Esto es de una importancia decisiva. Fue esta época de "tormenta e impulso", durante la cual la prosperidad y la coyuntura favorable fueron muy fuertes, mientras que la crisis fue meramente superficial y efímera: fue precisamente ese período el que acabó con la revolución. Aquí no se trata de si es posible una mejora en esta coyuntura, sino si las fluctuaciones de la coyuntura siguen una curva ascendente o descendente. Este es el aspecto más importante de todo el asunto.

¿Podemos anticipar los mismos efectos a raíz del ascenso económico de 1919–20? Bajo ninguna circun-

---

clases en Francia de 1848 a 1850", Marx y Engels, *Obras escogidas* (Moscú: Editorial Progreso, 1973), tomo 1, pág. 192.

stancia. Aquí ni siquiera se planteaba la extensión del marco del desarrollo capitalista. ¿Significa entonces que en el futuro —incluso en el futuro más o menos cercano— queda excluido todo resurgimiento comercial-industrial? ¡De ninguna manera! Ya he dicho que en tanto el capitalismo sigue vivo, sigue aspirando y espirando. Sin embargo, en la época que hemos iniciado —la época de retribución por el desangre y la destrucción del tiempo de guerra, la época de nivelación *a la inversa*— los auges solo pueden ser superficiales y su carácter fundamentalmente especulativo, mientras que las crisis se vuelven más y más largas y profundas.

El desarrollo histórico no ha conducido a la victoriosa dictadura proletaria en Europa central y occidental. Sin embargo, el intentar deducir de esto —como hacen los reformistas— que el equilibrio económico del mundo capitalista se ha restaurado de forma subrepticia es la mentira más descarada y a la vez la más estúpida...

ESTE MOVIMIENTO a la inversa, por supuesto, no va a seguir de forma interminable y a un mismo ritmo. Eso queda absolutamente excluido. Debe llegar un respiro para el organismo capitalista. Sin embargo, del hecho que va a inhalar un poco de aire fresco y que se va a producir cierta mejora aún es demasiado temprano para concluir que habrá prosperidad. Se establecerá una nueva fase, en la que ellos van a intentar eliminar la contradicción entre la sobreproducción de riqueza ficticia y el empobrecimiento subyacente. Después, los paroxismos del organismo económico van a continuar. De todo esto sacamos, como se ha dicho, un cuadro de una profunda depresión económica.

En base a esta depresión económica, la burguesía se

verá obligada a ejercer presiones cada vez más fuertes sobre la clase trabajadora. Esto ya se puede ver en el recorte de salarios que ya se ha iniciado en los países capitalistas plenamente desarrollados: en América y en Inglaterra, y luego por toda Europa. Esto conduce a grandes luchas por salarios. Nuestra tarea consiste en extender estas luchas, basándonos en un claro entendimiento de la situación económica. Esto es muy obvio. Alguien preguntará si las grandes luchas por salarios —ejemplo clásico de lo cual es la huelga de los mineros en Inglaterra— conducirán automáticamente a la revolución mundial, a la última guerra civil y a la lucha por la conquista del poder político. Sin embargo, no es de marxistas el plantear así la cuestión. No tenemos garantías automáticas de desarrollo. Pero cuando la crisis sea reemplazada por una coyuntura transitoria favorable, ¿qué va a significar eso para nuestro desarrollo? Muchos camaradas dicen que si se produce una mejora en esta época, sería fatal para nuestra revolución. No, bajo ninguna circunstancia. En general, no existe una dependencia automática del movimiento revolucionario proletario de una crisis. Solo hay una interacción dialéctica. Es esencial comprender esto.

Veamos las condiciones en Rusia. La revolución de 1905 fue derrotada. Los trabajadores soportaron enormes sacrificios. En 1906 y 1907 ocurrieron los últimos brotes revolucionarios, y para el otoño de 1907 estalló una enorme crisis mundial. La señal la dio el Viernes Negro de Wall Street. Durante todo 1907 y 1908 y 1909 reinó la crisis más terrible en Rusia. Aniquiló al movimiento por completo, porque los trabajadores habían sufrido tanto durante la lucha que esta depresión solo podía desanimarlos. Entre nosotros hubo muchos debates sobre qué conduciría a la revolución: ¿una crisis o una coyuntura favorable?

En aquel momento muchos defendimos el criterio de

que el movimiento revolucionario ruso se podía regenerar solo con una coyuntura económica favorable. Y fue eso lo que sucedió. En 1910, 1911 y 1912, hubo una mejora en nuestra situación económica y una coyuntura favorable, las cuales permitieron reagrupar a los trabajadores desmoralizados y desfallecidos que habían perdido su valor. Nuevamente se dieron cuenta cuán importante eran en la producción, y pasaron a la ofensiva, primero en el terreno económico y, luego, también en el terreno político.

EN LA VÍSPERA DE LA GUERRA, la clase trabajadora se había consolidado a tal punto, gracias a este período de prosperidad, que pudo pasar al ataque directo. Y si hoy —en el período de mayor agotamiento de la clase trabajadora como resultado de la crisis y la lucha continua— no lográramos la victoria, lo cual es posible, entonces un cambio en la coyuntura y un alza en los niveles de vida no tendrían un efecto dañino en la revolución, sino por el contrario serían sumamente propicios. Tal cambio resultaría dañino solo en caso que la coyuntura favorable marcara el comienzo de una larga época de prosperidad. Pero un largo período de prosperidad significaría que se ha logrado una expansión del mercado, lo cual queda absolutamente excluido. Porque, después de todo, la economía capitalista abarca el planeta. El empobrecimiento de Europa y el suntuoso renacimiento de América en base al enorme mercado de la guerra corroboran la conclusión de que esta prosperidad no se puede restaurar mediante el desarrollo capitalista de China, Siberia, Sudamérica y otros países, donde el capitalismo americano naturalmente está buscando y creando mercados pero a una escala en nada comparable a Europa. De aquí se deriva que estamos en la víspera de un período de depresión, y eso es incontrovertible.

Con tal perspectiva, la mitigación de la crisis no significaría un golpe mortal a la revolución, sino que solo le permitiría a la clase trabajadora un respiro, durante el cual podría emprender la reorganización de sus filas para después pasar al ataque sobre una base más firme. Esta es una de las posibilidades. El contenido de la otra posibilidad es éste: que la crisis podría pasar de aguda a crónica, intensificándose y durando muchos años. Nada de esto se excluye. En tal situación, se mantiene la posibilidad de que la clase trabajadora movilice sus últimas fuerzas y, habiendo aprendido de la experiencia, conquiste el poder estatal en los países capitalistas más importantes. Lo único que se excluye es la restauración automática del equilibrio capitalista sobre una nueva base y un ascenso capitalista en los próximos años. Esto es absolutamente imposible bajo las condiciones del estancamiento económico moderno…

Si aceptamos —y aceptemos por el momento— que la clase obrera no logra alzarse en una lucha revolucionaria, sino que le brinda a la burguesía la oportunidad de regir los destinos del mundo durante largos años —digamos dos o tres décadas— entonces sin duda que se va a establecer una especie de equilibrio nuevo. Europa será puesta violentamente marcha atrás. Millones de trabajadores europeos morirán por desempleo y desnutrición. Estados Unidos se verá obligado a hacer una reorientación en el mercado mundial, a reconvertir su industria, *y a sufrir una reducción durante un período considerable*. Posteriormente, tras establecerse así en agonía una nueva división del trabajo a nivel mundial por unos 15, 20 ó 25 años, quizás pueda comenzar una nueva época de ascenso capitalista.

Mas toda esta concepción es excesivamente abstracta y parcial. Aquí las cosas se pintan como si el proletariado hubiera dejado de luchar. *Entretanto, ni siquiera se puede hablar de esto, aunque solo sea porque las contradicciones de clases se han agravado al extremo precisamente en estos últimos años...*

Cada una de las medidas a las que el capitalismo se ve limitado para poder avanzar hacia la restauración del equilibrio —todas y cada una de ellas—, de inmediato adquiere un significado decisivo para el equilibrio social, tiende más y más a socavarlo, e impele con más fuerza que nunca a la clase trabajadora hacia la lucha. La primera tarea para lograr el equilibrio es poner en orden el aparato productivo, pero para hacerlo es indispensable acumular capital. Sin embargo, para posibilitar la acumulación es necesario elevar la productividad del trabajo. ¿Cómo? Mediante una explotación incrementada e intensificada de la clase trabajadora, en tanto que el declive de la productividad del trabajo durante estos tres años de posguerra es un hecho ampliamente conocido.

Para restablecer la economía mundial sobre bases capitalistas es indispensable establecer de nuevo un equivalente mundial: el patrón oro. Sin ello la economía capitalista no puede existir, en tanto que no puede haber producción alguna mientras los precios bailen su danza de la muerte, subiendo un 100 por ciento en el curso de un solo mes, como sucede en Alemania, sujetos a las fluctuaciones de la moneda alemana. A un capitalista no le interesa la producción. Pues lo seduce desde lejos la especulación, que lo tienta con ganancias mucho mayores que las que se pueden lograr de una industria de lento desarrollo. ¿Qué significa la estabilización de la moneda? Para Francia y Alemania significa una declaración de bancarrota estatal. Sin embargo, declarar insolvente a un estado es incurrir un cambio enorme de relaciones de propiedad dentro de la nación. Y los estados que se han declarado insolventes se han convertido en campo para una nueva lucha en torno a la distribución de la nueva riqueza nacional, lo cual es un paso de gigante hacia la agudización de la lucha de clases. Al mismo tiempo, todo esto significa renunciar al equilibrio social y político, es decir, un flujo revolucionario.

No obstante, la declaración de bancarrota estatal no permite de inmediato el paso a la restauración del equilibrio. Esta debe ir seguida igualmente por la prolongación de la semana laboral, la revocación de la jornada de ocho horas y una explotación más intensa. Esto, claro está, hace necesario vencer la resistencia de la clase trabajadora. En resumen, hablando de forma teórica y abstracta, es posible la restauración del equilibrio capitalista. Pero no ocurre en un vacío social y político: puede ocurrir solo a través de las clases. Cada paso, por más diminuto que sea, hacia la restauración del equilibrio en la vida económica es un golpe contra el inestable equilibrio social sobre el cual los señores capitalistas se siguen manteniendo. Y esto es lo más importante.

Se agravan las contradicciones sociales

El desarrollo económico no es por tanto un proceso automático. El asunto no se limita únicamente a las bases productivas de la sociedad. Sobre estas bases viven y trabajan seres humanos, y es a través de estos seres humanos que se da el desarrollo. ¿Qué ha sucedido entonces en el terreno de las relaciones entre los seres humanos, o mejor dicho, entre las clases?

Hemos visto que Alemania y otros países europeos también han sido arrojados 20 ó 30 años atrás en cuanto a su nivel económico. ¿Acaso también han sido echados atrás simultáneamente en términos sociales? En absoluto. Las clases en Alemania, el número de trabajadores y su concentración, la concentración del capital y su nivel de organización: todo esto se había configurado antes de la guerra, y en particular gracias a las dos últimas décadas de prosperidad (1894–1913). Y posteriormente, todo esto se agudizó más aún: durante la guerra, gracias a la intervención del estado; después de la guerra, mediante la fiebre especulativa y la creciente concentración del capital.

Tenemos así dos procesos de desarrollo. La riqueza nacional y la renta nacional siguen disminuyendo, *pero el desarrollo de las clases continúa asimismo, no hacia el retroceso, sino hacia el progreso*. Más y más personas se proletarizan, el capital se concentra cada vez en menos y menos manos, los bancos se siguen fusionando, las empresas industriales se van concentrando en *trusts*. Como resultado, la lucha de clases inevitablemente se agudiza a partir de una renta nacional que sigue decayendo.

He aquí toda la esencia del asunto. Cuanto más restringida se vuelva la base material sobre la cual descansan las clases y los grupos, más encarnizadamente deberán luchar por su parte de la renta nacional. No hay que olvidar esta circunstancia ni por un instante. Si bien Europa, en cuanto a su riqueza nacional, se ha visto echada atrás 30 años, no significa en lo más mínimo que haya rejuvenecido 30 años. No, en el sentido de clase, ha envejecido 30 años.

El campesinado

En el primer período de la guerra se dijo y se escribió que por toda Europa el campesinado estaba sacando ganancias de la guerra. Y en efecto, el estado tenía una necesidad crítica de pan y carne para el ejército. Por todo eso, se pagaban precios estrafalarios que subían sin cesar, y los campesinos se llenaban los bolsillos con papel moneda. Con este papel moneda, que se seguía desvalorizando, los campesinos pagaban deudas contraídas anteriormente cuando la moneda estaba a su valor nominal. Desde luego esta operación les resultó muy lucrativa.

Los economistas burgueses pensaban que la prosperidad de la economía campesina aseguraría la estabilidad del capitalismo después de la guerra. Pero calcularon mal. Los campesinos saldaron sus hipotecas, pero la agricultura no consiste solamente en saldar deudas con los banqueros. Consiste en labrar la tierra, abonarla, acumular existencias y buenas semillas, lograr mejoras tecnológicas, etcétera. Todo lo cual, o no se hizo o costó fantásticas sumas de dinero. Por otra parte, había escasez de mano de obra, la agricultura decayó y, después de un auge semificticio inicial, los campesinos comenzaron a enfrentar la ruina.

Este proceso se observa en sus distintas etapas a través de Europa. Pero también se ha manifestado de forma muy aguda en América. Los agricultores americanos, canadienses, australianos y sudamericanos sufrieron terriblemente al revelarse que Europa, arruinada, ya no podía comprarles sus granos. El precio de los granos bajó. Por todo el mundo hay efervescencia y descontento entre los agricultores.

El campesinado deja de ser, por tanto, uno de los pilares de la ley y del orden. A la clase trabajadora se le abre la posibilidad de atraer a su lado en la lucha al menos a una sección del campesinado (las filas inferiores), de neutralizar a otra sección (los campesinos medios), y de aislar y paralizar a la capa superior (los kulaks, los agricultores acomodados).

El nuevo estamento medio

Los reformistas depositaron grandes esperanzas en el llamado estamento medio. Los ingenieros, técnicos, médicos, abogados, tenedores de libros, contadores, funcionarios, empleados civiles y del gobierno, etcétera: todos éstos constituyen un estrato semiconservador que se ubica entre el capital y el trabajo y que, según opinan los reformistas, debe reconciliar a ambos lados, mientras dirige, a la vez que apoya, a regímenes democráticos.

Durante la guerra, y después de ella, esta clase sufrió incluso más que la clase trabajadora; es decir, su nivel de vida se ha deteriorado a un mayor grado que el de la clase trabajadora. La causa principal es la caída del poder adquisitivo del dinero, la depreciación del papel moneda. En todos los países de Europa esto ha provocado un fuerte descontento tanto entre las filas más bajas y hasta medias de los funcionarios y de los intelectuales técnicos. En Italia, por ejemplo, los funcionarios están enfrascados en una cruenta huelga en este preciso instante. Desde luego, los funcionarios estatales o civiles, empleados bancarios, etcétera, no se han convertido en una clase proletaria, pero sí han desechado su antiguo carácter conservador. No sostienen al estado, sino más bien sacuden y convulsionan su aparato con su descontento y sus protestas.

El descontento de la intelectualidad burguesa se agrava más aún debido a sus íntimos lazos con la pequeña y mediana burguesía industrial-comercial. Esta última se siente menospreciada, siente que le han robado su merecida parte. La burguesía monopolista sigue nadando en riquezas, no obstante la ruina del país. Se arroga una parte cada vez más grande de la renta nacional que sigue disminuyendo. La burguesía no monopolista y el nuevo estamento medio se hunden tanto en lo absoluto como en lo relativo.

En cuanto al proletariado, es muy probable que a pesar del deterioro de su nivel de vida, la parte común que le corresponde de la renta nacional decreciente es mayor hoy que antes de la guerra. El capital monopolista busca recortar la parte del trabajador reduciéndola a los niveles de la preguerra. El trabajador, sin embargo, no parte de tablas estadísticas, sino de la caída en su nivel de vida, y se esfuerza por aumentar su parte de la renta nacional. *Así es que los campesinos están disgustados por el declive de la economía; la intelectualidad se va empobreciendo y se hunde; las burguesías pequeña y mediana están arruinadas y descontentas. La lucha de clases se agudiza.*

Las relaciones internacionales

Las relaciones internacionales, claro está, ocupan un enorme papel en la vida del mundo capitalista. A éste le quedó muy claro esto durante la guerra mundial. Y actualmente, cuando planteamos la cuestión de si es posible o imposible que el capitalismo restablezca su equilibrio mundial, es preciso que veamos bajo qué condiciones internacionales se está realizando esta labor de reconstrucción. No es difícil comprobar que las relaciones internacionales se han vuelto mucho más tensas, mucho menos compatibles con la evolución "pacífica" del capitalismo, de lo que eran antes de la guerra.

¿Por qué ocurrió la guerra? Porque las fuerzas productivas se hallaron demasiado restringidas dentro de los confines de los estados capitalistas más poderosos. La tendencia interna del capital imperialista era de erradicar las fronteras políticas y apoderarse de todo el globo; abolir los aranceles y demás barreras que limitan el desarrollo de las fuerzas productivas. He aquí la base económica del imperialismo y las causas de la guerra. ¿Y los resultados? Europa es ahora más rica que nunca en fronteras y en barreras arancelarias. Se ha formado toda una galaxia de estados diminutos. Una docena de líneas aduaneras atraviesan hoy los territorios del viejo imperio austro-húngaro. El inglés Keynes ha llamado a Europa un manicomio,[16] y en efecto, desde el punto de vista del desarrollo económico, toda esta peculiaridad de minúsculos estados insulares —con sus sistemas de aduanas, etcétera— representa un monstruoso anacronismo, una absurda implantación medieval en el siglo XX. En el momento en que la península de los Balcanes se ve llevada a la barbarie, Europa está siendo balcanizada.

Las relaciones entre Alemania y Francia militan hasta el momento contra la posibilidad de cualquier tipo de equilibrio europeo. Francia se ve obligada a saquear y asolar a Alemania para mantener su propio equilibrio de clases, al que no corresponde la agotada base de la economía francesa. Alemania ni puede ni podrá seguir siendo objeto de semejante despojo. Actualmente, es cierto, se ha llevado a cabo un acuerdo. Alemania se ha comprometido a pagar anualmente dos mil millones de marcos oro, más el 26 por ciento de sus exportaciones. Esa transacción representa una victoria de la política inglesa, que pretende impedir la ocupación del Ruhr por Francia.[17] La

---

16. John Maynard Keynes, un prominente economista británico, se desempeñó como asesor del primer ministro David Lloyd George en la Conferencia de Paz de Versalles, celebrada en 1919 tras la Primera Guerra Mundial. Convencido de que la imposición por parte de los vencedores de decenas de miles de millones en reparaciones y otras cargas de deudas sobre Alemania resultarían en la "devastación de Europa", Keynes renunció a su cargo. Más tarde ese año, escribió un folleto ampliamente divulgado, *The Economic Consequences of Peace* (Las consecuencias económicas de la paz), al que aquí se refiere Trotsky.

17. Según lo sancionado por el Tratado de Versalles, el gobierno imperialista francés amenazó con ocupar el valle del Ruhr, la principal región industrial de Alemania, si Berlín se atrasaba en

mayor parte del mineral de hierro de Europa está hoy en manos de Francia; la mayor cantidad de carbón, en las de Alemania. La combinación productiva del mineral de hierro francés con el carbón alemán constituye la condición primordial de la regeneración de la economía europea. Sin embargo, sucede que esta combinación, incondicionalmente esencial para el desarrollo económico, resulta mortalmente peligrosa para el capitalismo inglés. Por eso, todos los esfuerzos de Londres van dirigidos a impedir la combinación bélica o pacífica del mineral de hierro francés y el carbón alemán. Sin embargo, eso conduce a un agravamiento mayor aún del antagonismo entre Inglaterra y Francia.

Francia ha aceptado provisionalmente el arreglo, tanto más porque actualmente su desorganizado aparato productivo es incapaz de digerir siquiera la cantidad de carbón que Alemania está obligada a proporcionarle. Pero esto para nada significa que el problema del Ruhr se haya resuelto de forma definitiva. La primera infracción por parte de Alemania, en cuanto a sus obligaciones de reparaciones de guerra, inevitablemente planteará una vez más el problema de la suerte del Ruhr.

LA CRECIENTE INFLUENCIA de Francia en Europa, y hasta cierto punto en el mundo entero, en el último año se debe no al fortalecimiento de Francia, sino al evidente y progresivo debilitamiento de Inglaterra.

Gran Bretaña ha vencido a Alemania. Esta fue la principal cuestión resuelta por la última guerra. Y en esencia la guerra no fue una guerra mundial sino europea, aunque

---

sus pagos por reparaciones. París lo hizo en enero de 1923, en colaboración con el gobierno de Bélgica.

la lucha entre los dos estados europeos más poderosos —Inglaterra y Alemania— se resolvió con la participación de las fuerzas y los recursos del mundo entero. Inglaterra ha vencido a Alemania. Pero hoy, en el mercado mundial y en la situación mundial en general, Inglaterra es más débil que antes de la guerra. Estados Unidos ha crecido a expensas de Inglaterra, mucho más de lo que Inglaterra lo ha hecho a expensas de Alemania.

América está demoliendo a Inglaterra, ante todo por el carácter más racionalizado y progresista de su industria. La productividad del trabajador americano es 150 por ciento superior a la del trabajador inglés. En otras palabras, gracias a una industria mejor equipada, dos trabajadores americanos producen tanto como cinco trabajadores ingleses. Este hecho por sí solo, comprobado por investigaciones estadísticas inglesas, muestra que Inglaterra está condenada en una lucha contra América, lo que a su vez basta para empujar a Inglaterra hacia una guerra con América, en tanto la flota inglesa conserve su dominio de los mares.

El carbón americano está desplazando al carbón inglés en el mundo entero, incluso en Europa. Sin embargo, el comercio mundial de Inglaterra se ha basado principalmente en su exportación de carbón. Además, el petróleo tiene ahora un significado decisivo para la industria y la defensa: no solo impulsa los automóviles, tractores, submarinos, aviones, sino que es muy superior al carbón, incluso para los grandes transatlánticos. Hasta un 70 por ciento del petróleo mundial se produce dentro de las fronteras de Estados Unidos. Por lo tanto, en caso de guerra todo este petróleo estaría en manos de Washington. Además, América tiene en sus manos el petróleo mexicano, que suministra hasta el 12 por ciento de la producción mundial. Es cierto que los americanos acusan a Inglaterra de haber acaparado, más allá de las fronteras estadounidenses, hasta un 90 por ciento de las fuentes mundiales de petróleo, y de rehusarles acceso a ellas a los americanos, mientras que los campos petrolíferos americanos podrían agotarse en unos pocos años. Sin embargo, todos estos cálculos geológicos y estadísticos son muy dudosos y arbitrarios. Se recopilan por encargo para justificar los designios americanos sobre el petróleo de México, Mesopotamia, etcétera. Sin embargo, si resultara verdadero el peligro de agotamiento de los campos petrolíferos americanos, constituiría una razón más para acelerar la guerra entre Estados Unidos e Inglaterra.

EL ENDEUDAMIENTO de Europa con América es un tema delicado. El total de las deudas asciende a 18 mil millones de dólares. Estados Unidos tiene siempre la oportunidad de crear las mayores dificultades en el mercado monetario inglés al presentar sus reclamos de pago. Como es bien sabido, Inglaterra hasta le ha propuesto a América que anule las deudas inglesas, prometiendo a su vez anular la deuda europea con Inglaterra. Como Inglaterra le debe a América mucho más de lo que los países continentales de la Entente le deben a ella, ésta saldría ganando de tal transacción. América ha rehusado. Los yanquis capitalistas no mostraron la menor inclinación de financiar con sus propios fondos los preparativos de Gran Bretaña para una guerra con Estados Unidos.

La alianza entre Inglaterra y Japón, que está luchando con América por la supremacía sobre el continente asiático, también ha agravado al extremo las relaciones entre Estados Unidos e Inglaterra.

Sin embargo, el problema más agudo, en vista de todas las circunstancias señaladas, es el de la armada. El gobierno de Wilson, al enfrentarse a la oposición de Inglaterra en los asuntos mundiales, inició un gigantesco programa de construcción naval. El gobierno [del presidente Warren G.] Harding ha asumido este programa de su predecesor y lo está ejecutando a toda máquina. Para 1924, la marina de guerra de Estados Unidos será no solo mucho más poderosa que la inglesa, sino superior a las flotas inglesa y japonesa juntas, si no en tonelaje, al menos en su potencia de fuego.

¿Qué significa esto desde el punto de vista inglés? Significa que para 1924 Inglaterra deberá aceptar el desafío y tratar de destruir el poderío militar, naval y económico de Estados Unidos, aprovechando su actual superioridad, o deberá convertirse pasivamente en una potencia de segunda o tercera categoría, entregando de una vez por todas el dominio de los océanos y los mares a Estados Unidos. Así, la última matanza de los pueblos, que "resolvió" a su manera la cuestión europea, por esta misma razón ha planteado en toda su amplitud el problema mundial, a saber: ¿quién dominará el mundo, Inglaterra o Estados Unidos? Los preparativos para la nueva guerra mundial avanzan a toda máquina. Los gastos para el ejército y la marina de guerra han aumentado de forma extraordinaria con relación a los años antes de la guerra. El presupuesto militar inglés se ha triplicado, el americano ha aumentado tres veces y media.

Las contradicciones entre Inglaterra y América se vienen transformando en un proceso de proliferación automática, un enfoque automático que se va acercando más y más al conflicto sangriento de mañana. Aquí en realidad estamos bregando con automatismo.

El primero de enero de 1914, es decir, en el momento en que la "paz armada" se hallaba bajo la tensión más intensa, había aproximadamente siete millones de soldados con bayonetas en el mundo. Al principio del año en curso, había unos 18 millones de soldados con bayonetas. El grueso de estos ejércitos recae, evidentemente, sobre una Europa agotada.

Por consiguiente, el militarismo ha crecido. Todo esto constituye uno de los obstáculos más importantes al progreso económico. Una de las principales causas de la guerra fue la intolerable carga de la paz armada sobre la economía europea. Un final horrible era preferible a un horror sin final. Sin embargo, resultó que no se trataba para nada del final, que el horror *después* del final es aún más horrible de lo que era antes del final horrible, es decir, antes de la última guerra.

La grave crisis, consecuencia del estrechamiento del mercado mundial, agrava en extremo la lucha entre los estados capitalistas, privando a las relaciones mundiales de cualquier tipo de estabilidad. ¡No solo Europa sino el mundo entero se está volviendo un manicomio! Bajo estas condiciones, difícilmente hace falta hablar de la restauración del equilibrio capitalista.

La clase trabajadora después de la guerra

Desde el punto de vista de la revolución, en general y en su conjunto, todo esto crea para la clase trabajadora una situación muy favorable y a la vez sumamente compleja. Después de todo, lo que tenemos por delante no es un ataque caótico y espontáneo, cuya primera fase pudimos observar en Europa en 1918–19. Nos parecía (y había cierta justificación histórica para ello) que en el período en que la burguesía estaba desorganizada, este ataque podía llevarse a cabo en olas cada vez más grandes, que en este proceso se aclararía la conciencia de las capas dirigentes de la clase trabajadora, y que así el proletariado lograría el poder estatal en el curso de uno o dos años. Era una posibilidad histórica. Sin embargo, no se materializó.

La historia —con la ayuda de la buena o mala voluntad de la burguesía, con su astucia, su experiencia, su organización y su instinto del poder— le ha concedido a la burguesía un respiro bastante prolongado. No han ocurrido milagros. Lo que ha sido destruido o incinerado o arruinado no ha vuelto a la vida; pero la burguesía se mostró muy capaz de orientarse en estas condiciones difíciles; restauró su aparato estatal y supo aprovechar la debilidad de la clase trabajadora. Desde la óptica de las perspectivas revolucionarias, la situación se ha vuelto más compleja, pero aún se mantiene favorable. Quizás hoy podamos decir con más seguridad que en su conjunto la situación es plenamente revolucionaria. Sin embargo, la revolución no es tan dócil ni tan domesticada como para guiarla tirando de una correa, como una vez imaginamos. La revolución tiene sus propias fluctuaciones, sus propias crisis y sus propias coyunturas favorables.

Inmediatamente después de la guerra, la burguesía se encontraba en el mayor grado de confusión y alarma: los trabajadores, sobre todo los que regresaban del ejército, desplegaban un estado de ánimo perentorio. Pero la clase trabajadora en su conjunto estaba desorientada y no sabía exactamente qué formas asumiría la vida después de la guerra, indecisa sobre qué reivindicar y cómo hacerlo, qué vía tomar... El movimiento, como observamos al principio de este informe, asumía un carácter muy tempestuoso, pero la clase obrera carecía de una dirección firme. Por otro lado, la burguesía estaba dispuesta a hacer concesiones muy grandes. Mantuvo el régimen financiero y económico de guerra (préstamos, emisiones de papel moneda, monopolio de granos, asistencia para las masas trabajadoras desocupadas, etcétera). En otras palabras, la burguesía gobernante continuaba desorganizando los cimientos económicos y trastornando cada vez más el equilibrio productivo y financiero, a fin de apuntalar el equilibrio entre las clases durante el período más crítico. Hasta ahora, más o menos lo ha logrado.

Actualmente la burguesía está dando pasos para solucionar el problema del restablecimiento del equilibrio económico. No se trata aquí de concesiones o dádivas temporales a la clase trabajadora, sino de medidas de carácter fundamental. Hay que restaurar el aparato productivo desorganizado. Hay que estabilizar la moneda, pues el mercado mundial es impensable sin un equivalente mundial universal, y por lo tanto también resulta impensable una industria nacional "equilibrada", ligada al mercado mundial, sin un equivalente universal.

Restaurar el aparato productivo significa disminuir el trabajo destinado a los bienes de consumo y aumentar el trabajo destinado a los medios de producción. Hace falta aumentar la acumulación, es decir, intensificar el trabajo y recortar los salarios.

Para estabilizar la moneda, aparte de rehusar el pago de deudas intolerables, hay que mejorar la balanza comercial, o sea, importar menos y exportar más. Y para ese fin hay que consumir menos y producir más; es decir, una vez más, recortes salariales e intensificación del trabajo.

Cada paso hacia la restauración de la economía capitalista está ligado al incremento de la tasa de explotación y, en consecuencia, inevitablemente provocará resistencia por parte de la clase trabajadora. En otras palabras: todo esfuerzo de la burguesía para restablecer el equilibrio en la producción, o en la distribución, o en las finanzas del estado, debe trastornar ineludiblemente el inestable equilibrio entre las clases. Si bien, durante los dos años de la posguerra, la burguesía se guió en su política económica ante todo por el deseo de apaciguar al proletariado, aun al precio de una mayor ruina económica, actualmente, en la época de una crisis sin precedentes, la burguesía ha comenzado a mejorar la situación económica presionando cada vez más a la clase trabajadora.

Es en Inglaterra donde percibimos más claramente la resistencia que engendra tal presión. Y la resistencia de la clase obrera trastorna la estabilidad económica y hace vacuos todos los discursos sobre el restablecimiento del equilibrio.

LA LUCHA DEL PROLETARIADO por el poder incuestionablemente ha sido prolongada. No logramos un asalto abrumador, no observamos una situación de olas que se acumulaban, avanzando ininterrumpidamente, hasta que la última oleada barriera con el sistema capitalista.

En esta lucha observamos ascensos y descensos, ofensivas y defensas. Las maniobras de clase distaron mucho de ser siempre hábiles de parte nuestra. Hay dos motivos para el carácter prolongado y desigual de la lucha: en primer lugar, la debilidad de los partidos comunistas, que surgieron solo después de la guerra, que carecían de la experiencia necesaria y del aparato necesario, que no tenían influencia suficiente y —lo más importante— no sabían prestar atención suficiente a las masas trabajadoras. En todo caso, en esta esfera hemos avanzado mucho en estos últimos años. Los partidos comunistas se han fortalecido y se han desarrollado. La segunda causa es la composición heterogénea de la propia clase obrera conforme salió de la guerra.

A quienes menos sacudió la guerra fueron la burocracia del movimiento obrero, la burocracia sindical y partidista, y los parlamentarios. Los estados capitalistas en todos los países han ofrecido la mayor atención y cuidado hacia esta superestructura, comprendiendo perfectamente que sin ella no habría sido posible mantener sometida a la clase trabajadora durante los años de desangramiento. La burocracia del movimiento obrero obtuvo todo tipo de privilegios y salió de la guerra con las mismas costumbres de conservadurismo bovino con que había entrado a la guerra, pero un tanto más desprestigiada y más íntimamente ligada a sus respectivos estados capitalistas. Los trabajadores cualificados de la generación más antigua, habituados a sus organizaciones sindicales y políticas, sobre todo en Alemania, han constituido en general y hasta el día de hoy el principal sostén de la burocracia del movimiento obrero, pero su inercia de ninguna manera es absoluta.

ESTOS TRABAJADORES que pasaron por la escuela de la guerra —y que son la médula de la clase obrera— han aportado al proletariado una nueva sicología, nuevos hábitos y nuevas actitudes frente a las cuestiones de la lucha, ante cuestiones de vida y muerte. Están dispuestos a resolver problemas mediante la fuerza, pero en la guerra aprendieron firmemente que la aplicación eficaz de la fuerza supone táctica y estrategia correctas. Estos elementos van a marchar al combate, pero quieren contar con una dirección firme y una preparación seria. Muchas categorías atrasadas de trabajadores, entre ellos las trabajadoras cuyas filas han crecido de forma prodigiosa durante la guerra, hoy se han convertido —a causa de un abrupto cambio de conciencia— en el sector más combativo, aunque no siempre el que posee la mayor conciencia de clase, entre la clase obrera. Finalmente, en la extrema izquierda vemos a la juventud obrera, que creció durante la guerra en medio de gritos de batalla y paroxismos revolucionarios, y que está llamada a ocupar un papel grandioso en la lucha que viene. Toda esta masa proletaria tan extraordinariamente acrecentada —los trabajadores veteranos y los nuevos reclutas-trabajadores, los que permanecieron en la retaguardia y los que pasaron varios años entre el fuego—, toda esta masa de numerosos millones está pasando por la escuela revolucionaria, pero no de una misma forma ni a un mismo tiempo. Esto lo constatamos de nuevo claramente durante los sucesos de marzo en Alemania,[18] donde los trabajadores de Alemania central —que antes de la guerra constituían el elemento más atrasado— se lanzaron entusiastas a la batalla de marzo sin detenerse a considerar las posibilidades de la victoria, mientras que

---

18. En marzo de 1921 el Partido Comunista alemán, en medio de una huelga defensiva librada por miles de mineros del carbón en Alemania central, llamó a una insurrección nacional para tomar el poder. La dirección del partido estaba actuando a partir de lo que llamaba una "teoría de la ofensiva", también defendida por izquierdistas en partidos afiliados a la Comintern en Italia y en otros países de Europa. La "acción de marzo" fue aislada y derrotada rápidamente por el régimen burgués en Alemania, que asesinó a cientos y encarceló a miles de militantes obreros. El Tercer Congreso de la Comintern hizo un balance de la acción y rechazó la "teoría de la ofensiva". En su discurso al congreso en defensa de las tácticas de la Internacional Comunista, Lenin dijo que había sido errado "iniciar en Alemania las divagaciones sobre la teoría de la ofensiva revolucionaria cuando no estaba preparada una verdadera ofensiva. No obstante, el movimiento de marzo es un gran paso adelante a pesar de los errores de sus dirigentes… si cientos de miles de hombres luchan contra la infame provocación de los social-traidores y contra la burguesía, esto es un verdadero paso adelante". En Lenin, *Obras completas*, tomo 44, pág. 27.

los trabajadores de Berlín y Sajonia habían adquirido cierta experiencia en el curso de batallas revolucionarias y se habían vuelto más cautos. Es innegable que el curso general de la lucha de la posguerra, y en especial la actual ofensiva del capitalismo, está uniendo a todas las capas de la clase trabajadora, con la única excepción de su aristocracia privilegiada. Los partidos comunistas están obteniendo más y más oportunidades de establecer un genuino frente único proletario.

Perspectivas y tareas inmediatas

La revolución tiene tres fuentes que están interrelacionadas. La primera fuente de la revolución es el declive de Europa. El equilibrio de clases en Europa se mantenía, ante todo, por la posición dominante de Inglaterra en el mercado mundial. Hoy día ha perdido definitivamente esta posición dominante para no reconquistarla jamás. De ahí la inevitabilidad de paroxismos revolucionarios poderosos que pueden desembocar ya sea en la victoria del proletariado o en la caída total de Europa.

La segunda fuente de la lucha revolucionaria radica en las severas convulsiones de todo el organismo económico de Estados Unidos: un auge sin precedentes, provocado por la guerra europea y, en seguida, una cruenta crisis engendrada por las prolongadas consecuencias de esta guerra. Bajo estas condiciones, el movimiento revolucionario del proletariado americano puede adquirir el mismo ritmo —sin par en la historia— como el del desarrollo económico de Estados Unidos en los años recientes.

La tercera fuente de la lucha revolucionaria es la industrialización de las colonias, sobre todo India. La base para la lucha de liberación de las colonias la constituyen las masas campesinas. Pero en su lucha los campesinos necesitan liderazgo. Tal liderazgo solía brindarlo la burguesía autóctona. Sin embargo, la lucha de esta última contra el dominio imperialista extranjero no puede ser ni consecuente ni enérgica, en tanto que la propia burguesía autóctona está íntimamente ligada al capital extranjero y representa en gran medida una agencia del capital extranjero. Solo el ascenso de un proletariado autóctono con la suficiente fuerza numérica y con capacidad de lucha puede ofrecer un verdadero eje para la revolución. Comparado con la población total del país, el proletariado indio es numéricamente pequeño. Pero los que hayan captado el significado del desarrollo de la revolución en Rusia jamás pasarán por alto que el papel revolucionario del proletariado en los países orientales excederá en mucho su fuerza numérica. Esto se manifiesta no solamente en los países puramente coloniales como India, o semicoloniales como China, sino en Japón, donde la opresión capitalista se conjuga con un absolutismo burocrático feudal de castas.

De ahí que tanto la situación mundial como las perspectivas futuras tienen un carácter profundamente revolucionario.

Cuando la burguesía recurrió tras la guerra a arrojarle migajas a la clase trabajadora, los conciliadores transformaron zalameramente esas migajas en reformas (la jornada de ocho horas, el seguro por desempleo, etcétera) y descubrieron —en medio de las ruinas— la época del reformismo. Hoy día, la burguesía ha pasado a una contraofensiva en todos los aspectos, y hasta el *Times* de Londres —un diario archicapitalista— se refiere alarmado a los bolcheviques capitalistas. La época actual es la del contrarreformismo.

El pacifista inglés Norman Angell ha calificado la

guerra como un error de cálculo.[19] La experiencia de la última guerra ha mostrado que el cálculo, desde el punto de vista de contabilidad, fue en efecto incorrecto. Después de la guerra habría parecido que el triunfo del pacifismo estaba por llegar, y que la Liga de Naciones era su manifestación.[20]

HOY DÍA VEMOS que el cálculo del pacifismo estaba errado. Jamás estuvo la humanidad capitalista envuelta en preparativos tan frenéticos para una nueva guerra como lo está hoy. La ilusión de la democracia está quedando expuesta hasta para los sectores más conservadores de la clase trabajadora. No hacía mucho que se solía contraponer la democracia a la dictadura del proletariado con su terror, su Cheka,[21] etcétera. Hoy día, la democracia se contrapone más y más a toda forma de la lucha de clases. Lloyd George ha aconsejado a los mineros del carbón que hagan sus reclamos ante el Parlamento, y declaró que su huelga era un acto de violencia

---

19. Sir Norman Angell fue un economista y periodista británico.

20. La Liga de Naciones —establecida como parte del acuerdo pactado por los vencedores en Versalles— fue presentada por Washington, Londres y París como un instrumento para la paz mundial. Al igual que su actual hijastra, Naciones Unidas, fue en realidad un instrumento auxiliar empleado por las potencias imperialistas para mantener su dominio mundial: "una guarida de ladrones", según la calificó Lenin.

21. La Comisión Extraordinaria de Toda Rusia, conocida por su acrónimo ruso Cheka, fue establecida en diciembre de 1917, poco después del triunfo del gobierno de trabajadores y campesinos dirigido por los bolcheviques, como tribunal y fuerza de seguridad revolucionarios con el fin de combatir la contrarrevolución y el sabotaje. La encabezó Félix Dzerzhinsky.

contra la voluntad de la nación.

Bajo el régimen de los Hohenzollern, los trabajadores alemanes encontraron cierta estabilidad y límites bien definidos. En general, los trabajadores sabían qué podían hacer y qué estaba prohibido. En la república de Ebert, el trabajador-huelguista se arriesga siempre a que lo degollen, sin más ni más, en la calle o en la estación de policía. La "democracia" ebertiana ofrece a los trabajadores alemanes tan poco como lo que valen los salarios altos que se pagan con una moneda totalmente devaluada.

La tarea de los partidos comunistas consiste en comprender la situación existente en su totalidad e intervenir activamente en la lucha del proletariado para ganar a la mayoría de la clase trabajadora a partir de esa lucha. *Si en uno u otro país la situación se agudiza mucho, debemos plantear el problema fundamental sin rodeos y sumarnos al combate, sin importar el estado en que nos encuentren los sucesos.*

Sin embargo, si la marcha de los acontecimientos avanza de forma más uniforme y tranquila, entonces debemos aprovechar todas las posibilidades para *captar a la mayoría de la clase trabajadora antes de los sucesos decisivos.*

Todavía no contamos con la mayoría de la clase trabajadora en el mundo, pero hoy está con nosotros un sector del proletariado mucho más amplio que hace uno o dos años. Después que hayamos analizado la situación actual, que es una de las tareas importantes de nuestro congreso; luego que hayamos repasado la situación en cada país dado, debemos decirnos: puede que la lucha sea larga y que no avancemos a un paso tan febril como quisiéramos. La lucha va a ser muy severa y va a exigir muchos sacrificios. Nos hemos fortalecido a través de la experiencia acumulada. Sabremos maniobrar en esta lucha. Para nuestras tácticas sabremos trazar no solo una línea matemática ideal, sino las curvas de una situación cambiante, en medio de la cual la línea revolucionaria deberá zanjar su camino. Sabremos maniobrar activamente en medio de la descomposición de la clase capitalista; sabremos movilizar las fuerzas de los trabajadores para la revolución social.

Creo que tanto nuestros éxitos como nuestros fracasos han demostrado que la diferencia entre nosotros y los socialdemócratas independientes no es que nosotros hayamos dicho que haríamos la revolución en 1919, mientras que ellos seguían diciendo que la revolución vendría mucho más tarde. No, no radica ahí la diferencia. La diferencia radica en lo siguiente: que la socialdemocracia y los socialdemócratas independientes apoyan a la burguesía contra la revolución en toda y en cualquier circunstancia. Mientras que nosotros estábamos y estamos dispuestos a utilizar cualquier situación —sin importar qué cambios sufra— para la ofensiva revolucionaria y para la conquista del poder político. [*Aplausos tendidos y entusiastas.*]

En las actuales luchas económicas defensivas que se desarrollan a partir de la crisis, los comunistas deben participar de la forma más activa en todos los sindicatos, en todas las huelgas y manifestaciones, en todo tipo de movimientos, sin romper jamás sus lazos internos en su trabajo, y poniéndose siempre al frente como le corresponde al ala más resuelta y disciplinada de la clase trabajadora. Dependiendo del curso de la crisis y de los cambios en la situación política, la lucha económica defensiva se puede extender, abarcando a capas cada vez más nuevas entre la clase obrera, entre la población y entre el ejército de los desempleados; y al transformarse en un momento dado en lucha revolucionaria ofensiva, puede coronarse con la victoria. Es precisamente hacia ese fin que se deben orientar todos nuestros esfuerzos.

¿Pero si en vez de la crisis se diera una mejora en la

coyuntura económica mundial? ¿Entonces qué? ¿Significaría que la lucha revolucionaria se detendría por un tiempo indefinido?

Se desprende de todo mi informe, camaradas, que un nuevo ascenso —que no podría ser extenso ni profundo— de ninguna manera podrá servir de freno al desarrollo revolucionario. El auge industrial de 1849–51 asestó un golpe a la revolución únicamente porque la revolución de 1848 había ampliado el marco del desarrollo capitalista. En cuanto a los acontecimientos de 1914–21, éstos no han ampliado, sino que han restringido en grado extremo el marco del mercado mundial, de modo que la curva del desarrollo capitalista en general bajará mucho más pronto en el período entrante. En estas condiciones, un auge temporal no hará sino fortalecer la confianza de clase de los trabajadores en sí mismos y estrechar sus filas, tanto en las fábricas como en las luchas. Y podrá dar impulso no solo a su contraofensiva económica sino a su lucha revolucionaria por el poder.

Se nos presenta una situación cada vez más favorable, aunque también se torna sumamente compleja. No obtendremos la victoria automáticamente. El suelo que pisa nuestro enemigo está siendo socavado, pero nuestro enemigo sigue fuerte, nuestro enemigo distingue muy bien nuestros puntos débiles, sabe virar y maniobrar, guiándose siempre por cálculos fríos. Nosotros —toda la Internacional Comunista— tenemos mucho que aprender de la experiencia de nuestras luchas durante estos tres años, especialmente de la experiencia de nuestros errores y nuestros fracasos. Una guerra civil exige maniobras en lo político, en lo táctico y en lo estratégico; exige que en cada situación se tomen en cuenta sus peculiaridades: los lados fuertes y débiles del enemigo; exige la combinación del entusiasmo con el cálculo frío; exige no solo la capacidad de asumir la ofensiva, sino la disposición de replegarse temporalmente para conservar las fuerzas propias, y así poder asestar un golpe más contundente.

Permítanme repetir: la situación mundial y las perspectivas futuras siguen siendo profundamente revolucionarias. Esto crea las premisas necesarias para nuestra victoria. Pero solo nuestra táctica hábil y nuestra poderosa organización podrán darnos garantías plenas. Elevar la Internacional Comunista a un nivel más alto, hacerla más eficaz desde el punto de vista táctico: es ésta la tarea fundamental del Tercer Congreso Mundial de la Internacional Comunista.

UN EQUILIBRIO MUY INESTABLE: INFORME SOBRE LA TÁCTICA DEL PARTIDO COMUNISTA DE RUSIA

por V.I. Lenin

5 de julio de 1921

CAMARADAS, A DECIR verdad no me ha sido posible prepararme como es debido para este informe. Lo único que he podido preparar de un modo sistemático es la traducción de mi folleto sobre el impuesto en especie y las tesis relativas a la táctica del Partido Comunista de Rusia.[22] A estos escritos deseo únicamente agregar algunas aclaraciones y observaciones.

Para argumentar la táctica de nuestro partido es preciso, a mi juicio, comenzar por exponer la situación internacional. Hemos analizado ya detalladamente la situación económica del capitalismo a escala internacional, y el congreso ha adoptado sobre el particular las resoluciones

---

22. El folleto de Lenin, "Sobre el impuesto en especie: significación de la nueva política y sus condiciones", publicado en abril de 1921, y sus "Tesis sobre el informe de la táctica del Partido Comunista de Rusia", preparadas en junio de 1921 para el Tercer Congreso de la Internacional Comunista, aparecen en Lenin, *Obras completas*, tomo 43, págs. 204–48, y tomo 44, págs. 3–12, respectivamente.

pertinentes.[23] En mis tesis trato esta cuestión de manera muy breve y exclusivamente desde el punto de vista político. No trato los fundamentos económicos, pero creo que al analizar la posición internacional de nuestra república debe tenerse en cuenta, desde el punto de vista político, el hecho de que ahora se ha establecido sin duda cierto equilibrio de las fuerzas que han venido desplegando entre sí una lucha abierta, a mano armada, por el dominio de una u otra clase dirigente. Es un equilibrio entre la sociedad burguesa, la burguesía internacional en su conjunto, por una parte, y la Rusia soviética, por otra. Pero, desde luego, se puede hablar de equilibrio únicamente en un sentido limitado. Solo en relación con esta lucha militar afirmo que ha sobrevenido cierto equilibrio en la situación internacional.

Por supuesto, es necesario subrayar que no se trata sino de un equilibrio relativo y muy inestable. Se ha acumulado mucho material inflamable en los países capitalistas, así como en los países que hasta hoy eran considerados solo como objetos y no como sujetos de la historia, es decir, en las colonias y semicolonias. Es perfectamente posible, pues, que tarde o temprano, y de forma completamente imprevista, estallen en estos países insurrecciones, grandes combates y revoluciones. En los últimos años hemos asistido a una contienda abierta de la burguesía internacional contra la primera república proletaria. Toda la situación política mundial ha venido girando en torno a esta contienda y justamente aquí se ha producido el cambio. Como ha fracasado

---

23. Lenin se refiere al "Informe sobre la crisis económica mundial y las nuevas tareas de la Internacional Comunista", presentado ante el congreso por León Trotsky, del cual se reproducen aquí fragmentos importantes.

el intento de la burguesía internacional de asfixiar a nuestra república, ha surgido el equilibrio, muy inestable, por supuesto.

NATURALMENTE, COMPRENDEMOS bien que en estos momentos la burguesía internacional es mucho más fuerte que nuestra república y que solo una combinación peculiar de circunstancias le impide proseguir la guerra contra nosotros. En las últimas semanas hemos podido ver ya en el Extremo Oriente nuevas tentativas de reanudar la invasión, y es indudable que han de repetirse tentativas de esta índole.[24] En nuestro partido no abrigamos dudas al respecto. Nos importa dejar sentado que existe un equilibrio inestable y que debemos aprovechar este respiro, tomando en consideración los rasgos característicos de la situación actual, ajustando nuestra táctica a las peculiaridades de esta situación y jamás olvidando, ni por un instante, que puede volver a surgir de súbito la necesidad de una lucha armada. La organización del Ejército Rojo y su fortalecimiento siguen siendo una de nuestras tareas. Igualmente, en cuanto al problema del abastecimiento de víveres, debemos continuar pensando primero en nuestro Ejército Rojo. En la presente situación internacional, cuando aún debemos anticipar nuevas agresiones y nuevas ten-

---

24. En abril de 1921, tras la victoria del Ejército Rojo sobre los más fuertes ejércitos contrarrevolucionarios y sus partidarios imperialistas, Tokio derrocó al gobierno local de Vladivostok, una ciudad en la costa del Pacífico, y amenazó con reanudar la guerra en el Extremo Oriente de Rusia. Ante la debilidad de sus títeres locales y la falta de apoyo de los gobiernos imperialistas de Estados Unidos o de Europa, Tokio retiró su fuerza invasora en octubre de 1922.

V.I. Lenin presenta informe sobre la táctica del Partido Comunista de Rusia al Tercer Congreso de la Internacional Comunista, 5 de julio de 1921.

"Nuestra tarea consiste en aprender y aplicar el ejemplo vivo y práctico de Lenin y Trotsky de cómo los marxistas abordan la relación que existe entre las profundas tendencias económicas y financieras del capitalismo internacional, los cambios en las pautas a largo plazo de la política imperialista y en la lucha de clases mundial, y los cambios marinos en la resistencia obrera. Nuestra responsabilidad consiste en actuar de manera consecuente, en respuesta a las tendencias actuales".

tativas de invasión de la burguesía mundial, no podemos seguir otro camino. En cuanto a nuestra política práctica, el hecho de que en la situación internacional haya sobrevenido cierto equilibrio reviste cierta importancia, pero solo en el sentido de que debemos reconocer que, si bien el movimiento revolucionario ha hecho avances, el desarrollo de la revolución internacional no ha seguido este año una trayectoria tan recta como esperábamos.

CUANDO INICIAMOS la revolución internacional, no lo hicimos persuadidos de que podíamos prever su desarrollo, sino porque toda una serie de circunstancias nos impulsaron a comenzarla. Pensábamos: o la revolución internacional acude en nuestra ayuda, y entonces tenemos plenamente garantizadas nuestra victoria, o llevaremos a cabo nuestra modesta labor revolucionaria con la convicción de que aún en caso de derrota serviremos la causa de la revolución, y nuestra experiencia será útil para otras revoluciones. Teníamos claro que la victoria de la revolución proletaria era imposible sin el apoyo de la revolución mundial. Ya antes de la revolución, y después de ella, pensábamos: o estalla de inmediato la revolución —o por lo menos muy pronto— en los otros países capitalistas más desarrollados, o de lo contrario habremos de sucumbir. A pesar de esta convicción, hicimos todo lo posible para mantener el sistema soviético bajo todas las circunstancias y a todo trance, porque sabíamos que no solo trabajábamos para nosotros mismos, sino también para la revolución internacional. Lo sabíamos, habíamos expresado reiteradas veces esta convicción antes de la Revolución de Octubre, igual que inmediatamente después de ella y cuando firmamos el Tratado de Paz de

Brest-Litovsk.[25] Y, hablando en términos generales, esto era correcto.

Pero en realidad el movimiento no ha seguido un camino tan recto como esperábamos. La revolución no ha estallado aún en otros países grandes que están más desarrollados en el aspecto capitalista. Cierto es que la revolución se desarrolla en todo el mundo —eso lo podemos manifestar con satisfacción— y solo gracias a esta circunstancia la burguesía internacional no está en condiciones de estrangularnos, aunque en el sentido económico y militar sea cien veces más fuerte que nosotros. [*Aplausos.*]

En el Apartado 2 de las tesis examino cómo ha surgido esta situación y qué conclusiones debemos sacar de ella.[26] Añadiré que la deducción definitiva que hago

---

25. La república obrera y campesina dirigida por los bolcheviques firmó el Tratado de Paz de Brest-Litovsk con el gobierno de Alemania en marzo de 1918, poniendo fin al estado de guerra que había existido entre ambos países desde agosto de 1914. El gobierno de Rusia soviética concedió conquistas territoriales considerables a Alemania imperialista a fin de terminar la guerra y concentrarse en organizar a los trabajadores y campesinos para llevar a cabo las tareas de defensa, reconstrucción y las primeras medidas en la construcción del socialismo.

26. En el apartado 2 de las tesis, Lenin escribió que el alineamiento de fuerzas de clases en esos momentos era el siguiente: "La burguesía internacional, privada de la posibilidad de hacer abiertamente la guerra contra Rusia soviética, se mantiene a la expectativa, acechando el momento en que las circunstancias le permitan reanudar la guerra.

"El proletariado de todos los países capitalistas avanzados ha formado ya su vanguardia, los partidos comunistas, que se desarrollan, marchando con firmeza a la conquista de la mayoría del proletariado en cada país y destruyendo la influencia de los viejos burócratas sindicales y de la capa superior de la clase

es la siguiente: el desarrollo de la revolución internacional, previsto por nosotros, sigue su curso. Pero este movimiento ascendente no es tan rectilíneo como esperábamos. A primera vista es evidente que no se ha conseguido desatar la revolución en otros países capitalistas, una vez concertada la paz, por mala que haya sido, aun cuando, como sabemos, los síntomas revolucionarios eran considerables y numerosos, inclusive mucho más considerables y numerosos de lo que creíamos. Ahora comienzan a aparecer folletos que nos hacen ver que en los últimos años y meses, estos síntomas revolucionarios han sido en Europa bastante más importantes de lo que sospechábamos.

Pues bien, ¿qué debemos hacer en la actualidad? Ahora es indispensable preparar a fondo la revolución y estudiar profundamente su desarrollo concreto en los países capitalistas más avanzados. Esta es la primera enseñanza que debemos extraer de la situación internacional. Para

---

obrera de América y Europa, corrompida por los privilegios imperialistas.

"La democracia pequeñoburguesa de los países capitalistas... constituye en la actualidad el pilar principal del capitalismo, porque sigue influyendo en la mayoría o en una parte considerable de los trabajadores de la industria y del comercio y empleados de oficinas que temen perder, en caso de revolución, su relativo bienestar pequeñoburgués, creado por los privilegios del imperialismo. Pero la creciente crisis económica agrava en todas partes la situación de las grandes masas, cosa que, sumada al hecho cada vez más evidente de que son inevitables nuevas guerras imperialistas si se mantiene el capitalismo, hace que sea cada vez más inseguro el pilar del que venimos hablando.

"Las masas trabajadoras de las colonias y semicolonias, que constituyen la inmensa mayoría de la población del globo [se están convirtiendo en] un factor activo de la política mundial y de la destrucción revolucionaria del imperialismo".

nuestra república rusa debemos aprovechar este breve respiro a fin de adaptar nuestra táctica a este zigzag de la historia. Desde el punto de vista político este equilibrio es muy importante, porque vemos a las claras que precisamente en muchos países de Europa occidental, donde están organizadas las grandes masas de la clase obrera, y con toda probabilidad la inmensa mayoría de la población, el principal apoyo de la burguesía lo constituyen las organizaciones obreras que son hostiles hacia nosotros, adheridas a la Segunda Internacional y a la Internacional Dos y Media.[27] Hablo de esto en el Apartado 2 de las tesis, y creo que aquí debo tratar solo dos puntos que ya han sido aclarados en nuestras discusiones sobre táctica.

Primero, la conquista de la mayoría del proletariado. Cuanto más organizado esté el proletariado en un país capitalista desarrollado, tanta más solidez nos exigirá la historia en la preparación de la revolución y tanto más a fondo deberemos ganar a la mayoría de la clase obrera. Segundo: el sostén principal del capitalismo en los países capitalistas de alto desarrollo industrial es la parte de la

---

27. En agosto de 1914, cuando los dirigentes de la mayoría de los partidos nacionales que constituían la Segunda Internacional, o la Internacional Socialista, se adhirieron patrióticamente al esfuerzo bélico de "su propia" burguesía respectiva al comienzo de la Primera Guerra Mundial, Lenin y el Partido Bolchevique de Rusia rompieron con esa organización mundial. Los bolcheviques mantuvieron una trayectoria internacionalista proletaria que tres años más tarde culminó en la conquista del poder por los trabajadores y campesinos de Rusia y menos de dos años después, en 1919, en la formación de la Internacional Comunista. En 1921 diversas corrientes centristas en la Segunda Internacional rompieron brevemente para formar lo que se llegó a conocer como la Internacional Dos y Media. Sin embargo, los funcionarios colaboracionistas de clases de estas dos organizaciones resolvieron sus conflictos y se volvieron a unir en 1923.

clase obrera que está organizada en la Segunda Internacional y en la Internacional Dos y Media. Si la burguesía internacional no se apoyase en esta sección de los trabajadores, en estos elementos contrarrevolucionarios en el seno de la clase obrera, sería incapaz en absoluto de mantener su posición. [*Aplausos.*]

También quisiera poner de relieve aquí el significado del movimiento en las colonias. En este sentido vemos en todos los viejos partidos, en todos los partidos obreros burgueses y pequeñoburgueses de la Segunda Internacional y de la Internacional Dos y Media, vestigios de las antiguas concepciones sentimentales: según insisten ellos, todas sus simpatías son para los pueblos oprimidos de las colonias y semicolonias. Aún se considera el movimiento en las colonias como un movimiento nacional insignificante y totalmente pacífico. Pero no es así. Desde comienzos del siglo XX ha experimentado grandes cambios: millones y centenares de millones de personas —de hecho, la inmensa mayoría de la población del orbe— intervienen hoy como factores revolucionarios activos e independientes. Y es claro a todas luces que en las próximas batallas decisivas de la revolución mundial el movimiento de la mayoría de la población del globo terráqueo, encaminado al principio hacia la liberación nacional, se volverá contra el capitalismo y el imperialismo y tal vez desempeñará un papel revolucionario mucho más importante de lo que esperamos. Vale destacar que, por primera vez en nuestra Internacional, hemos abordado la cuestión de la preparación de esta lucha. Naturalmente, en esta inmensa esfera hay muchos más escollos que en cualquier otra; pero en todo caso el movimiento avanza. Y a pesar de que las masas trabajadoras

—los campesinos de las colonias— aún están atrasadas, van a desempeñar un papel revolucionario muy grande en las fases sucesivas de la revolución mundial. [*Vivas muestras de aprobación.*]

EN CUANTO A LA SITUACIÓN política interior de nuestra república, debo comenzar por un examen exacto de las relaciones de clases. En los últimos meses han sobrevenido cambios en esta esfera, por cuanto observamos la formación de nuevas organizaciones de la clase explotadora enfiladas contra nosotros. El objetivo del socialismo consiste en suprimir las clases. En las primeras filas de la clase explotadora figuran los grandes terratenientes y los capitalistas industriales. Respecto a ellos, la labor de destrucción es bastante fácil y puede llevarse a cabo en unos cuantos meses, y a veces incluso en unas cuantas semanas o días. En Rusia hemos expropiado a nuestros explotadores, los grandes terratenientes y capitalistas. Durante la guerra, éstos no tenían su propia organización y actuaban solo como lacayos de las fuerzas armadas de la burguesía internacional. Ahora que hemos repelido la ofensiva de la contrarrevolución internacional, se han constituido en el extranjero organizaciones de la burguesía rusa y de todos los partidos contrarrevolucionarios rusos. Se puede calcular en millón y medio o dos millones el número de emigrados rusos diseminados por todos los países extranjeros. En casi todos los países publican diarios, y todos los partidos —los de los terratenientes y los de los pequeñoburgueses, sin excluir a los socialistas revolucionarios y a los mencheviques— tienen numerosos vínculos con elementos burgueses extranjeros, es decir, reciben dinero suficiente para contar con su propia prensa. Podemos observar en el extranjero la colaboración de todos nuestros antiguos partidos políticos sin excepción, y vemos cómo la prensa rusa "libre" que se publica en el extranjero —desde la de los socialistas revolucionarios y los mencheviques hasta la de los monárquicos más reaccionarios— defiende la gran propiedad agraria.

Esto facilita hasta cierto punto nuestra tarea, porque podemos atalayar mejor las fuerzas del enemigo, su grado de organización y las corrientes políticas existentes en su campo. Por otra parte, como es natural, esto entorpece nuestra labor, porque estos emigrados contrarevolucionarios rusos recurren a todos los medios para preparar una lucha contra nosotros. Esta lucha demuestra que, en general, el instinto de clase y la conciencia de clase de las clases dominantes aún son superiores a la conciencia de las clases oprimidas, a pesar de que, en este sentido, la Revolución Rusa ha hecho más que todas las revoluciones anteriores. En Rusia prácticamente no existe una aldea donde la gente, los oprimidos, no se hayan despertado. A pesar de esto, si juzgamos fríamente el grado de organización y la claridad política de los criterios de la emigración contrarrevolucionaria rusa residente en el extranjero, veremos que la conciencia de clase de la burguesía todavía es superior a la de los explotados y oprimidos. Esta gente hace todos los intentos imaginables y utilizan con habilidad cada ocasión para lanzarse de una u otra forma contra Rusia soviética y desmembrarla. Sería muy aleccionador —y creo que los camaradas extranjeros así lo harán— estudiar sistemáticamente las pretensiones más salientes, los métodos tácticos más importantes y las tendencias principales de la contrarrevolución rusa. Esta actúa sobre todo en el extranjero, y a los camaradas extranjeros no les será muy difícil estar al tanto de su movimiento. En algunos aspectos debemos aprender de este enemigo. Estos emigrados contrarrevolucionarios están muy bien informados, tienen una excelente organización y son buenos estrategas. Y estimo que una comparación y un estudio sistemático de cómo se organizan y aprovechan cada oportunidad puede ejercer una fuerte influencia propagandística sobre la clase trabajadora. Esto no es teoría general, es política práctica, y aquí se ve lo que el enemigo ha aprendido.

En los últimos años la burguesía rusa ha sufrido una tremenda derrota. Hay un viejo proverbio que dice que los ejércitos aprenden mucho de las derrotas. El ejército reaccionario derrotado ha aprendido mucho y bien. Estudia con el mayor ahínco, y realmente ha hecho grandes avances. Cuando tomamos el poder de un solo golpe, la burguesía rusa no estaba ni organizada ni desarrollada políticamente. Ahora, creo, está a la altura del desarrollo europeo occidental moderno. Debemos tenerlo en cuenta, debemos mejorar nuestras propias organizaciones y nuestros propios métodos, y nos afanaremos con toda energía por hacerlo así. A nosotros nos ha sido relativamente fácil, y creo que también les será fácil a otras revoluciones lidiar con estas dos clases explotadoras.

Pero además de esta clase de explotadores, en casi todos los países capitalistas, con la posible excepción de Inglaterra, existe la clase de los pequeños productores y de los pequeños agricultores. El principal problema de la revolución estriba hoy en la lucha contra estas dos últimas clases. Para librarnos de ellas es necesario aplicar métodos distintos de los utilizados en la lucha contra los grandes terratenientes y capitalistas. A estas dos clases podíamos simplemente expropiarlas y desterrarlas, y así lo hicimos. Pero no podemos hacer lo mismo con las últimas clases capitalistas, con los pequeños productores y con los pequeños burgueses que existen en todos los países. En la mayoría de los países capitalistas, estas clases constituyen una minoría muy nutrida, aproximadamente del 30 al 45 por ciento de la población. Si a ellas añadimos el elemento pequeñoburgués de la clase obrera, resultará incluso más del 50 por ciento. No se puede expropiarlas ni simplemente desterrarlas; la lucha debe librarse ahí de otra forma. Desde la óptica internacional, la significación del período que ahora se inicia en Rusia —si consideramos la revolución internacional como un proceso único— es esencialmente que debemos resolver de manera práctica el problema de las relaciones que debe tener el proletariado con la última clase capitalista en Rusia.

TODOS LOS MARXISTAS han resuelto bien y con facilidad este problema en teoría. Pero la teoría y la práctica son dos cosas distintas, y de ninguna manera se puede reducir la solución práctica de este problema a la solución teórica. Sabemos a ciencia cierta que hemos cometido graves errores. Desde el punto de vista internacional es señal de un enorme progreso el que ahora nos esforcemos por determinar la actitud que debe tener el proletariado en el poder frente a la última clase capitalista —el fondo mismo del capitalismo—, frente a la pequeña propiedad privada, frente al pequeño productor. Esta cuestión se nos plantea hoy prácticamente. Pienso que podremos resolverla. En todo caso, la experiencia que estamos viviendo será útil para las futuras revoluciones proletarias, y éstas sabrán hacer mejores preparativos técnicos para dar solución al problema.

He intentado analizar en mis tesis el problema de las relaciones entre el proletariado y el campesinado. Por primera vez en la historia existe un estado en el que solo hay dos clases: el proletariado y los campesinos. Estos últimos constituyen la inmensa mayoría de la población. Por supuesto, están muy atrasados. ¿Cómo se manifiestan en la práctica, en el desarrollo de la revolución, las relaciones entre el proletariado en el poder y los campesinos? La primera forma es una alianza, una alianza estrecha. Esta es una tarea muy difícil, pero en todo caso es factible en los aspectos económico y político.

¿Cómo abordamos en la práctica este problema? Sellamos con los campesinos una alianza que entendemos así: el proletariado emancipa a los campesinos de la explotación por la burguesía, los arranca de la dirección e influencia de ésta, y los atrae a su lado para vencer juntos a los explotadores.

Los mencheviques razonan así: el campesinado forma la mayoría, y como nosotros somos demócratas puros, consideramos que es la mayoría la que debe decidir. Pero como el campesinado no puede ser independiente, esto no significa en la práctica sino la restauración del capitalismo. La consigna es la misma: alianza con los campesinos. Al hablar así, entendemos por esto el reforzamiento y la consolidación del proletariado. Hemos intentado poner en práctica esta alianza entre el proletariado y los campesinos, y la primera etapa fue la alianza militar. Los tres años de guerra civil crearon enormes dificultades, pero en cierto sentido la guerra nos facilitó la tarea. Posiblemente resulte extraño, pero así es. La guerra no fue algo nuevo para los campesinos; ellos comprendían perfectamente la guerra contra los explotadores, contra los grandes terratenientes. Las grandes masas campesinas estaban de nuestro lado. A pesar de las enormes distancias y de que la mayoría de nuestros campesinos no sabe leer ni escribir, ellos asimilan nuestra propaganda con gran facilidad. Esto muestra que las amplias masas —y lo mismo sucede en los países más adelantados— aprenden mucho mejor de su propia experiencia práctica que de los libros. Y en nuestro país, la experiencia práctica para el campesinado estuvo facilitada, además, porque Rusia es un país extensísimo y porque sus distintas partes podían atravesar a un mismo tiempo diferentes fases de desarrollo.

En Siberia y en Ucrania, la contrarrevolución pudo triunfar temporalmente, porque allí la burguesía tenía a su lado al campesinado, porque los campesinos estaban contra nosotros. Los campesinos decían a menudo: "Somos bolcheviques, pero no comunistas. Estamos a favor de los bolcheviques, porque han echado a los terratenientes, pero no a favor de los comunistas, porque están en contra de la finca individual". Y durante cierto tiempo la contrarrevolución pudo triunfar en Siberia y en Ucrania, porque la burguesía tuvo éxito en la lucha por ganar influencia entre los campesinos.

PERO BASTÓ MUY POCO tiempo para abrir los ojos a los campesinos. En poco tiempo acumularon experiencia práctica y bien pronto se dijeron: "Sí, los bolcheviques son gente bastante desagradable; no nos caen bien, sin embargo, son mejores que los guardias blancos y la Asamblea Constituyente". La "Asamblea Constituyente" suena a insulto no solo entre los comunistas formados, sino también entre los campesinos. Estos saben por la vida práctica que la Asamblea Constituyente y la guardia blanca son una y la misma cosa, que tras la primera llega inevitablemente la segunda.[28] Los mencheviques

---

28. Después de la conquista revolucionaria del poder por los consejos —o "soviets" en ruso— de delegados de masas de trabajadores, campesinos y soldados en octubre de 1917, los grandes terra-

también recurren a una alianza militar con el campesinado, pero no llegan a entender que una alianza sola es insuficiente. No puede haber alianza militar sin alianza económica, pues no vivimos solo de aire; nuestra alianza con los campesinos de ninguna manera podría haberse sostenido mucho tiempo sin el fundamento económico, que fue la base de nuestra victoria en la guerra contra nuestra burguesía, pues nuestra burguesía había estado unida al conjunto de la burguesía internacional.

LA BASE DE ESTA alianza económica entre nosotros y el campesinado era naturalmente muy simple, y hasta tosca. El campesino obtuvo de nosotros toda la tierra y el apoyo contra los grandes terratenientes. Nosotros debíamos recibir alimentos a cambio. Esta alianza era algo completamente nuevo y no estaba fundada en las relaciones habituales entre productores de mercancías

---

tenientes y capitalistas de Rusia inicialmente buscaron restaurar su dominio organizando elecciones a la Asamblea Constituyente a mediados de noviembre. Al ser derrocado el régimen zarista en febrero de ese año, el gobierno provisional, que representaba los intereses de clase de esas mismas clases explotadoras, repetidamente había pospuesto la celebración de elecciones. La asamblea se reunió en enero de 1918 e inmediatamente rehusó reconocer el poder de los soviets de trabajadores, campesinos y soldados. La asamblea rechazó también las primeras medidas del gobierno revolucionario para expropiar a los terratenientes, establecer el control obrero en las fábricas, nacionalizar la banca, decretar la autodeterminación de las naciones y nacionalidades oprimidas, y armar al pueblo trabajador. En respuesta a esas acciones contrarrevolucionarias, la república soviética disolvió la Asamblea Constituyente el 19 de enero. (Ver "Proyecto de decreto por el que se disuelve la Asamblea Constituyente", en Lenin, *Obras completas,* tomo 35, págs. 242–47.)

y consumidores. Nuestros campesinos lo comprendían mucho mejor que los héroes de la Segunda Internacional y la Internacional Dos y Media. Y se decían: "Estos bolcheviques son unos dirigentes severos, pero a pesar de todo, son gente nuestra". Como quiera que sea, sentamos, pues, las bases de una nueva alianza económica. Los campesinos suministraban al Ejército Rojo sus productos y recibían de él apoyo para defender sus tierras. Esto lo olvidan siempre las eminencias de la Segunda Internacional quienes, como Otto Bauer, no comprenden en absoluto la situación actual. Reconocemos que la forma inicial de esta alianza era muy primitiva y que cometimos muchos errores. Pero teníamos que actuar con la mayor celeridad posible, teníamos que organizar a toda costa el aprovisionamiento del ejército. Durante la guerra civil estuvimos aislados de todas las zonas productoras de granos en Rusia. Nuestra situación era pavorosa, y parece casi un milagro que el pueblo ruso y la clase trabajadora pudieron soportar tantos sufrimientos, miseria y privaciones sin poseer otra cosa que una incontenible voluntad de vencer. [*Vivas muestras de aprobación y aplausos.*]

Sin embargo, una vez finalizada la guerra civil, nuestra tarea fue distinta. Si el país no hubiera estado tan arruinado como lo estaba después de siete años de guerra incesante, tal vez habría sido posible una transición más fácil hacia una nueva forma de alianza entre el proletariado y los campesinos. Pero la mala cosecha, la escasez de pienso, etcétera, agravaron más aún las ya duras condiciones reinantes en el país. Como consecuencia de ello, las privaciones de los campesinos se hicieron insoportables. Teníamos que hacer ver inmediatamente a las grandes masas campesinas que, sin desviarnos en absoluto de la senda revolucionaria, estábamos dispuestos a modificar nuestra política de manera que los campesinos pudieran decirse: "los bolcheviques quieren mejorar inmediatamente y a todo trance nuestra insoportable situación".

Así pues, cambió nuestra política económica: en lugar de las requisas se implantó el impuesto en especie. No se ideó de un golpe. En la prensa bolchevique pudieron verse durante meses diversas propuestas, pero no se llegó a trazar un proyecto que prometiese realmente el éxito. Mas no es eso lo que importa. Lo importante es que modificamos nuestra política económica, ajustándonos exclusivamente a las circunstancias prácticas y a una necesidad dictada por la situación. La mala cosecha, la escasez de pienso y la falta de combustible tienen, claro está, una influencia decisiva en toda la economía, incluida también la campesina. Si el campesinado se declara en huelga, no obtenemos leña. Y si no disponemos de leña, las fábricas tendrán que parar. Por lo tanto, en la primavera de 1921 la crisis económica resultante de la pésima cosecha y de la escasez de pienso alcanzó gigantescas proporciones. Todo eso fue consecuencia de los tres años de guerra civil. Era menester mostrar a los campesinos que podíamos modificar rápidamente nuestra política para aliviar al instante su penuria y que así lo haríamos.

Nosotros decimos constantemente —y se dijo en el Segundo Congreso— que la revolución requiere sacrificios. Hay camaradas que en su propaganda emplean los siguientes argumentos: estamos dispuestos a hacer la revolución, pero ésta no debe ser demasiado severa. Si no me equivoco, este planteamiento lo hizo el camarada Smeral en el discurso que pronunció en el congreso del Partido Comunista checoslovaco. Lo he leído en una información publicada en el *Vorwärts* de Reichenberg. Allí existe, por lo visto, un ala ligeramente izquierdista. Por lo tanto, la fuente no puede ser considerada enteramente imparcial. En todo caso, debo manifestar que si Smeral dijo eso, se equivocó. Algunos oradores que hicieron uso de la palabra después de Smeral en este congreso dijeron: "Sí, seguiremos a Smeral, porque así nos libraremos de la guerra civil". [Risas.] Si todo eso es verdad, debo decir que semejante agitación no es comunista ni revolucionaria. Es natural que cada revolución origine enormes sacrificios a la clase que la lleva a cabo. La revolución se distingue de la lucha corriente porque en ella toman parte diez, cien veces más personas. En este sentido, cada revolución implica sacrificios no solo para unos cuantos sino para toda la clase. La dictadura del proletariado en Rusia le ha acarreado a la clase dominante —el proletariado— sacrificios, miseria y privaciones como jamás se habían conocido en la historia, y es muy probable que en cualquier otro país las cosas sigan por el mismo derrotero.

CABE PREGUNTAR: ¿Cómo repartiremos esta carga de privaciones? Somos el poder estatal. Hasta cierto punto, estamos en condiciones de repartir las privaciones, distribuirlas entre diversas clases y, por lo tanto, mitigar relativamente la situación de algunos sectores de la población. ¿Pero de acuerdo a qué principio debemos actuar? ¿De acuerdo al principio de la justicia, o al de la mayoría? No. Debemos proceder con un criterio práctico. Debemos distribuir la carga de modo que se mantenga el poder del proletariado. Este es nuestro único principio. Al comienzo de la revolución, la clase obrera se vio obligada a padecer increíbles penurias. Hago constar ahora que nuestra política de abastecimiento obtiene cada año mayores éxitos. Y es indudable que en general la situación ha mejorado. Pero incuestionablemente, los campesinos de Rusia han salido ganando con la revolución más que la clase obrera. De esto no puede caber la menor duda. Desde el punto de vista teórico, claro está, esto indica que nuestra revolución era, hasta cierto punto, una revolución burguesa. Cuando Kautsky esgrimió contra nosotros este argumento, nos echamos a reír. Es natural que sin expropiar la gran propiedad agraria, sin echar a los grandes terratenientes y sin repartir la tierra, la revolución es solamente burguesa y no socialista. Pero nosotros fuimos el único partido capaz de llevar a cabo la revolución burguesa y facilitar la lucha por la revolución socialista. El poder soviético y el sistema soviético son instituciones del estado socialista. Ya hemos hecho realidad estas instituciones, pero aún no hemos resuelto el problema de las relaciones económicas entre los campesinos y el proletariado. Queda mucho por hacer y el desenlace de esta lucha dependerá de si podemos cumplir esta tarea o no. Así pues, la distribución de las privaciones representa uno de los problemas prácticos más difíciles. En general ha mejorado la situación de los campesinos, pero sobre la clase obrera han recaído duros sufrimientos, precisamente porque está ejerciendo su dictadura.

YA HE DICHO QUE la escasez de pienso y la mala cosecha dieron origen en la primavera de 1921 a una tremenda indigencia del campesinado, que en nuestro país constituye la mayoría de la población. Sin buenas relaciones con las masas campesinas no podemos subsistir. De ahí que nuestra tarea haya consistido en acudir inmediatamente en su ayuda. La situación de la clase obrera es agobiante en extremo; está sufriendo terriblemente. Sin embargo, los elementos con más entendimiento político comprenden que, en beneficio de la dictadura de la clase obrera, debemos realizar los mayores esfuerzos para ayudar a los campesinos a toda costa. La vanguardia de la clase obrera lo ha comprendido, pero en el seno de esta vanguardia hay quienes no pueden entenderlo, quienes están demasiado cansados para entenderlo. Han visto en ello un error y han empezado a emplear la palabra "oportunismo". Han dicho que "los bolcheviques están ayudando a los campesinos. Los campesinos, que nos explotan, reciben todo cuanto quieren, mientras que los trabajadores pasan hambre". ¿Pero es eso oportunismo? Ayudamos a los campesinos porque sin una alianza con ellos es imposible el poder político del proletariado y es inconcebible que este poder se sostenga. Lo decisivo para nosotros ha sido precisamente esta consideración de la conveniencia y no la de la distribución justa. Ayudamos a los campesinos porque es absolutamente necesario para que retengamos el poder político. El principio supremo de la dictadura es mantener la alianza entre el proletariado y los campesinos, para que el proletariado pueda conservar el papel dirigente y el poder estatal.

El único medio que hemos encontrado para ello es la adopción del impuesto en especie, consecuencia inevitable de la lucha. Este año implantaremos por primera vez este impuesto.[29] Este principio aún no ha sido ensayado en la práctica. De la alianza militar debemos pasar a la

---

29. Para poder alimentar y vestir a los soldados y a los trabajadores urbanos durante la guerra civil, el gobierno revolucionario había puesto en vigor una política de requisiciones obligatorias de productos agrícolas en exceso de lo que las familias campesinas necesitaban para su propio consumo. Bajo la Nueva Política Económica del gobierno, los campesinos pagaban un impuesto establecido en forma de productos agrícolas —un impuesto en especie, en vez de monetario— y podían vender el resto de su producción en el mercado o al gobierno a cambio de artículos industriales.

alianza económica y, teóricamente, la única base posible de esta última consiste en establecer el impuesto en especie. En ello reside la única posibilidad teórica de sentar una base económica realmente sólida para la sociedad socialista. La fábrica socializada proporciona a los campesinos sus artículos, y los campesinos dan sus granos a cambio. Esta es la única forma posible de existencia de la sociedad socialista, la única forma de edificación socialista en un país donde los pequeños campesinos constituyen la mayoría, o por lo menos una minoría muy considerable. Los campesinos darán una parte de sus productos a título de impuesto y otra parte a cambio de los artículos de la fábrica socialista o mediante el intercambio de mercancías.

En este punto abordamos la cuestión más difícil. El impuesto en especie implica, como es lógico, la libertad de comercio. El campesino, después de hacer entrega del impuesto en especie, tendrá derecho a trocar libremente lo que le quede de su cereal. Esta libertad de cambio implica libertad para el capitalismo. Lo decimos abiertamente y lo subrayamos. No lo ocultamos en absoluto. Mal nos irían las cosas si se nos ocurriera ocultarlo. La libertad de comercio implica libertad para el capitalismo, pero a la vez una nueva forma de capitalismo. Significa que, hasta cierto punto, volvemos a crear capitalismo. Y lo hacemos sin tapujos. Se trata del capitalismo de estado. Ahora bien, el capitalismo de estado en una sociedad donde el poder pertenece al capital, y el capitalismo de estado en un estado proletario, son dos conceptos distintos. En un estado capitalista, el capitalismo de estado significa que es reconocido y controlado por el estado en beneficio de la burguesía y contra el proletariado. En el estado proletario se hace lo mismo en beneficio de la clase trabajadora, a fin de hacerle frente a la burguesía, todavía fuerte, y combatirla. Huelga decir que debemos otorgar concesiones a la burguesía extranjera, al capital extranjero. Sin la menor desnacionalización entregamos minas, bosques y yacimientos de petróleo a capitalistas extranjeros para recibir de ellos artículos industriales, máquinas, etcétera, y restablecer así nuestra propia industria.

COMO ES NATURAL, sobre la cuestión del capitalismo de estado no todos coincidimos desde el primer momento. Pero hemos podido comprobar con gran alegría que nuestros campesinos se desarrollan, que han comprendido plenamente el significado histórico de la lucha que estamos desplegando en estos momentos. Campesinos sencillos de los lugares más remotos han llegado hasta nosotros y han dicho: "¿Cómo? ¿Hemos expulsado a nuestros capitalistas que hablan ruso, para que ahora vengan capitalistas extranjeros?" ¿Acaso esto no indica el desarrollo que han alcanzado nuestros campesinos? A un trabajador que sabe de economía no hace falta explicarle por qué esto es necesario. Estamos tan arruinados por los siete años de guerra que el restablecimiento de nuestra industria tomará muchos años. Tenemos que pagar por nuestro atraso y nuestra debilidad, por lo que ahora estamos aprendiendo y por lo que debemos aprender. Quien desee estudiar, debe pagar por la enseñanza. Debemos explicar esto a todos y a cada uno, y si lo demostramos en la práctica, las grandes masas de campesinos y de trabajadores estarán de acuerdo con nosotros, porque así mejorará de inmediato su situación, ya que permitirá restablecer nuestra industria.

¿Qué nos mueve a hacer esto? No estamos solos en nuestro planeta. Existimos en medio de un sistema de estados capitalistas... Por un lado están los países coloniales, pero aún no pueden ayudarnos. Por otro lado están los países capitalistas, pero son enemigos nuestros. Resulta un cierto equilibrio, claro que pésimo. Sin embargo, debemos tener en cuenta este hecho. No debemos perder de vista este hecho si queremos subsistir. O victoria inmediata sobre toda la burguesía, o pago de un tributo.

Reconocemos con toda franqueza y no ocultamos que, en el sistema del capitalismo de estado, el arrendamiento de empresas en régimen de concesión implica un tributo al capitalismo. Pero ganaremos tiempo, y ganar tiempo significa ganarlo todo, sobre todo en una época de equilibrio, cuando nuestros camaradas en el extranjero se preparan a fondo para su revolución. Y cuanto más a fondo la preparen, más segura será la victoria. Pero mientras tanto, tendremos que pagar un tributo.

Unas palabras sobre nuestra política de abastecimiento de alimentos. Ha sido sin duda primitiva y mala. Pero también podemos decir que ha tenido éxitos. Al respecto debo destacar nuevamente que la única base económica posible del socialismo es la gran industria mecanizada. Quien olvide esto no es comunista. Debemos analizar concretamente este problema. No podemos plantear los problemas como lo hacen los teóricos de la vieja escuela del socialismo. Debemos plantearlos de manera práctica. ¿Qué significa la gran industria moderna? Significa la electrificación de toda Rusia. Suecia, Alemania y Estados Unidos ya casi han logrado su electrificación, aunque todavía son países burgueses. Un camarada de Suecia me decía que allí está electrificada una gran parte de la industria, así como el 30 por ciento de la agricultura. En Alemania y en Estados Unidos, países donde el capitalismo está aun más desarrollado, la electrificación alcanza proporciones mayores. La gran industria mecanizada no significa otra cosa que la electrificación de todo el país. Hemos nombrado ya una comisión especial compuesta por los mejores economistas y técnicos. Cierto es que casi todos se muestran hostiles al poder soviético. Todos estos especialistas llegarán al comunismo, pero no como nosotros, no a través de 20 años de trabajo clandestino, durante el cual estudiamos y repetimos con machaconería el abecé del comunismo.

Casi todos los órganos del gobierno soviético han coincidido en que teníamos que recurrir a los especialistas. Los ingenieros especialistas se pondrán a nuestro servicio cuando les demostremos en la práctica que esto aumentará las fuerzas productivas del país. No basta demostrárselo en la teoría. Debemos demostrárselo en la práctica. Y atraeremos a estos hombres a nuestro lado si planteamos el problema de otra manera, sin hacer propaganda teórica del comunismo. Decimos: la industria en gran escala es el único medio de poner a salvo de la miseria y del hambre al campesino. Con esto están todos de acuerdo. Pero ¿cómo hacerlo? Restablecer la industria sobre los viejos cimientos exigirá demasiado trabajo y tiempo. Debemos modernizar la industria, es decir, pasar a la electrificación. Esto requiere mucho menos tiempo. Ya hemos trazado los planes de electrificación. Más de 200 especialistas —casi todos, sin excepción, adversarios del poder soviético— han trabajado con interés en esta obra, aunque no son comunistas. Pero desde el punto de vista de la ciencia técnica, debieron reconocer que es el único camino acertado. Naturalmente, de plantear el plan a cumplirlo hay un gran trecho. Los especialistas más cautelosos afirman que para la primera fase de las obras se necesitarán 10 años cuando menos. El profesor Ballod ha calculado que para la electrificación de Alemania bastarían tres o cuatro años. Pero para nosotros un decenio es muy poco. En mis tesis cito cifras para que ustedes vean lo poco que hasta ahora hemos podido hacer en este orden de cosas. Las cifras que cito son tan modestas que salta a la vista que son de valor más propagandístico que científico. Sin embargo, debemos comenzar por la propaganda. El campesino ruso que participó en la guerra mundial y vivió algunos años en Alemania, vio allí cómo se debe organizar la agricultura moderna para acabar con el hambre. Debemos realizar una vasta propaganda en este sentido. Estos planes, por sí solos, tienen escaso significado práctico, pero su importancia es muy grande desde el punto de vista de la propaganda.

EL CAMPESINO VE que debe crearse algo nuevo. Comprende que en esta empresa debe trabajar no cada uno para sí, sino todo el estado en su conjunto. Los campesinos que fueron prisioneros de guerra en Alemania descubrieron cuál es la base real de la vida cultural. Doce mil kilovatios son un comienzo muy modesto. Posiblemente se ría de esto un extranjero que conozca la electrificación norteamericana, alemana o sueca. Pero reirá mejor quien ría el último. Sí, es un comienzo modesto. Pero los campesinos empiezan a comprender que hay que realizar nuevos trabajos en gran escala, y éstos se inician ya. Hay que superar dificultades colosales. Intentaremos entablar relaciones con los países capitalistas. No hay que lamentar que suministremos a los capitalistas varios cientos de millones de kilogramos de petróleo a condición de que nos ayuden a electrificar nuestro país.

Y ahora, para terminar, unas palabras sobre la "democracia pura". Voy a leer lo que escribió Engels el 11 de diciembre de 1884 en una carta a Bebel:

> En cuanto a la democracia pura... [es] evidente que desempeña una función muchísimo más secundaria en Alemania que en países de desarrollo industrial más antiguo. Pero esto no impide la posibilidad de que, cuando llegue el momento de la revolución, adquiera una importancia pasajera en cuanto al partido *burgués* más extremo (ya pretendió hacerlo así en Francfort), como última tabla de salvación de todo régimen burgués e incluso feudal... Así, por ejemplo, entre marzo y septiembre de 1848, toda la masa feudal-burocrática apoyó a los liberales para reprimir a las masas revolucionarias... Sea como fuere, nuestro único adversario el día de la crisis y al día siguiente de ésta, será *toda la reacción colectiva, la que se agrupará en torno a la democracia pura,* y creo que esto no debe perderse de vista.[30]

No podemos plantear nuestras cuestiones como lo hacen los teóricos. Toda la reacción en su conjunto, no solo la burguesa sino la feudal, se agrupa en torno a la "democracia pura". Los camaradas alemanes conocen

---

30. Engels se refiere a los representantes de las capas más radicales de la burguesía que ocuparon puestos en la Asamblea Nacional prusiana durante la revolución de 1848–49 en Alemania y sirvieron como el frente detrás del cual las clases propietarias en el campo y la ciudad rechazaron las reivindicaciones de los campesinos, artesanos y pequeños maestros de oficios, y de la naciente clase obrera industrial. La carta de Engels a Bebel se encuentra en Carlos Marx y Federico Engels, *Correspondencia* (La Habana: Editora Política, 1988), págs. 470–75.

mejor que nadie lo que significa la "democracia pura", ya que Kautsky y demás dirigentes de la Segunda Internacional y de la Internacional Dos y Media defienden esta "democracia pura" contra los malvados bolcheviques. Si juzgamos a los socialistas revolucionarios[31] y a los mencheviques rusos por sus hechos, y no por sus palabras, no resultarán ser otra cosa que representantes de la "democracia pura" pequeñoburguesa. En nuestra revolución han dado un ejemplo clásico —y también durante la última crisis, en los días de la sublevación de Kronstadt[32]— de lo que significa "democracia pura". La efervescencia era muy grande entre los campesinos; también reinaba el descontento entre los trabajadores. Estaban extenuados y agotados. Las fuerzas humanas tienen sus límites. Habían pasado hambre tres años, pero no se puede pasar

---

31. El Partido Socialista Revolucionario (eseristas), formado en 1901–2, era un partido de base campesina que contaba con apoyo mayoritario de los delegados campesinos en los soviets después de la revolución de febrero de 1917, la cual derribó al régimen zarista en Rusia. El partido se escindió posteriormente ese año, cuando su ala izquierda apoyó la Revolución de Octubre e inicialmente se unió a los bolcheviques en el nuevo gobierno de trabajadores y campesinos. Al igual que los mencheviques, los eseristas de derecha se unieron a los capitalistas y grandes terratenientes al alzarse en armas contra la república soviética. En julio de 1918 los eseristas de izquierda también se alzaron en armas contra el gobierno, supuestamente por oponerse a la firma del Tratado de Paz de Brest-Litovsk por los bolcheviques.

32. En 1921, justo cuando concluía la guerra civil, anarquistas organizaron una rebelión de marineros contra el gobierno soviético en la base naval de Kronstadt, al noroeste de Petrogrado. La sublevación contrarrevolucionaria, suprimida por el Ejército Rojo, fue alabada por los mencheviques, los propagandistas imperialistas y los voceros de los terratenientes y capitalistas derrocados de Rusia.

hambre cuatro o cinco años. Naturalmente, el hambre influye mucho en la actividad política. ¿Cómo actuaron los socialistas revolucionarios y los mencheviques? Vacilaron todo el tiempo, reforzando así a la burguesía.

La organización de todos los partidos rusos en el extranjero ha mostrado cómo están actualmente las cosas. Los jefes más inteligentes de la gran burguesía rusa se dijeron: "No podemos vencer inmediatamente en Rusia. Por eso nuestra consigna debe ser: 'Soviets sin bolcheviques'". El dirigente de los demócratas constitucionalistas, Miliukov,[33] defendió el poder soviético contra los socialistas revolucionarios. Esto puede parecer muy extraño, pero tal es la dialéctica práctica que hemos estudiado de forma singular en nuestra revolución: en la práctica de nuestra lucha y de la lucha de nuestros adversarios. Los demócratas constitucionalistas defienden los "soviets sin bolcheviques" porque comprenden bien la situación y esperan que muerda el anzuelo una parte de la población. Así hablan los demócratas constitucionalistas astutos. Desde luego, no todos los demócratas constitucionalistas son astutos, pero algunos de ellos lo son, y han aprendido algo de la experiencia de la revolución francesa. Hoy la consigna es: luchar contra los bolcheviques a toda costa, a todo trance. Toda la burguesía ayuda ahora a los mencheviques y a los socialistas revolucionarios, quienes son

---

33. Los demócratas constitucionalistas eran el principal partido de la burguesía rusa antes de la Revolución de Octubre. Siguieron trabajando en el exilio por un tiempo después como centro organizativo de los ejércitos contrarrevolucionarios que pretendían derrocar al gobierno de trabajadores y campesinos. Pável Miliukov era el dirigente central del partido.

en estos momentos la vanguardia de toda la reacción. En la primavera tuvimos la ocasión de conocer los frutos de esta alianza contrarrevolucionaria.

Por eso debemos continuar nuestra lucha implacable contra estos elementos. La dictadura es un estado de guerra intensa. Nos encontramos precisamente en ese estado. En estos momentos no hay invasión militar, pero estamos aislados. Por otra parte, no estamos del todo aislados, ya que el conjunto de la burguesía internacional no se halla hoy en condiciones de librar abiertamente la guerra contra nosotros, pues la clase trabajadora —aunque en su mayoría no sea todavía comunista— tiene suficiente conciencia de clase para no permitir la intervención. La burguesía debe tener en cuenta estos ánimos de las masas, aunque éstas no se hayan desarrollado todavía hasta el punto de apoyar el comunismo. De ahí que la burguesía no pueda pasar ahora a la ofensiva contra nosotros, si bien eso nunca está excluido.

Mientras no haya un resultado general definitivo, continuará este horrendo estado de guerra. Y nosotros decimos: "En la guerra, actuaremos como en la guerra: no prometemos ninguna libertad, ninguna democracia". Decimos a los campesinos con toda franqueza que deben elegir entre el poder de la burguesía o el poder de los bolcheviques: y en ese caso haremos todas las concesiones posibles dentro de los límites de mantener el poder, y después los conduciremos al socialismo. Todo lo demás es engaño, pura demagogia. A este engaño, a esta demagogia hay que declarar la guerra más encarnizada. Nuestro criterio es el siguiente: por ahora, grandes concesiones y la mayor cautela, precisamente porque atravesamos un estado de cierto equilibrio, precisamente porque somos más débiles que todos nuestros adversarios juntos, precisamente porque nuestra base económica es demasiado débil y necesitamos cimientos económicos más sólidos.

Esto es lo que quería decirles, camaradas, sobre nuestra táctica, sobre la táctica del Partido Comunista de Rusia. [*Prolongados aplausos.*]

LA CLASE OBRERA Y LA DEFENSA DE LOS DERECHOS POLÍTICOS

El socialismo en el banquillo de los acusados
Testimonio en el juicio por sedición en Minneapolis
JAMES P. CANNON

El programa revolucionario de la clase trabajadora, tal como fue presentado en respuesta a cargos fabricados de "conspiración sediciosa" en 1941, en vísperas del ingreso de Washington a la Segunda Guerra Mundial. Los acusados eran dirigentes del movimiento obrero en Minneapolis y del Partido Socialista de los Trabajadores. US$15. También en inglés, francés y persa.

FBI on Trial
The Victory in the Socialist Workers Party Suit Against Government Spying
(El juicio contra el FBI: La victoria en la demanda del Partido Socialista de los Trabajadores contra el espionaje del gobierno)
MARGARET JAYKO

Relata la victoria histórica en la lucha por los derechos constitucionales. Incluye el fallo completo de la corte federal en 1986 contra el espionaje del gobierno así como fragmentos del testimonio en el juicio. En inglés. US$17

Cointelpro
The FBI's Secret War on Political Freedom
(Cointelpro: La guerra secreta del FBI contra la libertad política)
NELSON BLACKSTOCK

Una mirada a fondo al programa encubierto de interferencia y contrainteligencia del FBI en los años 60 y 70, realizado bajo el nombre COINTELPRO. Reproduce extensamente documentos del FBI publicados a raíz de la demanda judicial del Partido Socialista de los Trabajadores contra el espionaje del gobierno. En inglés. US$15

LA 'JUSTICIA' CAPITALISTA Y LA CLASE TRABAJADORA NORTEAMERICANA

"Son los pobres quienes enfrentan el salvajismo del sistema de 'justicia' en EE.UU."

Los Cinco Cubanos hablan sobre su vida en la clase trabajadora norteamericana

Cinco revolucionarios cubanos falsamente acusados y presos 16 años en EEUU explican los estragos humanos causados por la "justicia" capitalista con sus policías, cortes y prisiones. Y cómo se distingue Cuba socialista. US$10. También en inglés, persa y griego.

50 años de operaciones encubiertas en EE.UU.
La policía política de Washington y la clase obrera norteamericana
LARRY SEIGLE, FARRELL DOBBS, STEVE CLARK

Cómo los trabajadores con conciencia de clase han luchado contra los esfuerzos por reforzar el "estado de seguridad nacional" que es esencial para mantener el dominio capitalista. US$10. También en inglés y persa.

Letters from Prison
A Revolutionary Party Prepares for Post–WWII Labor Battles
(Cartas desde la prisión: Un partido revolucionario se prepara para las batallas obreras posteriores a la Segunda Guerra Mundial)
JAMES P. CANNON

Encarcelado en la prisión federal de Sandstone en 1944–45, Cannon escribe a dirigentes y cuadros del Partido Socialista de los Trabajadores sobre sus experiencias con compañeros de presidio sobre su lectura y estudio durante su "semestre en la Universidad de Sandstone", y los pasos para preparar al partido para las batallas obreras que surgirían de la sangrienta guerra imperialista. En inglés. US$20

PATHFINDERPRESS.COM

DIRIGENTES REVOLUCIONARIOS EN SUS PROPIAS PALABRAS

La Primera y Segunda Declaración de La Habana
En ninguna parte se abordan con mayor franqueza y claridad los problemas de estrategia revolucionaria que hoy afrontan los hombres y mujeres en las primeras filas de luchas en América que en estos dos documentos de 1960 y 1962, aprobados en sendas asambleas de más de un millón de cubanos. Estas intransigentes condenas del saqueo imperialista y de "la explotación del hombre por el hombre" siguen vigentes como manifiestos de lucha revolucionaria del pueblo trabajador en todo el mundo. US$10. También en inglés, francés, persa, árabe y griego.

La revolución granadina, 1979–83
Discursos de Maurice Bishop y Fidel Castro
El triunfo en 1979 de la revolución en la isla caribeña de Granada tuvo "importancia para todas las luchas alrededor del mundo" dijo Bishop, su dirigente central. Valiosas lecciones del gobierno de trabajadores y agricultores derrocado en 1983 mediante un golpe de estado estalinista. Contiene discurso de Castro ante más de un millón de personas en La Habana tras la invasión norteamericana que siguió al derrocamiento de la revolución. US$10

Puerto Rico: La independencia es una necesidad
RAFAEL CANCEL MIRANDA
Este dirigente independentista puertorriqueño, uno de los cinco encarcelados por Washington por más de 25 años, hasta 1979, habla sobre la realidad brutal del coloniaje norteamericano, el ejemplo de la revolución socialista cubana y la lucha actual por la independencia. US$5. También en inglés y persa.

Somos herederos de las revoluciones del mundo
Discursos de la revolución de Burkina Faso, 1983–87
THOMAS SANKARA

Los campesinos y trabajadores en este país de África Occidental crearon un gobierno popular revolucionario y comenzaron a combatir el hambre, el analfabetismo y el atraso económico impuestos por la dominación imperialista, así como la opresión de la mujer heredada de la sociedad de clases desde hace milenios. Cinco discursos del dirigente de esta revolución. US$10. También en inglés, francés y persa.

Marianas en combate
Teté Puebla y el Pelotón Femenino Mariana Grajales en la guerra revolucionaria cubana, 1956–58
TETÉ PUEBLA

La general de brigada Teté Puebla, la mujer de más alto rango en las Fuerzas Armadas Revolucionarias de Cuba, se integró a los 15 años a la lucha para derrocar a la dictadura de Batista. Esta es su historia: desde la clandestinidad urbana, hasta su papel de oficial en el primer pelotón femenino del Ejército Rebelde. Por cinco décadas, la lucha por transformar la condición social y económica de la mujer en Cuba ha sido inseparable de la revolución socialista. US$10. También en inglés y persa.

Che Guevara habla a la juventud
Guevara desafía a los jóvenes de Cuba y del mundo a que trabajen. A que sean disciplinados. A que se sumen a la vanguardia de luchas tanto pequeñas como grandes. A que se conviertan en un tipo humano diferente a medida que luchan junto a trabajadores de todas partes para transformar el mundo. US$12. También en inglés y griego.

PATHFINDERPRESS.COM

ÍNDICE

A

Abbas, Mahmoud, 57
Acción afirmativa, 41
Aceleración del ritmo de producción, 20, 63, 208, 219
Afganistán, 75; guerra en, 28, 49, 55, 69, 129, 199, 200
África, 112; explotación imperialista de, 95, 121, 134–35, 157–58; luchas de liberación nacional, 71, 195; petróleo en, 32; presencia militar de Washington en, 25, 32
Agencia Internacional de Energía Atómica (AIEA), 58–60
Agricultores, 46, 157, 215; pequeños, 212, 215, 275–76, 308. *Ver también* Campesinos
Agricultura, 255, 275–76
Al Qaeda, 56, 77
Aldabonazo (Hart), 12
Alemania, 121, 243–45, 251, 293, 320, 322–23; ascenso de masas tras la Primera Guerra Mundial, 8, 9, 243–46, 288–90; bajo los nazis, 9, 182; bases norteamericanas en, 31; conflictos con Washington, 52–53; economía, 254, 260–61, 264–65, 266, 273–75
América Latina, 112; explotación imperialista de, 121, 136, 157; fuerzas militares norteamericanas en, 25, 31, 32–33, 69, 129
Angell, Norman, 291–92
Antigüedad, 20
Antijudío, odio, 121, 192, 215, 225
Arabia Saudita, 56–57, 76, 128, 129; bases norteamericanas en, 31,
Arafat, Yasser, 57
Aranceles, 157, 278–79
Argelia, 73
Argentina, 135–36, 151
Armas nucleares, 53, 56, 58, 127; campaña encabezada por Washington en torno a, 58–60, 127–28
Asamblea Constituyente (Rusia), 311–12
Ashcroft, John, 182
Asia: explotación imperialista de, 121, 134–35, 157; presencia militar de Washington en, 25, 32, 55–56, 69, 128–29
Asistencia pública, 66
Asociación de Combatientes de la Revolución Cubana, 12
Ataques del 11 de septiembre de 2001, 75, 77, 119–24, 188–89, 196–99, 229
Australia, 50

333

Austria-Hungría, 243–45, 263, 279

B

Baader-Meinhof, Banda, 76
Bahía de Cochinos, 125, 172
Banca: y el capital industrial, 133–34, 215–16, 275; y la crisis capitalista, 141–48, 150–51, 155, 204; y la deuda externa, 135–36, 150–51; y la especulación, 134–35, 142–52, 163–64; funcionamiento de la, 144–45, 161
Banco de la Reserva Federal, 70
Bauer, Otto, 252, 313
Behold a Pale Horse (He allí un caballo pálido, Cooper), 225
Bélgica, 52
Beneficios suplementarios, 68, 220–21
Benson, John, 180
Bin Laden, Osama, 199
Bishop, Maurice, 96, 137
Blair, Anthony, 80, 128, 199
Bolcheviques, 91, 111, 179, 253–54, 311, 313, 317, 324, 325–26; su trayectoria revolucionaria, 7–8, 194, 304
Bolsa de valores, 69, 141, 148–49, 162, 163–64, 203–4; clase obrera y, 212–13
Bonapartismo, 192
Bono, 158
Bosnia, 28
Brasil, 60, 135–36, 151
Brest-Litovsk, Tratado de Paz de, 302
Brigadas Rojas (Italia), 76
Brundy, Peggy, 177
"Burbuja" informática de década de 1990, 148–49
Burkina Faso, 74, 96, 137
Burnham, James, 139

Burocracia sindical, 220–21, 246, 249, 302; adaptación a, 80, 84–85; su colaboracionismo de clases, 68, 84, 218, 223, 288
Bush, George, 31, 69
Bush, George W., 23, 28, 46, 48, 124–25, 126–27, 130

C

Calero, Róger, 97
Campesinos, 275–76, 291, 306, 308–9; en Rusia soviética, 309–14, 316–19, 322, 324, 326. *Ver también* Agricultores
Canadá, 44, 50, 131
Cannan, Edwin, 262
Cannon, James P., 15–16, 139, 168, 184
Capital ficticio, 134, 149–50, 162–63, 201–3, 208, 261. *Ver también* Especulación
Capital financiero: y el capital industrial, 133–34, 202; y la crisis que se avecina, 113–16, 140–41, 145–55, 201, 204, 210; y el imperialismo, 124, 133–36, 138–39, 158. *Ver también* Banca; Deuda; Derivados; Especulación
Capital, El (Marx), 133, 160, 162–63
Capitalismo de estado, 318–20
Capitalismo: ciclo comercial, 113, 141, 206–7, 208, 222–24, 257–59, 268–72; sus contradicciones, 116, 133, 138, 140, 195–96, 201, 207, 210–11, 257; su equilibrio, 241, 250–56, 269, 272, 274, 278, 284, 286; monopolista, 133, 138, 158–59, 215–16, 275, 277; no es una conspiración, 215–16; no hay situación absolutamente sin salida para el, 116–17; posterior a la Primera Guerra Mundial, 9,

250, 259–67, 285–86, 295. Ver
también Clase capitalista; Curva
del desarrollo capitalista; Depresión; Imperialismo
Carbón, 85–86, 281
Carreras, Enrique, 175
Castro, Fidel, 153, 187–88
Checoslovaquia, 249
Cheka, 292
Cheney, Richard, 23
China, 54, 182, 195, 291; conflicto de Washington con, 32, 51, 53; postura militar hacia, 51
Chomsky, Noam, 139
CIA, 29
Cinco Cubanos, caso de los, 172, 224–26
CIO (Congreso de Organizaciones Industriales), 223
Clase capitalista, 213, 250–52, 261–62, 277; ataques a la clase obrera, 19–21, 23–24, 62–63, 85, 122, 157, 208, 270, 274, 277–78, 286–87; como clase gobernante, 215–16; concesiones a los trabajadores, 285–86, 291; métodos para defender su dominio, 117–19, 192, 225; en el mundo semicolonial, 71–72, 291; su pragmatismo, 118, 140, 162–63; rusa, 306–8, 312; sus valores, 152–53, 183
Clase media, 23, 209, 212–15, 276–78
Clase trabajadora y la transformación de la educación, La (Barnes), 171, 219
Clase trabajadora: ataques capitalistas contra, 19–21, 23–24, 62–63, 65, 85, 122, 157, 209, 269–70, 274, 277, 286–87; cambio marino en la política de, 10, 20, 21, 84, 165; captar a su mayoría, 293, 302, 304, 326; en el centro de la escena política,

20, 85; y el ciclo comercial, 209, 222–24, 269–71, 272, 295; conciencia de clase, 87, 88–89, 216–17; su creciente internacionalización, 94–95, 118, 136–37; su dirección, 9–10, 137, 217–18, 225, 285, 288, 293–94; divisiones en su seno, 67, 173; y "guerra contra el terrorismo," 46–47, 122–24; hereditaria, 94–95, 211; e ideas revolucionarias, 86–88, 170–71, 188; mujeres en, 95, 288; en el mundo semicolonial, 94–95, 136–37, 290–91; su potencial revolucionario, 173, 230; su resistencia, 21–22, 43, 85–86, 166–67, 187, 270, 274, 286–87; vanguardia de, 4, 20, 21, 24, 83, 85–87, 98, 166–67, 174–75, 216–17, 294, 302, 317
Clinton, Hillary, 182
Clinton, William, 66, 127–28, 145; y fuerzas armadas norteamericanas, 23, 31, 45, 48, 69, 120, 130; y sistema antimisil, 53, 127–28;
Cochranistas, 168
Cody, general Richard, 24–25
Cointelpro, 46, 47
Colectivismo burocrático, 139
Colombia, 32–33, 69, 129
Comando Norte. Ver Fuerzas armadas norteamericanas
Comercio mundial, 141, 258, 263–64, 286; y conflictos interimperialistas, 134–35, 140, 157
Comité Church del Senado, 46
Condado de Orange, 201–3
Condiciones de trabajo, 19–20, 63, 203, 208, 209, 219, 220, 274, 286
Conscripción, 33
Consejo de Asistencia Mutua

Económica (CAME), 47
Conspiración, teorías de, 199–200, 215, 225
Co-Op, mineros de, 83, 85–86
Corea, Guerra de, 25, 120, 125
Corea del norte, 195; amenazas de Washington contra, 49, 59, 127, 199
Corea del sur, 59–60, 135; bases norteamericanas en, 31
Crédito, 140, 148, 160, 162–63, 201, 203
Crisis "de los misiles" de Cuba, 125, 187–88
Cuba, 12, 93, 125, 135, 195; como prueba de fuego, 91–92; y la revolución norteamericana, 172–73, 175
Cuba y la revolución norteamericana que viene (Barnes), 171, 201, 219
Curva del desarrollo capitalista, 159, 256–59, 265–67, 268, 295; y el ciclo comercial, 206–7, 257–59, 268–69; implicaciones para la lucha de clases, 5–6, 9, 112–16, 267, 274, 286–87, 290–96; su segmento actual, 201, 205, 207–8

D

Deflación, 113, 141, 203, 204
De la sierra del Escambray al Congo (Dreke), 12
Democracia burguesa, 292–93, 322–24
Demócratas Constitucionalistas (Rusia), 325
Departamento de Seguridad del Suelo Nativo, 42
Depresiones económicas, 159, 211, 224, 259, 269–70; en década de 1930, 9, 144, 204–5, 222–23; etapas iniciales actuales, 4, 116, 141, 187, 201, 204, 216, 221; y

perspectivas revolucionarias, 9, 264–72
Derechistas, fuerzas, 165, 167, 191–93, 215, 225. *Ver también* Fascismo
Derechos civiles, movimiento de, 65
Derivados, 134, 143, 147, 151–52, 155, 160
Desempleo, 113, 216, 262, 272, 294; en la Gran Depresión, 205, 222
Desorden mundial del capitalismo, El (Barnes), 165, 171, 192–93, 201, 220
Deuda: burbuja de, 48, 63, 70, 134–35, 140, 141, 145–52, 159–60, 202–3, 204, 208, 210–11; externa, 128, 136, 150–51, 282; individual e hipotecaria, 153–55, 213, 216
Dictadura del proletariado, 8, 81, 88–89, 139, 183, 217–18, 292, 315, 317, 326
Dieciocho de brumario de Luis Bonaparte, El (Marx), 184
Dinamarca, 50
"Dividendo de paz", 22, 47–48, 68–69
Dobbs, Farrell, 86–87, 192–93, 222–23
Dólar. *Ver* Moneda
Dorticós, Osvaldo, 187–88
Dzerzhinsky, Félix, 292

E

Eberhart, general Ralph, 131
Ebert, Friedrich, 243, 246, 293
Educación marxista, 90, 132–33
Egipto, 33, 71, 72
"Eje del mal", 49, 59, 127, 199
Ejército Negro de Liberación, 76
Ejército Republicano Irlandés (IRA), 73

Ejército Rojo (Rusia soviética), 8, 299
ElBaradei, Mohamed, 58
Electrificación, 320-22
Ellis, Charles D., 164
En defensa del marxismo (Trotsky), 139
Energía nuclear, 58-59, 60
Engels, Federico, 162, 227-28, 323; sobre el comunismo, 8; sobre las crisis económicas, 6, 160-61, 267-68
Episodes of the Cuban Revolutionary War (Pasajes de la guerra revolucionaria cubana, Guevara), 12
España, 9, 74, 76
Especulación, 135, 148-49, 151-52, 210, 259, 260, 273, 275. *Ver también* Capital ficticio
Esperanza de vida, 65
Estados Unidos, 118-19, 173, 320, 322; faccionalismo en su política, 23, 26, 165; historia de, 8-9, 44-45, 191-93, 211-12, 245-46; como "trampa mortal", 121
Estalinismo, 195; colapso de aparatos, 47, 77-78, 188, 201; y direcciones nacionalistas burguesas, 71-72, 74; como falsificación del marxismo, 10, 78
ETA (Patria Vasca y Libertad), 73
Euro, 52
Extraordinary Popular Delusions and the Madness of Crowds (Delirios populares extraordinarios y la locura de las multitudes, Mackay), 163

F

Fannie Mae (Asociación Hipotecaria Nacional Federal), 155
Fascismo, 117, 215, 225; en Europa, 195, 248-49; cómo lo usan los capitalistas, 117, 192, 225. *Ver también* Derechistas, fuerzas
FBI, 46
Festival Mundial de la Juventud y los Estudiantes (2005), 92
Fetichismo de mercancías, 162-63, 183
Filipinas, 120, 135; fuerzas armadas norteamericanas y, 25, 69, 129
Francia, 50; auge de masas en década de 1920, 8, 245, 246-47; y conflictos interimperialistas posteriores a la Primera Guerra Mundial, 254, 279-80; conflictos con Washington, 32, 52-53; su economía, 260, 261, 263, 264-65, 273-74
Freddie Mac (Corporación Hipotecaria Federal de Préstamos sobre Vivienda), 155
Frente de Liberación Nacional (Argelia), 73
Frente Sandinista de Liberación Nacional (FSLN), 73
Frente único, 290
Fuerzas militares norteamericanas: bases en el exterior, 31-33, 54-55, 128, 129; Comando Norte, 44-45, 120, 130-31, 196, 200; y "combatientes de guerra", 29, 30, 42; disciplina, 33, 40; empleados civiles y, 32, 42; su estructura de mando, 25, 28, 29-30, 130-31; fuerzas de operaciones especiales, 28, 29, 30, 51, 59, 69; Guardia Nacional y reservas, 40, 43; su "huella global", 30-33; sus intervenciones, 25, 69, 129; negros en, 40-41; objetivos de su transformación, 23-25, 28, 48, 54; oficialidad, 26, 40-41,

165; preparativos de guerra, 26, 199–200; presupuesto, 20, 41, 47, 68–69; primas por reclutamiento, 33–40, 41; sus ramas, 25, 26, 28–29, 41; sus servicios de inteligencia, 28, 46; sistemas de armas, 29, 41–42, 53–54, 127–28, 196; su tamaño, 25, 29, 30–31; su uso dentro de fronteras de Estados Unidos, 43–47, 120, 129–30, 196, 200. *Ver también* Afganistán; Imperialismo norteamericano; Iraq, guerra de

G

Ganancia, tasas de, 85, 141, 149
Georgia, 55
Ghana, 71
Glass-Steagall, Ley, 144–45
"Globalización", 82, 139
Gran Bretaña. *Ver* Reino Unido
Gran Depresión. *Ver* Depresiones económicas, en década de 1930
Granada, 74, 96, 137
Greenspan, Alan, 63, 152, 161
Guantánamo, base naval de, 46
Guerra del Golfo. *Ver* Iraq, guerra de (1990–91)
Guerra Fría, 22, 42, 49, 54, 123, 132
Guerra Hispano-Americana, 135

H

Haciendo historia (Waters, ed.), 175
Hamas, 58, 73
Harding, Warren G., 283
Hawkins, Arrin, 97
Healy, Gerry, 182
Hiroshima y Nagasaki, 120
Historia del trotskismo americano, La (Cannon), 132, 184

Hitler, Adolfo, 182
"Hojas de nenúfar" (*lily pads*), 32, 55
Huelgas, 22, 83, 84, 122, 294; durante década de 1930, 222–23; tras la Primera Guerra Mundial, 8, 245–49, 256, 270, 292–93
Hungría, 8, 243–45

I

Imperialismo: su carácter parásito, 133–34; como causa de guerras, 133, 140, 278, 281–82, 283–84; conflictos interimperialistas, 4, 32, 51–53, 62, 70–71, 129, 133, 134, 140, 157, 195–96, 204, 210, 255–56, 278–84; explotación del Tercer Mundo, 95, 121, 134–36, 157–59; como fase del capitalismo, 116, 133, 159; no es una política, 158–59; Rusia Soviética y el, 8–9, 298–99, 319–20; como sistema mundial, 135, 136–37, 254–55, 263–64, 272–73, 279–81. *Ver también* Capitalismo
Imperialismo norteamericano: y ataques "preventivos", 119–20, 125–26; y coaliciones militares, 26–28, 49, 52, 128; y conflictos interimperialistas, 32, 51–53, 128, 129, 199, 281–83; y división mundial del trabajo, 255, 272; su dominación económica, 52, 70, 118, 195, 263–64, 265–66, 271–72; su economía tras Primera Guerra Mundial, 260, 261, 263–64, 265, 266; fuerza del, 118, 131, 229, 281–83, 290; como imperio en decadencia, 117, 131–32, 229, 230; y países semicoloniales, 120, 121, 157–58; sus perspectivas revolucionarias, 117–19, 230.

Ver también Capitalismo; Clase capitalista; Fuerzas militares norteamericanas; Imperialismo
Imperialismo, fase superior del capitalismo, El (Lenin), 132–35, 136, 137–39, 193–96, 215
Impuesto en especie (Unión Soviética), 314, 318
India, 52, 56, 290–91
Indonesia, 52, 71, 76
Inflación, 70, 113–14, 136, 153–54, 159, 208, 216, 273
Ingenieros sociales, 182
Inglaterra. *Ver* Reino Unido
Iniciativa Andina, 129
Iniciativa de Seguridad contra la Proliferación (PSI), 50
Inmigración e inmigrantes, 87, 95
Interés, tasas de, 69, 143, 147–48, 153, 159–60, 161–62, 202, 204, 210
Internacional Comunista, 7, 96, 195, 253, 287, 289–90, 295–96, 304; y el mundo colonial, 136–37, 305–6
Internacionalismo proletario, 91–92, 139
Inversiones: financieras, 142–47, 151, 162–64, 202–3; industriales, 202, 203, 208, 273. *Ver también* Banca
IRA. *Ver* Ejército Republicano Irlandés
Irán: amenazas norteamericanas contra, 49, 58–59, 69, 127, 128–29, 199; revolución de 1979, 75, 129; bajo el sha, 59, 75
Iraq, guerra de (1990–91), 26–28, 40, 49, 52, 60, 120, 128
Iraq, guerra de (2003–), 28–29, 40, 49, 50–51, 55, 59, 69; consecuencias involuntarias de, 62; elecciones de 2005 y, 60, 62; fuerzas baazistas y, 57, 60–62; preparativos para, 128–29; respuesta en Medio Oriente a, 61–62, 71; y rivalidades interimperialistas, 52–53, 199
Irlanda, 74
"Islamismo", 74–77
Israel, 33, 49, 57–58, 59, 74, 121
Italia, 8, 9, 50, 277; tomas de fábrica de 1920 en, 8, 247–49, 251
Izquierda pequeñoburguesa, 77–83, 159, 174–75; su apoyo al imperialismo "benigno", 53, 82; centristas, 77, 80, 81–82, 137–39, 158. *Ver también* Partido Comunista EUA; Partidos socialdemócratas

J

Japón, 120, 208, 255, 282–83, 299; y China, 51; clase obrera en, 8, 242–43, 291; crisis económicas y, 148, 153, 161, 263, 264; como rival de Washington, 54, 126, 129
Jordania, 128
Juventud, 22, 174, 288–89
Juventud Socialista, 83, 86, 112, 132, 195; reclutamiento a, 91, 92, 94, 174

K

Kampuchea, 182
Kautsky, Carlos, 138–39, 158, 324
Kerry, John, 78, 97
Keynes, John Maynard, 279
Khan, A.Q., 56
Kondratiev, Nikolai, 206, 207
Kosova, 27
Kronstadt, rebelión de (1921), 324

Ku Klux Klan, 191
Kurdos, 60–61, 62, 75

L

Labañino Salazar, Ramón, 172, 225
Lenin, V.I., 6, 7, 10, 82, 91, 116, 166, 205, 248, 253, 297–327; sobre la burguesía, 306–8, 319, 320, 325–26; sobre el campesinado, 305–6, 308–14, 315–16, 318, 321–22, 324, 326; sobre el imperialismo, 133–35, 136–39, 158, 159, 193–96, 215, 298–99, 302–3; sobre la NEP, 314, 317–19; sobre el partido proletario, 89, 111, 302–3; sobre la revolución colonial, 136–37, 298, 303, 305–6; sobre la revolución mundial, 290, 301–3
Ley de Seguridad del Suelo Nativo, 200
Ley Smith, 47
Líbano, 57, 76
Libia, 49, 56
Liebknecht, Carlos, 243
Liga de Naciones, 292
Lloyd George, David, 292
Long-Term Capital Management (Administración de Capital a Largo Plazo), 151–52
Lotería, 67
Lula da Silva, Luiz Inácio, 60
Luxemburgo, Rosa, 243

M

Malcolm X, 96, 137, 225
Manifiesto comunista, El (Marx y Engels), 8, 88, 228
Mao Zedong, 182
Marx, Carlos, 133, 160, 162–63, 184, 210–11, 227–28; sobre el comunismo, 8; sobre política y economía, 6, 267–68
Medicare y Medicaid, 21, 43, 63, 65
Mencheviques, 253–54, 306–7, 310, 311–12, 324–26
México, 201–2, 281–82; y las fuerzas militares norteamericanas, 44, 50, 131
Militant, 119, 168, 229
Militant Labor Forum, mítines del, 90, 180
Militarismo, 284
Miliukov, Pável, 325
Moneda, 47–48, 132, 286; conflictos monetarios, 70–71, 140, 157, 204; depreciación, 210–11, 261–62, 273, 276, 277; dominación del dólar, 52, 70–71, 195, 210
Movimiento 26 de Julio, 73
Movimiento de la Nueva Joya (Granada), 73–74
Movimiento No Alineado, 71
Mujeres, 62, 87, 95, 288
Mundo semicolonial y colonial: burguesía en el, 71–72, 291; clase trabajadora en el, 95, 136, 291; crisis económica y, 116, 131, 135–36, 150–51; diferenciación de clases en el, 74; y dirección revolucionaria, 96, 137; y división del mundo, 134–35; explotación imperialista del, 121, 134–36, 157–58; movimientos de liberación nacional, 73–74, 88, 137, 195, 298, 305–6
Musharraf, Pervez, 55
Mussolini, Benito, 249

N

Nacionalistas burgueses, gobiernos, 71–72
Naciones Unidas, 28, 49, 72, 292
Nader, Ralph, 82

Nasser, Gamal Abdel, 71, 72
Negros: en las fuerzas armadas, 40–41; su lucha, 46, 65, 87; su peso social y político, 96, 225
"Neoliberalismo", 82
Nicaragua, 73
Nkrumah, Kwame, 71
Nobel, premios, 151–52
Noruega, 249
Nueva Internacional, 12–16, 90, 171, 201
Nueva Política Económica (NEP), 314, 317–19
Nueva Zelanda, 208

O

O'Neill, Paul, 158
October 1962: The 'Missile' Crisis as Seen from Cuba (Octubre de 1962: la crisis 'de los misiles' vista desde Cuba, Diez), 187–88
11 de septiembre de 2001. *Ver* Ataques del 11 de septiembre
Organización para la Liberación de Palestina (OLP), 73
Organización Socialista Internacional, 82
Organizaciones No Gubernamentales (ONG), 72
Oro, 143–44, 148, 273
OTAN (Organización del Tratado del Atlántico Norte), 49

P

Pacifismo, 291–92
Países Bajos, 50
Pakistán, 52, 55–56
Palestinos, 49, 57, 73, 74, 121, 188
Partido comunista: el comunismo como movimiento, 7–8; continuidad del, 10, 88; sus cuadros, 22, 87–88, 111, 166–67, 181–86, 226–28; su estrategia y táctica, 288, 293–94, 295–96, 304–5, 326–27; y la lucha por el poder, 81, 111–13, 116–17, 174–75, 190, 216, 226, 249–50, 294; y tendencias económicas/políticas, 5–6, 10–11, 112–13, 190; su trabajo preparatorio, 100, 111–12, 165, 184, 226–27; como vanguardia obrera, 294, 302. *Ver también* Partido Socialista de los Trabajadores
Partido Comunista de Checoslovaquia, 314–15
Partido Comunista EUA, 78, 81, 92, 97, 223
Partido Demócrata, 22–23, 24, 42, 66, 67, 69–70, 216; izquierda de clase media y, 78, 79–80, 223
Partido Mundo Obrero (EE.UU.), 82, 97
Partido obrero, 98, 223
Partido Republicano, 66, 69–70, 82, 97, 216; y la transformación militar, 22, 24, 42
Partido Socialista de la Libertad, 82
Partido Socialista de los Trabajadores (PST): actividades de propaganda, 90–91, 168–69, 187, 229; campaña electoral, 97–98; centralización política, 90, 185, 186; colaboración internacional del, 11–12, 112, 169; dirección del, 167, 181, 228; normas proletarias, 100, 112, 166, 183; y el 11 de septiembre, 119–24, 229; su organización auxiliar de partidarios, 171–72, 177–80; orientación proletaria, 11, 81, 88, 100, 111–12, 180; ramas y fracciones, 90, 94, 165–66, 167, 169–70, 180, 229; reclutamiento al, 22, 87–88, 93–94, 167–68, 174, 181–83, 226; ritmo semanal, 90; y

trabajadores de vanguardia, 7, 83, 85–86, 87–88, 166, 167, 173–74, 182–83, 216–17, 226–27, 229; trabajo editorial, 170–74, 175–79, 226, 229; viraje a los sindicatos industriales, 89–90, 165–66, 169, 177, 181, 220, 227. *Ver también* Partido comunista
Partido Socialista Revolucionario, 306–7, 324, 325
Partido Verde, 81
Partidos socialdemócratas, 182, 243, 245, 249, 251–52, 254; en la actualidad, 79–80; su apoyo al capitalismo, 256, 293, 294. *Ver también* Segunda Internacional
Pathfinder Press, 12, 16, 93, 171–76, 177, 226; su importancia política, 90–91, 170–74; trabajadores de vanguardia y, 176, 229. *Ver también* Proyecto de Reimpresión de Pathfinder
Patriotismo, 23, 45, 63, 118, 122–24, 196–99, 200
Pearl Harbor, 126
Pensiones, 217, 218; ataques contra pensiones de trabajadores, 20, 67, 209, 220; fondos de, 141, 147, 148, 163–64, 212–13. *Ver también* Seguro Social
Perspectiva Mundial, 119, 168, 225, 229
Petróleo, 129, 148, 281–82
Playa Girón/Bahía de Cochinos: primera derrota militar de Washington en América (Castro y Fernández), 12, 172
Point Blank Body Armor, 83, 122
Pol Pot, 182
Polonia, 50, 52, 247–48
Pombo: A Man of Che's 'Guerrilla' (Pombo: un hombre de la guerrilla del Che, Villegas), 12

Pornograficación. *Ver* Estados Unidos, faccionalismo en su política
Primera Guerra Mundial, 9, 125, 138, 242, 283; sus causas, 266, 280, 283–84
Productividad, 157, 281; intentos capitalistas de aumentarla, 63, 208–9, 273
Propaganda, trabajo de, 90–91, 168–69, 187, 225–26, 321–22; Marx-Engels sobre, 227–28
Protocolos de los sabios de Sión, Los, 225
Proyecto de Reimpresión de Pathfinder, 13, 177–79
Puerto Rico, 31, 135
Putin, Vladimir, 54–55

Q

Qaddafi, Muammar el, 56

R

Reagan, Ronald, 53, 127
Recesiones, 113, 141, 206–7
Redadas Palmer, 47, 246
Reino Unido, 50, 74, 259, 260, 261, 290; competencia con Washington, 32, 54, 281–83; y guerra de Iraq, 50, 128; luchas obreras en, 8, 242, 247–48, 249, 287
Religión, 62, 75, 97
República Dominicana, 25
Resentimiento, política del, 165
Revolución: y economía, 267–72, 294–95; de 1848, 258, 267–68, 295, 323; perspectivas de, 242–50, 272, 284–85, 287, 290, 296, 302–3; pronósticos de revolución tras la Primera Guerra Mundial, 252–53, 303. *Ver también* Rusia, revolución de 1917

Revolución Cultural (China), 182
Roosevelt, Franklin D., 24, 126
Rostro cambiante de la política en Estados Unidos, El (Barnes), 89, 132, 166, 171, 201, 220
ROTC (Cuerpo de Entrenamiento de Oficiales de la Reserva), 33
Rubin, Robert, 145
Rumsfeld, Donald, 23, 46, 130
Rusia: antes de 1917, 242, 263, 270–71; clase trabajadora en, 270–71, 313, 315–16; Estados Unidos y, 32, 53–54; guerra civil en, 8–9, 310, 313–14; revolución de 1917, 7, 10, 91, 137, 166, 242, 253, 301, 308, 311–12, 315–16. *Ver también* Unión Soviética

S

Saddam Hussein, 49, 61
Salario social, 21, 23–24, 63–67, 87, 209, 217–19
Salarios: su descenso, 209, 216; intentos capitalistas de reducir, 19, 63, 122, 157, 270, 286; luchas en torno a, 122, 249, 270
Salud pública, 68, 217; ataques capitalistas contra, 20, 63–66, 67, 220
Sankara, Thomas, 12, 96, 137, 183
Scheer, Charlie, 181, 185–86, 188–89, 228
Scheer, Helen, 185
Segunda Guerra Mundial, 24–25, 125–26
Segunda Internacional, 7, 78, 138, 252, 254, 304, 305, 313, 324. *Ver también* Partidos socialdemócratas
Seguro Social, 20, 63–67, 217–18, 219–20
Semana laboral, 63, 218, 274

Shachtman, Max, 139
Sindicato Unido de Mineros de América (UMWA), 83, 85–86; fracción en, 167, 169
Sindicato Unido de Trabajadores de Alimentos y del Comercio (UFCW), 167, 169
Sindicatos, 68, 84–85, 88; debilitamiento de, 20, 84–85; extensión de su fuerza, 21–22, 85–87, 98; su fortalecimiento, 81, 87, 98; luchas de, 11, 122, 165, 222–23, 245–47, 248–49; mujeres en, 95; trabajadores de vanguardia y, 4, 21–22, 83, 85–86, 216–17; trabajo comunista en, 83, 89, 100, 167, 169, 294. *Ver también* Burocracia sindical
Singapur, 50
Siria, 49, 57, 69
Sistema de Anti–Misiles Balísticos, 53–54, 127–28, 196
Smeral, Bohumir, 314–15
Somos herederos de las revoluciones del mundo (Sankara), 12
Speeches to the Party (Discursos al partido, Cannon), 168
Struggle for a Proletarian Party, The (La lucha por un partido proletario, Cannon), 139
Su Trotsky y el nuestro (Barnes), 132, 226–27, 228
Suecia, 182, 320, 322
Sukarno, 71

T

Taiwan, 51, 135
Talibanes, 49, 55–56, 75
Tanzania, 76
Teamsters, serie sobre los (Dobbs), 86–87
"Terrorismo, guerra al", 30, 43, 48–49, 57–58, 129–30, 196–99; clase obrera como objeto de, 45–47;

y la militarización del terreno nativo, 44–46, 127, 129–30, 196, 200–201
Trabajadores-bolcheviques, 6, 169, 229; sus cualidades, 117–18, 166, 186
Transformación militar. *Ver* Fuerzas armadas norteamericanas
Tribunal de quiebras, 67
Trotsky, León, 82, 121, 139, 192, 241–96; sobre la curva del desarrollo capitalista, 205–7, 221–22, 257–59, 265–67; sobre el equilibrio capitalista, 250–56, 259–64, 272, 284–85, 286; sobre perspectivas revolucionarias, 242–50, 272, 284–86, 290–91, 296; sobre relación entre política y economía, 6, 10, 267–74, 286–87, 290–96
Turquía, 128

U

Ucrania, 52, 55
UFCW. *Ver* Sindicato Unido de Trabajadores de Alimentos y del Comercio
"Ultraimperialismo", 133, 137–39
Ultraizquierdismo, 76–77
UMWA. *Ver* Sindicato Unido de Mineros de América
Unión de Jóvenes Comunistas de Cuba (UJC), 93
Unión Europea, 51
Unión Soviética, 301, 320–22; ataques imperialistas contra, 9, 125–26, 298–99, 302; colapso del aparato estalinista en, 47, 54, 71–72, 74, 77, 93, 201; equilibrio con el capitalismo mundial tras Primera Guerra Mundial, 298–99, 303–4, 320, 326–27. *Ver también* Campesinos, en Rusia soviética; Rusia
UNITE, 167, 169
Utopismo, 182, 185

V

Varga, Eugen, 260–61
Varsovia, Pacto de, 23, 31, 47
Vascos, 73, 74
Venezuela, 33, 92
Vieques, 31
Vietnam, 195
Vietnam, Guerra de, 43, 70, 120, 125; y fuerzas militares norteamericanas, 25, 26, 33, 40
Vivienda, mercado de la, 153–55

W

Waco, masacre de, 120
Weather Underground (EE. UU.), 76
Wilson, Woodrow, 245
Winning the Loser's Game (Ganando el juego del perdedor, Ellis), 164

Y

Yemen, 69, 76
Yugoslavia, 195; guerras de Washington contra, 28, 49

Z

Zarqawi, Abu Musab al-, 61

Hágase miembro del
CLUB DE LECTORES DE PATHFINDER

¡FORME UNA BIBLIOTECA MARXISTA!

25% DE DESCUENTO EN TODOS LOS LIBROS Y FOLLETOS DE PATHFINDER

30% DE DESCUENTO EN OFERTAS ESPECIALES

Obtenga su carnet anual por solo US$10. Puede adquirirlo en pathfinderpress.com o en los centros de libros de Pathfinder en el mundo.

También relacionados con este libro...

El historial antiobrero de los Clinton
Por qué Washington le teme al pueblo trabajador
JACK BARNES

Lo que el pueblo trabajador necesita saber sobre el curso, impulsado por el lucro, que han seguido los demócratas y republicanos por igual en los últimos 30 años. Y el despertar político de los trabajadores que buscan entender y resistir los ataques de los gobernantes capitalistas. US$10. También en inglés, francés, persa y griego.

El ascenso y el ocaso de la revolución nicaragüense
JACK BARNES, LARRY SEIGLE STEVE CLARK

Recuenta los logros de la revolución nicaragüense de 1979 y el impacto que tuvo a nivel mundial. Explica el repliegue político de la dirección del Frente Sandinista de Liberación Nacional que llevó a la caída del gobierno de trabajadores y campesinos a fines de los 80. En *Nueva Internacional* no. 3. US$14. También en inglés.

La alianza de la clase obrera y del campesinado
V.I. LENIN

Desde los primeros años del movimiento marxista en Rusia, Lenin luchó para forjar una alianza obrero-campesina, necesaria para desarrollar una dirección proletaria para la revolución democrática y así poder iniciar la revolución socialista. US$17.95

El capitalismo y la transformación de África
Reportajes desde Guinea Ecuatorial
MARY-ALICE WATERS, MARTÍN KOPPEL

Describe cómo, a medida que Guinea Ecuatorial se ve integrada al mercado mundial, van naciendo tanto una clase capitalista como una clase trabajadora. También documenta el trabajo de los voluntarios médicos cubanos en ese país: una expresión del ejemplo vivo de la revolución socialista cubana. US$10. También en inglés y persa.

El desorden mundial del capitalismo
Política obrera al milenio
JACK BARNES

La devastación social y las crisis financieras, el carácter más tosco de la política, la brutalidad policiaca y los actos de agresión imperialista que crecen a nuestro alrededor: todos son productos, no de un mal funcionamiento del capitalismo, sino de su funcionamiento normal y reglamentado. Sin embargo, el futuro puede ser cambiado a través de la lucha unida de trabajadores y agricultores conscientes de su capacidad de transformar el mundo. US$20. También en inglés y francés.

El capital
CARLOS MARX

Marx explica cómo funciona el sistema capitalista y cómo produce las contradicciones irresolubles que engendran la lucha de clases. Demuestra la inevitabilidad de la lucha revolucionaria para crear una sociedad gobernada por primera vez por la mayoría productora: la clase trabajadora. Tres tomos. Tomo 1, US$30 / Tomo 2, US$16 / Tomo 3, US$20. También en inglés.

PATHFINDERPRESS.COM

AMPLÍE SU BIBLIOTECA REVOLUCIONARIA

Nuestra historia aún se está escribiendo
La historia de tres generales cubano-chinos en la Revolución Cubana

ARMANDO CHOY, GUSTAVO CHUI
MOISÉS SÍO WONG
MARY-ALICE WATERS

"¿Cuál fue la principal medida en Cuba para eliminar la discriminación contra los chinos y los negros? Fue hacer la revolución socialista". Esta edición ampliada resalta la participación de los cubano-chinos en el curso revolucionario e internacionalista de Cuba, incluso en África y América Latina. US$15. También en inglés, francés, persa, griego y chino.

El origen de la familia, la propiedad privada y el estado
FEDERICO ENGELS

El surgimiento de la sociedad dividida en clases dio origen a los cuerpos represivos del estado y a la opresión de la mujer, permitiendo que las clases dominantes puedan traspasar su riqueza y privilegios. Engels plantea las consecuencias para los trabajadores de estas instituciones de clase, desde sus formas originales hasta las versiones modernas. US$15. También en inglés y persa.

La marcha del imperialismo hacia el fascismo y la guerra
JACK BARNES

"Habrá nuevos Hitlers, nuevos Mussolinis. Eso es inevitable. Lo que no es inevitable es que triunfen. La vanguardia obrera organizará a nuestra clase para combatir el terrible precio que nos hacen pagar los patrones por la crisis capitalista. El futuro de la humanidad se decidirá en la contienda entre estas dos fuerzas enemigas de clase". En *Nueva Internacional* no. 4. US$14. También en inglés, francés, persa y griego.

La emancipación de la mujer y la lucha africana por la libertad
THOMAS SANKARA

"No existe una verdadera revolución social sin la liberación de la mujer", explica Sankara, dirigente central de la revolución de 1983–87 en Burkina Faso, en África occidental. US$5. También en inglés, francés y persa.

Colombia: Fidel Castro sobre el debate acerca de la estrategia revolucionaria y lecciones de la Revolución Cubana
De las páginas del *Militante*

Fragmentos del libro La paz en Colombia de Fidel Castro y artículos del Militante. Al describir las gestiones de la dirección cubana para poner fin a décadas de guerra entre el movimiento guerrillero FARC y el brutal régimen colombiano, Castro en su introducción, epílogo y otras declaraciones explica por qué los revolucionarios cubanos, a diferencia del liderazgo de las FARC, rehusaron tomar rehenes y organizaron a los trabajadores para tomar el poder estatal en vez de librar una "guerra popular prolongada". US$5. También en inglés.

Socialism: Utopian and Scientific
(Del socialismo utópico al socialismo científico)
FEDERICO ENGELS

Convertir a los hombres y mujeres en "dueños por fin de su propia existencia social... en dueños de la naturaleza, en dueños de sí mismos, en hombres libres", escribe Engels, "es la misión histórica del proletariado moderno". Aquí se coloca al socialismo sobre una base científica, producto de las operaciones reglamentadas del propio capitalismo y de las luchas de la clase trabajadora. En inglés y persa. US$10

PATHFINDERPRESS.COM

CULTURA Y POLÍTICA

El socialismo y el hombre en Cuba
ERNESTO CHE GUEVARA
FIDEL CASTRO

Uno de los documentos revolucionarios más profundos jamás escritos. "El hombre realmente alcanza su plena condición humana cuando produce sin la compulsión de la necesidad física de venderse como mercancía". —Ernesto Che Guevara, 1965. US$10. También en inglés, francés, persa y griego.

Art and Revolution
Writings on Literature, Politics, and Culture
*(Arte y revolución:
Escritos sobre literatura, política y cultura)*
LEÓN TROTSKY

"El arte puede ser un fuerte aliado de la revolución solo cuando se mantiene fiel a sí mismo", escribió Trotsky en 1938. En inglés. US$15

John Coltrane and the Jazz Revolution of the 1960s
(John Coltrane y la revolución del jazz en los 60)
FRANK KOFSKY

En inglés. US$23

Their Morals and Ours
The Class Foundations of Moral Practice
*(Su moral y la nuestra:
Los cimientos de clase de la práctica moral)*
LEÓN TROTSKY

En inglés. US$10

Nueva Internacional
UNA REVISTA DE POLÍTICA Y TEORÍA MARXISTA

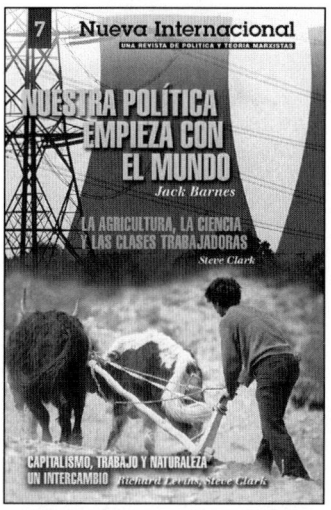

En defensa de la tierra y del trabajo

"La producción capitalista solo se desarrolla socavando simultáneamente las fuentes originales de toda la riqueza: la tierra y el trabajador". —*Carlos Marx, 1867*

TRES ARTÍCULOS

EN *NUEVA INTERNACIONAL* NO. 7
- **Nuestra política empieza con el mundo**
  JACK BARNES
- **La agricultura, la ciencia y las clases trabajadoras**
  STEVE CLARK

EN *NUEVA INTERNACIONAL* NO. 8
- **La custodia de la naturaleza también recae en la clase trabajadora**
  JACK BARNES, STEVE CLARK, MARY-ALICE WATERS

El imperialismo norteamericano ha perdido la Guerra Fría
JACK BARNES

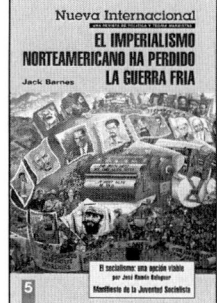

El colapso de los regímenes en Europa Oriental y la URSS, que se autodenominaban comunistas, no significó que los trabajadores y agricultores ahí fueron derrotados. En los actuales conflictos y guerras capitalistas, estos trabajadores se han sumado a otros en el mundo en la lucha de clases contra la explotación. En *Nueva Internacional* no. 5. También en inglés, francés, persa y griego.

US$14 cada uno

PATHFINDERPRESS.COM

NUEVA INTERNACIONAL EN EL MUNDO

Nueva Internacional también se edita en inglés como *New International* y en francés como *Nouvelle Internationale*. Pathfinder Press las distribuye a nivel mundial.

ESTADOS UNIDOS
(y América Latina, el Caribe y el este de Asia)

Pathfinder Books, 306 W. 37th St., 13th Floor
Nueva York, NY 10018

CANADÁ

Pathfinder Books, 7107 St. Denis, Suite 204
Montreal, QC H2S 2S5

REINO UNIDO
(y Europa, África, el Medio Oriente y el sur de Asia)

Pathfinder Books, 5 Norman Rd.
Seven Sisters, Londres N15 4ND

AUSTRALIA
(y Nueva Zelanda, el sureste de Asia y Oceanía)

Pathfinder Books, Suite 2, First floor, 275 George St.
Liverpool, Sydney, NSW 2170
Dirección Postal: P.O. Box 73, Campsie, NSW 2194

ÚNASE AL CLUB DE LECTORES DE PATHFINDER
¡AMPLÍE SU BIBLIOTECA!
$10 POR AÑO
25% DESCUENTO EN TODOS LOS TÍTULOS
30% DESCUENTO EN LOS LIBROS DEL MES

Válido en pathfinderpress.com y los centros locales de libros Pathfinder

Visite: pathfinderpress.com/products/pathfinder-readers-club

Pathfinder
pathfinderpress.com